国際債権契約と回避条項

寺 井 里 沙

# 国際債権契約と回避条項

学術選書
156
国際私法

信山社

# は　し　が　き

　本書は，国際債権契約法上の回避条項に関して，筆者がこれまで公表してきた論文を改稿し，体系的に再構成したものである。

　本書の研究対象たる「回避条項」の意義は，より密接な関係を有する地への連結という理論構成を通して，原則的連結からの回避を可能とする点にある。わが国の国際私法上も，法適用通則法第8条1項の最密接関連原則，および，同条2項の「推定」の文言，これらに注目すれば，債権契約に関する回避条項を見出すことができる。

　国際取引の複雑化を前提とすれば，債権契約に関する原則的な抵触規則が妥当しない場合は今後増加すると推測されよう。特に，複数の当事者や契約が関係する複雑な法律関係については，回避条項の重要性は高く評価されるであろう。もっとも，原則的な抵触規則が妥当しない「例外」の認定が恣意的に（特に法廷地法の適用のために）行われれば，法的安定性が害される。法適用通則法第8条2項に内包される回避条項が国際取引の複雑化に伴って生じる諸問題の解決のためにその役割を果たすためには，原則的連結からの回避により生じる法的安定性への影響を最小限にとどめなければならない。

　本書はこうした問題意識に基づき，回避条項に関する豊富な裁判例，議論が蓄積されているドイツ国際私法を一つの参考としながら，原則的連結からの回避に関する一定の基準を提示することを目的としている。特に本書の特徴は，法適用通則法第8条2項の「推定」の文言の解釈上生じる争点のうち，現行法においては抵触法上の保護の対象外となる経済的弱者の政策的保護（旅客運送契約における旅客，販売店契約における販売店，フランチャイズ契約におけるフランチャイジー），複数の契約準拠法の適用により不利益を受ける当事者の保護（下請契約，元請契約の両契約の当事者である元請人の保護）等について検討することにより，回避条項の適用過程において考慮されうる政策的目的を明らかにし，一貫した政策的目的の上に成り立つ回避条項の適用のあり方について示唆している点にある。（なお，本書の各章の構成については「序論」を参照されたい。）

*v*

はしがき

　本書の刊行にあたってまず感謝しなければならないのは，筆者の中央大学法学部在学時から現在にいたるまで真摯に御指導して下さった山内惟介教授である。山内教授との出会いは私が中央大学法学部国際企業関係法学科に入学したときにまで遡る。所属ゼミを決めるために教室に集められたその他の学生とともに，ゼミを担当される先生方の話を聞いていた私だが，山内教授の非常に論理的な話しぶり，存在感に圧倒され，即座に山内ゼミを志望することを決めた。その後，現在にいたるまで山内教授の御指導を受けてきたが，その御指導がなければ現在の私はない。

　また，多喜寛教授，楢﨑みどり教授には，大学院在学時から御指導いただき，その後も折に触れて励ましの言葉をいただいた。さらに私事になるが，父義徳，母芳子にこの場を借りて感謝の意を述べることを許していただきたい。両親の支援がなければこれまでの研究生活は成り立ちえなかった。最後に，研究者として未熟な筆者に出版のお話を下さった信山社の袖山貴社長，今井守さん，稲葉文子さんに厚く御礼申し上げる。

　2017 年 7 月

寺 井 里 沙

　　※本書は筆者の平成 28 年度における博士号取得論文をその基礎としている。また，本
　　　書は青森学術文化振興財団の出版助成，および，青森中央学院大学の研究助成を受け
　　　ている。

〈目　次〉

はしがき (v)

## ◆ 序　論 ……………………………………………………………… 3

## ◆ 第1章　歴史的前史 ……………………………………… 11

## ◆ 第1節　ドイツ民法施行法第28条5項 ………………… 13

1　独立抵触規定，従属抵触規定および実質規定の定義 ……… (14)

(1)　実質規定および抵触規定 (14)

(2)　独立抵触規定 (15)

(3)　従属抵触規定 (15)

2　ドイツ民法施行法第28条5項の構成 ……… (16)

(1)　第1項 (17)

(2)　第2項 (20)

(3)　第3項 (28)

(4)　第4項 (30)

(5)　第5項 (31)

## ◆ 第2節　裁　判　例 …………………………………………… 33

1　連邦通常裁判所2004年7月26日判決 ……… (34)

(1)　事　実　関　係 (34)

(2)　ハンブルク上級地方裁判所の判旨 (35)

(3)　連邦通常裁判所の判旨 (39)

2　コプレンツ上級地方裁判所2006年3月29日判決 ……… (55)

(1)　事　実　関　係 (55)

(2)　判　　旨 (55)

3　連邦通常裁判所2006年6月29日判決 ……… (61)

(1)　事　実　関　係 (61)

(2)　判　　旨 (64)

*vii*

4　リューベック区裁判所 2007 年 9 月 13 日判決 ………（68）

　　(1)　事 実 関 係（68）

　　(2)　判　　旨（69）

5　ゲルダーン区裁判所 2007 年 11 月 28 日判決 ………（73）

　　(1)　事 実 関 係（73）

　　(2)　判　　旨（73）

6　連邦通常裁判所 2009 年 7 月 9 日判決 ………（79）

　　(1)　事 実 関 係（79）

　　(2)　控訴裁判所の判旨（80）

　　(3)　連邦通常裁判所の判旨（81）

## ◆ 第3節　検　討 ……………………………………………… 97

1　裁判例の概要の整理 ………（98）

　　(1)　連邦通常裁判所 2004 年 7 月 26 日判決（98）

　　(2)　コプレンツ上級地方裁判所 2006 年 3 月 29 日判決（101）

　　(3)　連邦通常裁判所 2006 年 6 月 29 日判決（103）

　　(4)　リューベック区裁判所 2007 年 9 月 13 日判決（106）

　　(5)　ゲルダーン区裁判所 2007 年 11 月 28 日判決（109）

　　(6)　連邦通常裁判所 2009 年 7 月 9 日判決（111）

2　当事者の契約締結目的 ………（114）

3　旅客運送契約における弱者保護 ………（116）

4　「より密接な関係」の有無の判断基準に関する政策的根拠
　　………（119）

## ◆ 第2章　現 行 法 ………………………………………… 121

### ◆ 第1節　ローマⅠ規則第4条3項の「明らかにより密接な関係」
　　　の要件 ……………………………………………… 123

1　ローマⅠ規則第4条3項の構成 ………（123）

　　(1)　第1項および第2項の法的構成（124）

　　(2)　第3項の法的構成（125）

2　立 法 趣 旨 ………（126）

3　学説，判例 ……… (128)

(1)　ローマ条約第 4 条 5 項に関する議論 (129)

(2)　オランダ最高裁判所 1992 年 9 月 25 日判決〔Société Nouvelle des Papéteries de Ï Aa S.A. v B.V. Machinefabriek BOA〕(130)

(3)　イギリス控訴院 2001 年 12 月 21 日判決〔Samcrete Egypt Engineers and Contractors S.A.E. v Land Rover Exports Ltd〕(132)

(4)　欧州司法裁判所 2009 年 10 月 6 日先決裁定〔Intercontainer Interfrigo SC（ICF）v Balkenende Oosthuizen BV and MIC Operations BV〕(140)

(5)　ローマ条約第 4 条 5 項の適用基準 (148)

(6)　ローマ I 規則第 4 条 3 項に関する議論 (151)

## ◆第 2 節　ローマ I 規則第 4 条 3 項の適用基準 ……………………… 152

1　Thorn の見解 ……… (152)

(1)　履行地，契約締結地，国籍などの事情 (153)

(2)　関連するその他の契約に関する事情 (159)

2　Martiny の見解 ……… (164)

(1)　履行地，契約締結地，国籍などの事情 (164)

(2)　関連するその他の契約に関する事情 (180)

3　両者の見解の整理，比較 ……… (189)

(1)　Thorn の見解 (189)

(2)　Martiny の見解 (191)

(3)　両者の見解の比較 (192)

4　検　討 ……… (194)

(1)　判断基準の不明瞭性 (194)

(2)　予見可能性の保護 (196)

(3)　経済的弱者の保護 (198)

◆ **第3章　回避条項による複数の契約間の附従的連結** ………… 201

◆ **第1節　販売店契約の実施のために締結される売買契約** ……… 203

1　連邦通常裁判所 1971 年 9 月 22 日判決 ……… (204)

(1)　事 実 関 係 (204)

(2)　判　　旨 (205)

2　デュッセルドルフ上級地方裁判所 1996 年 7 月 11 日判決
　　……… (208)

(1)　事 実 関 係 (208)

(2)　判　　旨 (209)

3　検　　討 ……… (212)

◆ **第2節　仲立の補助を内容とする契約** ………………………… 215

1　デュッセルドルフ上級地方裁判所 1997 年 6 月 20 日判決
　　……… (215)

(1)　事 実 関 係 (215)

(2)　判　　旨 (216)

2　検　　討 ……… (218)

◆ **第3節　下 請 契 約** ……………………………………………… 221

1　連邦通常裁判所 1982 年 3 月 11 日判決 ……… (223)

(1)　事 実 関 係 (223)

(2)　判　　旨 (224)

2　Seipen の見解 ……… (231)

(1)　連邦通常裁判所 1982 年 3 月 11 日判決に対する批評 (231)

(2)　附従的連結の実質的根拠 (234)

(3)　附従的連結の制定法上の根拠 (238)

(4)　附従的連結に反対する立場への反論 (240)

(5)　附従的連結が必要となるその他の事例 (242)

3　検　　討 ……… (244)

(1)　通説，判例 (244)

(2)　「不当性」の所在 (246)

(3) 危険負担に関する問題 (247)

(4) 瑕疵担保責任および協力義務に関する問題 (249)

(5) 当事者利益の比較衡量 (250)

(6) 元請契約の準拠法の不透明性 (253)

(7) 重層的請負契約関係 (254)

(8) 実質法レベルにおける調整の可能性 (254)

(9) わが国における適応問題, 先決問題の議論との比較 (257)

4 小　括 ……… (265)

## ◆ 第4章　わが国への示唆 …………………………………… 269

### ◆ 第1節　ローマ I 規則第4条3項および法適用通則法第8条2項の比較 ……………………………………… 271

1 法適用通則法第8条2項の構成 ……… (271)

2 明文化の有無 ……… (276)

3 「明らかにより密接な関係」の要件の有無 ……… (277)

4 「最密接関連地」の位置付け ……… (279)

### ◆ 第2節　政策的弱者保護 ………………………………… 281

1 旅客運送契約 ……… (281)

2 フランチャイズ契約, 販売店契約 ……… (283)

### ◆ 第3節　複数の契約間の附従的連結 ……………………… 285

1 同一の当事者間で締結される複数の契約 ……… (285)

2 異なる当事者間で締結される複数の契約 ……… (286)

初 出 一 覧 (巻末)

索　引 (巻末)

# 国際債権契約と回避条項

# 序　論

個別具体的事案において規律される法律関係が，最密接関連地として原則的に規定される国とは異なる国に対して，より密接な関係を示していると解されることがある。このような場合により密接な関係を有する国の法の適用を命じる規定を，一般に，回避条項（Ausweichklausel），例外条項（escape clause），あるいは，是正条項（Berichtigungsklausel）と呼ぶ[1]。

　回避条項に関しては，「国際私法における回避条項の採用は，とりわけ伝統的抵触法のさらなる発展のための効果的な手段として考えられる」として積極的に評価する立場がある一方で[2]，回避条項は「たいていの場合，何の規定も定めていないという立法者により積極的に内包された説明以外の何物でもない」として消極的に評価する立場もある[3]。もっとも，諸外国の法源中に回

---

(1)　是正条項に関するドイツの Kreuzer の見解については，山内惟介『国際公序法の研究』（中央大学出版部，2001）第2章参照。

(2)　Paffenholz, Die Ausweichklausel des Art. 46 EGBGB, 2005, S. 86. Paffenholz は回避条項について以下のように肯定的に評価する。

　「伝統的抵触法システムに向けられた主要な批判の一つは，不十分な結果，思いがけない結果を修正する余地を残さない硬直性である。特に，抵触規定の純粋に機械的な構成，それゆえに生じる抵触法の実質的正義に対する盲目性は克服されなければならないとされ，実質的な結果を考慮することのみが公平な判断を導くことができるとされる。さらに，批判は抵触法システムの欠陥を覆うために一般的な連結点を過度に拡大することに向けられている。」「特にアメリカ抵触法革命によって提示された伝統的抵触法システムに代わる抵触法モデルは，伝統的な国際私法からの逸脱を生じさせるほどには，説得的ではなかった。それゆえに伝統的なヨーロッパ大陸の国際私法の概念は守り抜かれた。もちろん伝統的抵触法システムに向けられた批判とその代用モデルは，抵触法のさらなる発展の中に見てとれる。現代における抵触法のさらなる発展の傾向は，抵触法の柔軟化と諸事情の結果志向的な問題解決のために役立ち，回避条項はこうした傾向の表れである。それゆえ，法の適用者は，非典型的な事例においても，伝統的抵触法の基礎となっている最密接関連原則を実現する可能性を維持することになる。最密接関連原則の調査は伝統的抵触法システムに内在するがゆえに，国際私法における回避条項の採用は，とりわけ伝統的抵触法システムのさらなる発展のための効果的な手段と考えられる。」

(3)　Kegel/Schurig, Internationales Privatrecht, 9. Aufl., 2004, S. 308. Schurig は回避条項について以下のように否定的な立場をとっている。

　「国際私法の各規定の使命は，そのつどの最密接関連を規定することである。立法者

◆序　論◆

避条項が存在すること，回避条項がない場合にも諸外国の裁判実務においては回避条項が存在する場合と同様の処理が行われていること，これらを前提として，回避条項の要否それ自体を一般的論点とする段階はすでに過ぎたとの評価もある[4]。そうであるとすれば，むしろ現在求められているのは，回避条項の存在意義に懐疑的な立場の主張する「法的安定性」を担保すべく，回避条項の適用の可否に関する判断基準を可能な限り明らかにすることであろう。

わが国の国際私法の主要な法源を定めた法の適用に関する通則法（以下，「法適用通則法」）は2007年1月1日に施行された。それ以前の法源たる法例のもとでは，回避条項は一切規定されていなかった。しかしながら，法適用通則法立法化の過程で，不法行為，不当利得，事務管理および物権に関して回避条項の導入が検討された結果，不法行為，不当利得および事務管理につき明文の回避条項が導入された（第15条および第20条）[5]。

───────────────

がこれを行うことができないときは，立法者は沈黙し，欠陥の補充を判決や学説に委ねるべきである。それゆえ，回避条項はたいていの場合，何の規定も定めていないという立法者により積極的に内包された説明以外の何物でもない。……法が連結を規定し，しかし一方では神経質に『より密接な関連』を優先させることは，非常に危なかしいように思われる。」

(4)　山内・前掲注(1)，195頁。

(5)　例えば，物権に関する個別的回避条項は，法適用通則法の立案過程においても審議された。その背景には法例10条に関する以下のような事情があった。法例10条は，物権に関する原則の連結点を所在地と規定していた。しかし，移動中の物や走行性動産は，必ずしも明確かつ安定した所在地を有しないため，所在地法の確定が問題となりうる。そこで従来から，移動中の物や走行性動産については，「所在地」の概念に仕向地や登録国を含め，仕向地法や登録国法を適用するという解釈論的手法が，繰り返し主張されてきた。一方，立法論的手法として，物権に関する回避条項の創設も指摘されていた。しかし，結果として，物権に関する回避条項は規定されなかった。立法者は，物権に関する回避条項の立法化に関して，柔軟な法の適用が可能となるメリットを認めつつも，法的安定性や予見可能性が侵害されうるというデメリットを考慮して回避条項の立法化を踏みとどまった。最終的に物権に関する回避条項は法適用通則法に導入されなかったが，仕向地法や登録国法を「所在地」の概念に含める処理に疑問を抱く者にとっては，国際私法における物権法のさらなる発展のために，立法論的手法としての回避条項の採否について再検討する意義があると思われる。

物権に関する議論については，法例研究会『法例の見直しに関する諸問題(2)』（商事

本書の考察対象である債権契約に関しては，「より密接な関係」の要件を直接明記する回避条項は規定されていない[6]。しかし，法適用通則法第8条2項所定の地，すなわち特徴的給付を履行すべき当事者の常居所地は，同条1項所定の最密接関連地の「推定」に過ぎないことから，原則的な最密接関連地とは異なる地がより密接な関係を有する地となりうることが明らかである。「推定」が覆される余地は，立法担当者によっても積極的に肯定されている[7]。そうであるとすれば，法適用通則法第8条2項の「推定」の文言に回避条項の機能を見出すことができる。

　それでは，いかなる場合に法適用通則法第8条2項の「推定」が覆され，回避条項の効力が生じるか。この点について検討するにあたってはドイツ国際私法上の議論が参考になろう。というのも，ドイツ国際私法上，特に債権契約に関する回避条項たるドイツ民法施行法第28条5項が規定されて以来，いかなる場合に債権契約は原則的連結点とは異なる地との間により密接な関係を示すかという点に関し，積極的な議論が展開され，裁判例も豊富に蓄積されているからである[8]。また，日本の国際私法は，その立法化の沿革からも明らかな

---

　　　法務，2003）156-157頁，別冊 NBL 編集部『法の適用に関する通則法関係資料と解説』
　　　（商事法務，2006），56-57頁参照。不法行為，不当利得，事務管理に関する議論につい
　　　ては，法例研究会『法例の見直しに関する諸問題(2)』（商事法務，2003）39-42頁，『法
　　　の適用に関する通則法関係資料と解説』（商事法務，2006）58-59頁参照。

(6)　法適用通則法のもとにおける契約準拠法の決定に関する諸問題については，佐藤やよ
　　　ひ「契約——法適用通則法適用にあたっての問題点」ジュリスト1325号（2006）47頁
　　　以下，佐野寛「法適用通則法における契約準拠法の決定」民商法雑誌136号1巻
　　　（2007）1頁以下参照。イギリス国際債権法における最密接関連原則については，樋爪
　　　誠「債権契約の準拠法決定基準に関する『最も密接な関係国法』について——イギリス
　　　国際私法の視座から」立命館法学236号（1994）688頁以下参照。

(7)　小出邦夫『逐条解説　法の適用に関する通則法』（商事法務，2009）107頁，小出邦
　　　夫『一問一答新しい国際私法』（商事法務，2006）53頁。また，「推定を覆すのはそれほ
　　　ど困難ではないと考えるべきであろう」とするのは，神前禎『解説 法の適用に関する
　　　通則法 新しい国際私法』（弘文堂，2006）68頁。

(8)　ドイツ国際私法においては，わが国の国際私法と比較し，多くの法律関係について
　　　回避条項が規定されている。例えば，ドイツ国際私法上，物権契約に関しては，以下の
　　　ようにドイツ民法施行法第43条および第45条において原則的規定が置かれ，第46条

◆序　論◆

ように，ドイツ国際私法と共通する点が多く，特に債権契約に関する抵触法的
構成についても同じことがいえる。このことは，ドイツと日本との間で，債権
契約に関する抵触法的構成を比較することを容易にしよう。

　本書は，以上の問題意識に基づき，債権契約の回避条項に関するドイツ国際
私法上の議論，裁判例を参考としつつ，法適用通則法第8条2項の「推定」の

---

において回避条項が規定される。
　　［ドイツ民法施行法第43条］
　　　第1項　物権は物の所在する国の法による。
　　　第2項　権利が基礎をおく物が他の国に到達するとき，その権利はその国の法秩序
　　　　　　と対立して行使できない。
　　　第3項　内国に到達している物に関する権利が，それまでに取得されていないとき
　　　　　　は，内国におけるそのような権利の取得に関して，他の国で行われた事象
　　　　　　は内国での事象と同様に考慮する。
　　［ドイツ民法施行法第45条］
　　　第1項　航空機，船舶，鉄道車両に関する権利は，その原籍国（Herkunftsstaat）
　　　　　　による。
　　　　　　原籍国は以下とする。
　　　　　1　航空機についてはその所属国（Staattszugehörigkeit）
　　　　　2　船舶についてはその登録国，さもなければ母港（Heimathafen）また
　　　　　　は母国（Heimatort）
　　　　　3　鉄道車両については許可国
　　　第2項　運送機関についての法定担保物権の成立は，被担保債権に適用されるべき
　　　　　　法による。担保物権の順位については第43条1項による。
　　［ドイツ民法施行法第46条］
　　　第43条および第45条にしたがって基準となる法よりも本質的により密接な関係を
　　有する国の法が存在するときは，その法を適用する。
　　　ドイツ立法理由書は，ドイツ民法施行法第46条は物権に関する柔軟な法の適用を
　　可能にし，とりわけ排他的，絶対的性格を持つ物権は，その他の法律関係以上に，原
　　則的連結の修正の際には，明文化された回避条項を必要とするとしている
　　（BT-Drucks. 14/343, S. 19.）。また，Stoll は回避条項の目的について，「ドイツ民
　　法施行法第46条は，特殊な事情のもとにおける，個別的な事例に対する柔軟な法適
　　用を可能にするだけでなく，例外的な事情の形成を通して，国際物権法のさらなる発
　　展を可能にする」と述べている（Stoll, Zur gesetzlichen Regelung des internationalen
　　Sachenrechts in Art. 43-46 EGBGB, IPRax 2000, S. 269）。

文言に内包される回避条項の機能について検討する。第1章においては，ドイツ民法施行法第28条5項の法的構成について整理した上で，同規定に関する裁判例について検討する。なお，ドイツ国際私法上，2009年12月17日以降に締結された契約に関しては，契約債務の準拠法に関する欧州議会および理事会規則（以下，「ローマI規則」）⁽⁹⁾が適用されることとなり，ドイツ民法施行法第28条は現在削除されている。既に削除されたドイツ民法施行法第28条を検討対象の一つとするのは，同規定所定の債権契約に関する連結規則は，特徴的給付の債務者の常居所地を原則的連結点とする点においてローマI規則第4条，法適用通則法第8条所定の連結規則と共通しており，かつ，適用裁判例も豊富に蓄積されていることから検討の価値を有すると考えるためである。第2章においては，現行法上の債権契約に関する回避条項たるローマI規則第4条3項について検討している。その検討にあたっては，その前身たるローマ条約第4条5項に関して蓄積されたヨーロッパ国際私法上の議論，裁判例がローマI規則第4条3項にどのように承継されうるかという点について特に注目している。また，ローマI規則第4条3項の具体的な適用基準に関してはドイツのThornおよびMartinyの見解を手掛かりとしている。第3章においては，密接に関連する複数の契約を統一的に連結するために回避条項はいかなる機能を果たしうるかという点について検討している。回避条項により，一方の契約を密接に関連するその他の契約の準拠法所属国に附従的に連結することが理論上可能であるが，その実践においては，複数の契約間のいかなる関連性をもって回避条項の適用を肯定することができるかという点が重要な問題となる。第3章においては，ドイツ国際私法上の裁判例を一つの参考としながら，販売店契約に付随して締結される売買契約を販売店契約の準拠法所属国に附従的に連結することの適否，下請契約を元請契約の準拠法所属国に附従的に連結することの適否等について検討している。特に，元請契約，下請契約の関係性について検討するにあたってはドイツのSeipenの見解を手掛かりとしている。第4章においては，第1章から第3章までの検討を踏まえ，わが国への示唆を行っている。

---

(9)　OJ2008, L177/6.

第 **1** 章

**歴史的前史**

◇ 第1節 ◇ ドイツ民法施行法第28条5項

　ドイツ国際私法上，ローマⅠ規則が2009年12月17日に施行される以前においては，ドイツ民法施行法第28条が債権契約について規定し，回避条項はその第5項に規定されていた。債権契約につき，ドイツ民法施行法第28条は，最密接関連地を原則的連結点とし，特徴的給付を履行すべき当事者の常居所地を最密接関連地として推定していた。これらの点において，ドイツ民法施行法第28条は，法適用通則法上の債権契約に関する連結規則と類似している。本章においては，ドイツ民法施行法第28条5項の法的構成および裁判例について検討する。

## ◆ 第1節 ◆ ドイツ民法施行法第28条5項

ドイツ民法施行法第28条

第1項
　第27条における契約準拠法に関する当事者間の合意がないときは，契約はそれが最も密接な関係を示す国の法による。ただし，契約の一部が契約のその他の部分から切り離され，これがその他の国との間により密接な関係を示すときは，例外的に契約の一部にその他の国の法が適用される。

第2項
　契約が最も密接な関係を示す国は，特徴的給付を履行すべき当事者の契約締結時における常居所を有する国，または，組合，社団もしくは法人の場合には，その主たる管理機関（Hauptverwaltung）を有する国であると推定される。ただし，契約がかかる当事者の職務上または営業上の活動において締結されたときは，契約が最も密接な関係を示す国はその主たる営業所（Hauptniederlassung）を有する国であると推定される。契約が当事者の職務上または営業上の活動において締結され，かつ契約に応じた給付が主たる営業所とは異なる営業所によって履行されるべき場合には，契約が最も密接な関係を示す国はその営業所を有する国であると推定される。特徴的給付が確定されないときは本項の規定は適用されない。

第3項
　契約が不動産に関する物権または利用権を対象とするとき，契約が最も密接な関係を示す国は不動産の所在地国であると推定される。

◆ 第1章 ◆ 歴史的前史

第4項

　貨物運送契約については，運送人が契約締結時に主たる営業所を有していた国が，荷積地，荷揚地または荷送人の主たる営業所を有していた国のいずれかであるとき，これを契約が最も密接な関係を示す国であると推定する。本項の規定の適用に際しては，一度の旅行のためのチャーター契約および貨物運送を主たる対象とするその他の契約は貨物運送契約とみなす。

第5項

　全事情から判断して，契約がその他の国との間により密接な関係を示すことが明らかであるときは，第2項，第3項，および第4項における推定は生じない。


## 1　独立抵触規定，従属抵触規定および実質規定の定義

　本節においてドイツ民法施行法第28条第5項の構造を明らかにするにあたっては，独立抵触規定，従属抵触規定および実質規定といった形式に着目している[1]。したがって，まずこれらの概念について以下整理する。


### (1) 実質規定および抵触規定

　実質規定とは，当事者の権利義務（当事者間の法律関係）の成否について直接判断する規定である。これに対し，抵触規定とは，実質規定の適用の可否について定める規定である。その効果は適用される実質規定が決定されるという

---

[1] 法規の性質を独立抵触規定とみるか従属抵触規定と見るかに応じて，当該規定の適用の可否，適用結果が左右される可能性がある。例えば，反致主義を採用する甲国の国際私法によって，当該法律関係の準拠法として乙国法が指定されたとする。甲国は反致主義を採用しているため，乙国法の国際私法により甲国法が準拠法として指定されていれば，反致により結局甲国法が適用されることになる。このような状況において，甲国が，「乙国法の国際私法によれば甲国法が準拠法となる場合」を，乙国法の国際私法の諸規定のうち従属抵触規定ではなく独立抵触規定によって甲国法が指定される場合に限定している場合（狭義の反致），当該法律関係につき反致が認められるか否かは，乙国法の当該国際私法規定が独立抵触規定であるか従属抵触規定であるかに左右されることになる。ここでは，乙国法の当該国際私法規定を独立抵触規定とみるか従属抵触規定とみるかに応じて，その規定の適用の可否が左右されることとなる。

形式をとる。抵触規定は以下のようにさらに独立抵触規定と従属抵触規定の二つに細分化される。

(2) 独立抵触規定

独立抵触規定とは、単位法律関係、連結点を通じて準拠実質法を直接指定するものをいう。これは三段階の要件および効果から成り立っている。まず、問題となる法律関係が当該独立抵触規定に定められた単位法律関係の概念に包摂されるとき（要件①）、連結点の解釈問題が生じる（効果①）。次に、指定された連結点の解釈上、当該の空間的または人的な要素が具体化されるとき（要件②）、準拠実質法が指定される（効果②）。このような二段階の要件および効果を経て、指定された準拠実質法の要件および効果（要件③および効果③）の解釈が行われる。これが第三段階の要件および効果である。図1は、独立抵触規定の三重構造を図式化したものである。

(3) 従属抵触規定

一方、従属抵触規定とは、独立抵触規定の適用の可否について定める規定である。すなわち、従属抵触規定は、独立抵触規定の適用の可否を決定することを通じて、間接的に準拠実質法を決定する。従属抵触規定の要件（要件④）が満たされれば、これと関連する独立抵触規定の適用の可否が決定される（効果④）。既述のように、独立抵触規定は三段階の要件および効果から成り立って

図1：独立抵触規定の構造

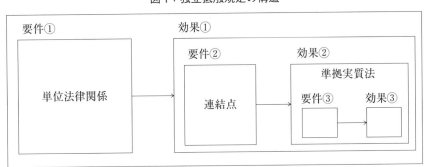

※本書の独立抵触規定、従属抵触規定に関する図解の方式は山内惟介教授のそれに倣っている。山内惟介『国際私法（改訂版）』（中央大学通信教育部, 2012）参照。

◆第1章◆　歴史的前史

図2：従属抵触規定の構造

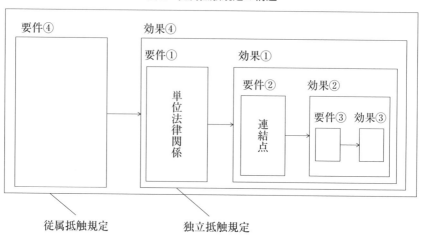

いる。この点を踏まえれば，従属抵触規定は四段階の要件および効果を内容とすることとなる。図2は，そのような従属抵触規定の四重構造を図式化したものである。

　独立抵触規定の適用の可否について定める以上の従属抵触規定とは異なり，従属抵触規定の適用の可否について定める従属抵触規定も存在する。なぜならば，従属抵触規定を適用するにあたっても，その適用の有無に関する基準がさらに必要となるからである。したがって，ある独立抵触規定が適用されるために，複数の従属抵触規定が重層的に存在することとなる。図3は，そのような複数の従属抵触規定の重層的構造を図式化したものである。

## 2　ドイツ民法施行法第28条5項の構成

　独立抵触規定，従属抵触規定および実質規定の概念に関するこうした理解のもと，以下，ドイツ民法施行法第28条5項のの法的構成について整理，検討する。なお，第28条5項は，同条1項ないし4項を前提として規定されているという意味で，これらと緊密に関係している。そのため，第1項ないし4項の整理を終えた後に，第5項の構成について検討する。

◇第1節◇　ドイツ民法施行法第28条5項

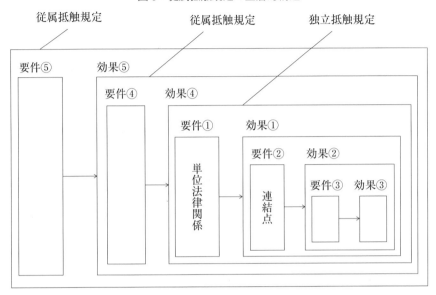

図3：従属抵触規定の重層的構造

(1) 第1項
(a) 第1文

　第1項1文は，単位法律関係を「契約」とし，連結点を「契約が最も密接な関係を示す国」とする独立抵触規定(1)を内容としている。ただし，この独立抵触規定(1)は「第27条における契約準拠法に関する当事者間の合意がないとき」にのみ適用される。これを要件および効果のかたちで表現すれば，「第27条における契約準拠法に関する当事者間の合意がないとき，独立抵触規定(1)を適用する」となる。これは独立抵触規定(1)の適用の有無について定める従属抵触規定(a)である（図4）。

(b) 第2文

　第28条1項2文の「例外的に契約の一部にその他の国の法が適用される」という文言から明らかなように，第2文は，単位法律関係を「契約の一部」とし，連結点を「その他の国」（すなわち「契約の一部がより密接な関係を示す国」）とする独立抵触規定(2)として理解することができる。この独立抵触規定(2)は

17

◆第1章◆　歴史的前史

図4：第28条1項1文の構造

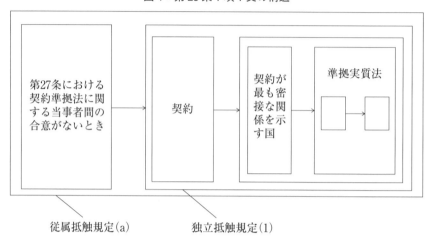

「契約の一部が契約のその他の部分から切り離され，これがその他の国との間により密接な関係を示すとき」にのみ適用される。これを要件および効果のかたちで表現すれば，「契約の一部が契約のその他の部分から切り離され，これがその他の国との間により密接な関係を示すとき，独立抵触規定(2)を適用する」となる。これは独立抵触規定(2)の適用範囲について定める従属抵触規定(b)である。以上を踏まえると，第28条1項第2文も，独立抵触規定(2)および従属抵触規定(b)から成り立つ複合的抵触規定となる。

ただし，第2文には，第1文の「第27条における契約準拠法に関する当事者間の合意がないときは」という文章がかかっていると考えられる。すなわち，「第27条における契約準拠法に関する当事者間の合意がない」場合において，「契約の一部が契約のその他の部分から切り離され，これがその他の国との間により密接な関係を示すときは，例外的に契約の一部にその他の国の法が適用される」という内容が第2文には内包されているといえる。これは，従属抵触規定(a)の要件が充足されると，従属抵触規定(b)およびその効果に内包される独立抵触規定(2)が適用されることを意味する。以上が第2文の法的構成である（図5）。

(c) 第1項の全体的構成

◇第1節◇ ドイツ民法施行法第28条5項

図5：第28条1項2文の構造

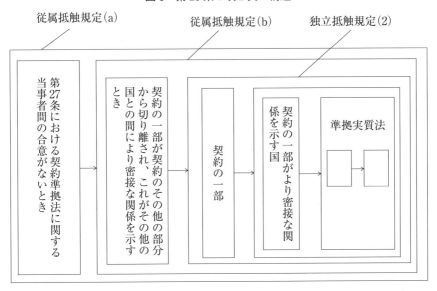

　以上のように，第1項は，独立抵触規定(1)，独立抵触規定(2)，従属抵触規定(a)および従属抵触規定(b)から成り立っている。以下では，これら四つの抵触規定の関係性について整理する。

　まず，独立抵触規定(1)および独立抵触規定(2)のいずれがいかなる場合に適用されるかという適用順序の問題が生じる。この争点に対して，従属抵触規定(b)は，「契約の一部が契約のその他の部分から切り離され，これが他の国との間により密接な関係を示すとき，独立抵触規定(2)を適用する」という判断基準を提示している。従属抵触規定(b)の要件が満たされないときは，独立抵触規定(1)が適用される。

　ここで，独立抵触規定(1)，独立抵触規定(2)および従属抵触規定(b)をひとまとまりとするものを複合的抵触規定(A)とすると，さらに，複合的抵触規定(A)はいかなるときに適用されるかという問題が生じる。これは複合的抵触規定(A)の適用範囲に関する問題である。この争点に関連するのは従属抵触規定(a)である。すでに第1文に関する説明の中で，従属抵触規定(a)の要件が充足されると，その効果として独立抵触規定(1)が適用されることは述べた。さら

19

◆第1章◆　歴史的前史

に，第2文に関する説明の中で，従属抵触規定(a)の要件が充足されると，従属抵触規定(b)およびその効果に内包される独立抵触規定(2)が適用されることも述べた。これらを踏まえると，従属抵触規定(a)の要件は，独立抵触規定(1)の適用の前提でもあり，かつ従属抵触規定(b)およびその効果に内包される独立抵触規定(2)の適用の前提でもあることとなる。こうした前提のもと，従属抵触規定(a)の効果の部分を再構成すると，従属抵触規定(a)の内容は「第27条における契約準拠法に関する当事者間の合意がないときは，複合的抵触規定(A)を適用する」となる。

　第28条1項の各抵触規定に関する以上の理解のもとにこれらの抵触規定の適用過程を整理すると以下の通りとなろう。従属抵触規定(a)の要件が充足されると複合的抵触規定(A)が適用される。複合的抵触規定(A)は，従属抵触規定(b)，独立抵触規定(1)および独立抵触規定(2)を内容とする。従属抵触規定(b)の要件が充足される場合には，効果として独立抵触規定(2)が適用される。従属抵触規定(b)の要件が充足されない場合には，独立抵触規定(1)が適用される（図6）。

(2) 第2項

　第28条2項は四つの文から成り立っている。以下では第1文，第2文，第3文および第4文の順に各文の法的構成について整理する[2]。

(a) 第1文

　第2項1文では，特徴的給付を履行すべき当事者が自然人である場合，および，「組合，社団もしくは法人」である場合，これらの二つに応じて，第1項の「契約が最も密接な関係を示す国」（すなわち独立抵触規定(1)の連結点）の具

---

[2]　現行法のローマⅠ規則第4条1項a～h号（不動産契約に関するc号およびd号を除く）は，債権契約について規定している点において，ドイツ民法施行法第28条2項に対応している。そこで規定されている連結点は，競売における動産売買契約（g号），および，金融商品に関する契約（h号）を除けば，特徴的給付の債務者の常居所地を連結点とする点において，ドイツ民法施行法第28条2項所定の連結点と基本的に同じである。（もっとも，フランチャイズ契約（e号）につきフランチャイジーの常居所地，販売店契約（f号）につき販売店の常居所地，これらが連結点とされたのは特徴的給付の理論によるものかという点については争いがある。）

◇第1節◇　ドイツ民法施行法第28条5項

図6：第28条1項の全体的構造

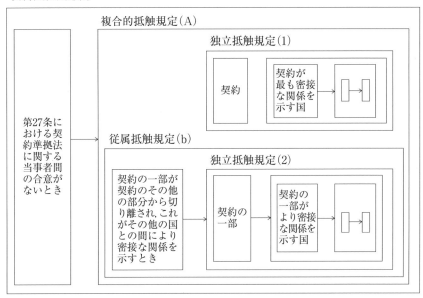

体的内容が推定されている。「契約が最も密接な関係を示す国」として，前者の場合には「特徴的給付を履行すべき当事者の契約締結時における常居所を有する国」が推定され，後者の場合には「特徴的給付を履行すべき当事者の契約締結時における主たる管理機関を有する国」が推定される。言い換えれば，第2項1文は，「契約が最も密接な関係を示す国」はいずれの地かという争点に関する解釈基準として，「特徴的給付を履行すべき当事者が自然人であるとき，特徴的給付を履行すべき当事者の契約締結時における常居所を有する国を『契約が最も密接な関係を示す国』として推定する」という解釈基準(i)，および，「特徴的給付を履行すべき当事者が組合，社団もしくは法人であるとき，特徴的給付を履行すべき当事者の契約締結時における主たる管理機関を有する国を『契約が最も密接な関係を示す国』として推定する」という解釈基準(ii)を規定している[3]（図7）。

　以上の解釈基準(i)および(ii)を抵触規定の形式において表現すれば以下の通

◆ 第1章 ◆ 歴史的前史

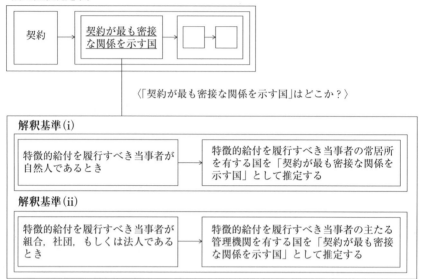

りとなる。まず，「契約が最も密接な関係を示す国」の具体的内容が明らかにならなければ独立抵触規定(1)を適用することができないことを踏まえると，「特徴的給付を履行すべき当事者の常居所を有する国を『契約が最も密接な関係を示す国』として推定することができるとき，独立抵触規定(1)を適用する」という従属抵触規定として解釈基準(i)を表すことができる。これを従属抵触

---

(3) 「特徴的給付を履行すべき当事者が自然人であるとき，特徴的給付を履行すべき当事者の契約締結時における常居所を有する国を『契約が最も密接な関係を示す国』として推定する」という解釈基準(i)，および，「特徴的給付を履行すべき当事者が組合，社団もしくは法人であるとき，特徴的給付を履行すべき当事者の契約締結時における主たる管理機関を有する国を『契約が最も密接な関係を示す国』として推定する」という解釈基準(ii)は，「契約が最も密接な関係を示す国」の具体的内容は何かという，法律関係の成否について問う実質的争点であると考えれば，解釈基準(i)および解釈基準(ii)を実質規定として整理することができる。もっとも，実質規定という概念は，通常，抵触規定により指定された国内法上の規定を意味することが多いため，本書においては単に解釈基準として整理する。

◇ 第1節 ◇ ドイツ民法施行法第28条5項

図8：第28条2項1文前半

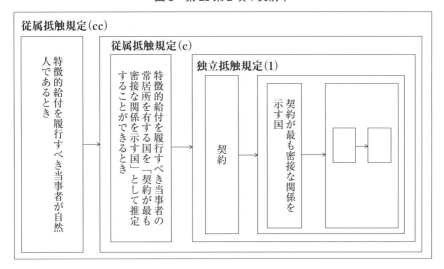

規定(c)とすると，従属抵触規定(c)は独立抵触規定(1)の適用の可否に関する規定であり，すなわち独立抵触規定(1)の従属抵触規定である。それではいかなるときに従属抵触規定(c)は適用されるか。それは，特徴的給付を履行すべき当事者が自然人である場合である。これを要件および効果の形式で表現すれば，「特徴的給付を履行すべき当事者が自然人であるとき，従属抵触規定(c)を適用する」という内容となる。これを従属抵触規定(c)の適用の可否について判断する従属抵触規定(cc)とする。以上を総合すると，第2項1文前半では，従属抵触規定(cc)によって従属抵触規定(c)の適用の可否が決定され，従属抵触規定(c)によって独立抵触規定(1)の適用の可否が決定される，という法的構成が成立していることになる。これは，従属抵触規定の定義について述べる際に触れた，従属抵触規定の重層的構造である（図8）。以上のように，第2項1文所定の解釈基準(i)を抵触規定の形式において表現すれば，重層的構造をなす従属抵触規定(c)および（cc）となる。

　第2項1文後半の法的構成についても，第2項1文前半と同様の法的構成を確認することができる。第2項1文後半は，「特徴的給付を履行すべき当事者の契約締結時における主たる管理機関を有する国を『契約が最も密接な関係を

◆第1章◆　歴史的前史

図9：第28条2項1文後半

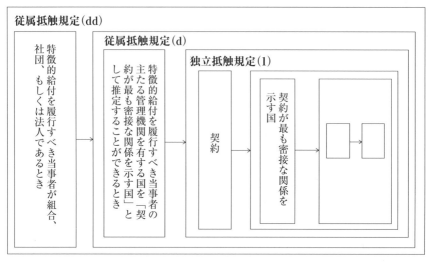

示す国』として推定することができるとき，独立抵触規定(1)を適用する」という判断基準を示していると考えることができる。これは独立抵触規定(1)の適用の可否について判断する従属抵触規定(d)である。そして従属抵触規定(d)が適用されるのは，特徴的給付を履行すべき当事者が「組合，社団もしくは法人」である場合である。すなわち，「特徴的給付を履行すべき当事者が組合，社団もしくは法人であるとき，従属抵触規定(d)を適用する」という内容が成り立つ。これは従属抵触規定(d)の適用の可否について判断する従属抵触規定(dd)である（図9）。以上のように，第2項1文所定の解釈基準(ii)を抵触規定の形式において表現すれば，重層的構造をなす従属抵触規定(d)および(dd)となる。

　(b) 第2文

　第2文も，独立抵触規定(1)の連結点たる「契約が最も密接な関係を示す国」はいずれの地かという争点につき，その解釈基準を提供していると考えることができる。すなわち，「契約が特徴的給付を履行すべき当事者の職務上または営業上の活動において締結されたとき，特徴的給付を履行すべき当事者の主たる営業所を有する国を『契約が最も密接な関係を示す国』として推定する」と

24

◇第1節◇ ドイツ民法施行法第28条5項

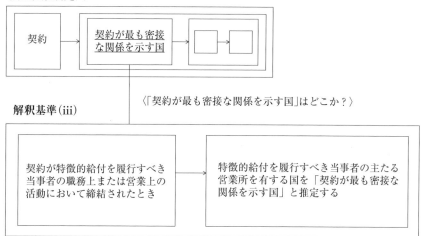

いう解釈規準(iii)である（図10）。これを抵触規定の形式において表現すれば，「特徴的給付を履行すべき当事者の主たる営業所を有する国を『契約が最も密接な関係を示す国』として推定することができるとき，独立抵触規定(1)を適用する」という従属抵触規定(e)，および，「契約が特徴的給付を履行すべき当事者の職務上または営業上の活動において締結されたとき，従属抵触規定(e)を適用する」という従属抵触規定(ee)，これらの従属抵触規定となる（図11）。

(c) 第3文

第3文も，独立抵触規定(1)の連結点たる「契約が最も密接な関係を示す国」はいずれの地かという争点につき，「契約が特徴的給付を履行すべき当事者の職務上または営業上の活動において締結され，契約に応じた給付が主たる営業所とは異なる営業所によって履行されるべきとき，特徴的給付を履行すべき当事者の主たる営業所とは異なる営業所であって，契約に応じた給付を履行すべき営業所を有する国を『契約が最も密接な関係を示す国』として推定する」という解釈基準(iv)を提供していると考えることができる（図12）。これを抵触規定の形式で表現すれば，「特徴的給付を履行すべき当事者の主たる営業所とは異なる営業所であって，契約に応じた給付を履行すべき営業所を有する国を

25

◆第1章◆　歴史的前史

図11：第28条2項2文

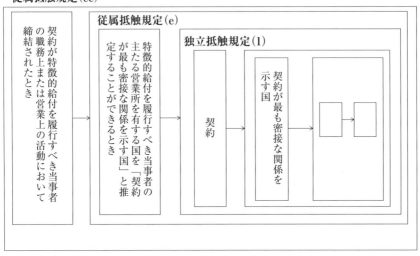

『契約が最も密接な関係を示す国』として推定することができるとき，独立抵触規定(1)を適用する」という従属抵触規定(f)，および，「契約が特徴的給付を履行すべき当事者の職務上または営業上の活動において締結され，契約に応じた給付が主たる営業所とは異なる営業所によって履行されるべきとき，従属抵触規定(f)を適用する」という従属抵触規定(ff)，これらの抵触規定となる（図13）。

(d) 第4文

第2項4文は「特徴的給付が確定されないとき，本項の規定（※第2項1文ないし3文）は適用されない」と規定する。これは独立抵触規定(1)の連結点たる「契約が最も密接な関係を示す国」はいずれの地かという争点に関する解釈基準であり，「特徴的給付が確定されないとき，独立抵触規定(1)の解釈基準(i)ないし(iv)を適用しない」という解釈基準(v)として整理することができる。

これを抵触規定として理解すれば以下の通りとなる。

第2項1文から3文では，特徴的給付を履行すべき当事者が自然人である場合については従属抵触規定(c), (cc)，特徴的給付を履行すべき当事者が組合，

26

◇第1節◇ ドイツ民法施行法第28条5項

図12：第28条2項3文

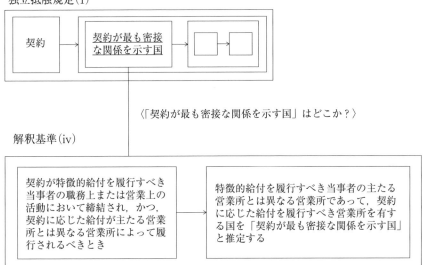

図13：第28条2項3文

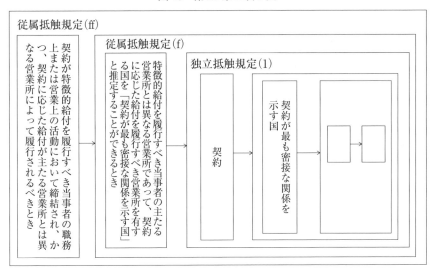

◆第1章◆　歴史的前史

社団もしくは法人である場合については従属抵触規定(d), (dd), 契約が特徴的給付を履行すべき当事者の職務上または営業上の活動において締結された場合については従属抵触規定(e), (ee), そして, 契約が特徴的給付を履行すべき当事者の職務上または営業上の活動において締結され, 契約に応じた給付が主たる営業所とは異なる営業所によって履行されるべき場合については従属抵触規定(f), (ff)が用意されている。既述のように, 従属抵触規定(cc)の要件（「特徴的給付を履行すべき当事者が自然人であるとき」という要件）が満たされるとき, その効果として従属抵触規定(c)が適用される。そして, 従属抵触規定(c)の要件（「特徴的給付を履行すべき当事者の常居所を有する国を契約が最も密接な関係を示す国として推定することができるとき」という要件）が満たされるとき, その効果として独立抵触規定(1)が適用される。

　それでは, 第4文はこれらの規定といかに関係するか。まず, 第4文は, 「特徴的給付が確定されないとき, 従属抵触規定(cc)を適用しない」という, 従属抵触規定(cc)の適用の可否について規定する従属抵触規定として理解することができる。この従属抵触規定が適用されると, その効果として従属抵触規定(cc)の適用が否定され, さらに従属抵触規定(c)の適用が否定される。そして最終的には従属抵触規定(c)の適用の否定により独立抵触規定(1)の適用も否定されることとなる。その他の場合について規定する従属抵触規定(d), (dd)ないし(f), (ff)も, 従属抵触規定(c), (cc)と同様の法的構成を有するため, 第4文と従属抵触規定(c), (cc)の間に成立する関係は, 第4文と従属抵触規定(d), (dd)ないし(f), (ff)との関係についても当てはまる。以上を総合すると, 解釈基準(v)は, 「特徴的給付が確定されないときは, 従属抵触規定(cc)ないし(ff)を適用しない」という要件および効果を内容とする従属抵触規定(g)として把握することができる。従属抵触規定(g)が適用されることにより, 最終的に独立抵触規定(1)の適用が否定されることとなる（図14）。


(3)　第3項

　第28条3項も, 独立抵触規定(1)の連結点たる「契約が最も密接な関係を示す国」はいずれの地かという争点につき, 「契約が不動産に関する物権または利用権を対象とするとき, 不動産の所在地国を『契約が最も密接な関係を示す

◇第1節◇　ドイツ民法施行法第28条5項

図14：第28条2項4文

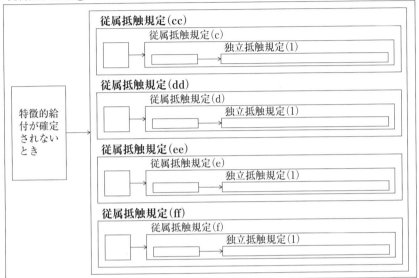

国』として推定する」という解釈基準(vi)を提供していると理解することができる[4]。解釈基準(vi)を抵触規定の形式において表現すれば，「不動産の所在地国を『契約が最も密接な関係を示す国』として推定することができるとき，独立抵触規定(1)を適用する」という内容の従属抵触規定(h)，および「契約が不動産に関する物権または利用権を対象とするとき，従属抵触規定(h)を適用する」という従属抵触規定(hh)として理解される。

---

(4)　物権契約に関するドイツ国際私法上の現行規定は，ローマⅠ規則第4条1項c号，d号である。ローマⅠ規則4条1項c号は，ドイツ民法施行法第28条3項と同様に，物権契約の連結点を原則として不動産の所在地とする。他方，ローマⅠ規則第4条1項d号は，6か月以下の一時的で個人的な利用を目的とする不動産の賃貸契約については，賃借人が自然人であり，賃借人と賃貸人の常居所地国が同じである場合に限り，常居所地法を準拠法として指定する。この点に限り，ローマⅠ規則4条1項に規定される物権契約の連結点は，ドイツ民法施行法第28条3項に規定されるそれとは異なる。

29

◆第1章◆　歴史的前史

(4) 第4項[5]

(a) 第1文

第4項1文も，「契約が最も密接な関係を示す国」はいずれの地かという争点に関する解釈基準であり，「貨物運送契約において，運送人が契約締結時に主たる営業所を有していた国が，荷積地，荷揚地または荷送人の主たる営業所を有していた国であるとき，これを『契約が最も密接な関係を示す国』であると推定する」という解釈基準(vii)として理解することができる。これを抵触規定として表現すれば，「貨物運送契約において運送人が契約締結時に主たる営業所を有していた国を契約が最も密接な関係を示す国として推定することができるとき，独立抵触規定(1)を適用する」という内容の従属抵触規定(i)，および「貨物運送契約において，運送人が契約締結時に主たる営業所を有していた国が，荷積地，荷揚地または荷送人の主たる営業所を有していた国であるとき，従属抵触規定(i)を適用する」という内容の従属抵触規定(ii)となる。

(b) 第2文

第2文は，解釈基準(vii)の要件たる「貨物運送契約」につき，「一度の旅行のためのチャーター契約および貨物運送を主たる対象とするその他の契約が存在するとき，これを貨物運送契約とみなす」という解釈基準(viii)を提供していると理解することができる。これを抵触規定として表現すれば，「一度の旅行のためのチャーター契約および貨物運送を主たる対象とするその他の契約が

───────────

(5)　貨物運送契約に関する現行法のローマⅠ規則第5条1項のもとでは，荷積地，荷揚地，荷送人の常居所のいずれかが運送人の常居所地にある場合に限り，運送人の常居所地法が準拠法とされている。常居所地の定義について規定するローマⅠ規則第19条に依拠すると，法人の「常居所地」は，①原則として法人の主たる管理機関の所在地であるが，②従たる営業所，代理店またはその他の施設の営業において契約が締結されたとき，または，従たる営業所，代理店またはその他の施設が契約に応じた履行に関する責任を負うときは，従たる営業所，代理店またはその他の施設の所在地である，とされている。この営業所地の概念をローマⅠ規則第5条1項に当てはめると，貨物運送契約の連結点は，①の場合には運送人の主たる管理機関の所在地，②の場合には運送人の従たる営業所，代理店またはその他の施設の所在地となる。これは，一律に運送人の主たる営業所の所在地を貨物運送契約の連結点としていたドイツ民法施行法第28条4項の規律内容とは異なる。

◇第1節◇ ドイツ民法施行法第28条5項

図15：第28条5項

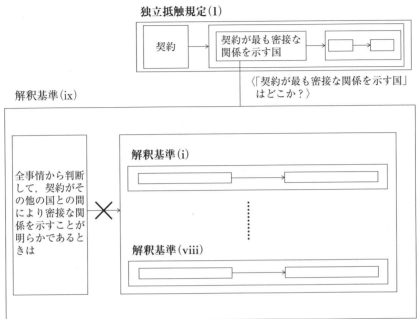

存在するとき，従属抵触規定(ii)を適用する」という従属抵触規定(j)となる。

(5) 第5項

　第28条1項から4項の法的構成に関する以上の整理を踏まえて，回避条項たる第28条5項の法的構成について以下整理する。

　以上においては，第2項ないし第4項を独立抵触規定(1)の解釈基準(i)ないし(viii)として整理した（解釈基準(viii)は直接的には解釈基準(vii)の解釈基準であるが，解釈基準(vii)は独立抵触規定(1)の解釈基準であるため，解釈基準(viii)も間接的に独立抵触規定(1)の解釈基準となる）。第5項は，解釈基準(i)ないし(viii)の適用の可否について判断する規定であり，「全事情から判断して，契約がその他の国との間により密接な関係を示すことが明らかであるときは，解釈基準(i)ないし(viii)を適用しない」とする解釈基準(ix)である（図15）。

　それでは，解釈基準(ix)を抵触規定として表現すればいかなる内容となるか。

◆第1章◆　歴史的前史

図16：第28条5項

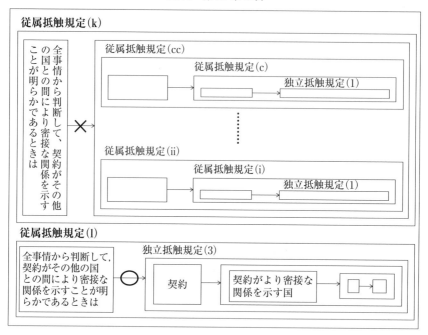

　第2項ないし第4項には，独立抵触規定(1)の適用の可否について判断する従属抵触規定(c)ないし(j)が含まれている。さらに，従属抵触規定(c)の適用の可否について定める従属抵触規定(cc)が規定されているというように，従属抵触規定(c)ないし(i)それぞれにつき，その適用の可否に関する従属抵触規定(cc)ないし(ii)が用意されている。すなわち，第2項から第4項には，従属抵触規定(cc)ないし(ii)（および従属抵触規定(ii)の適用の可否について定める従属抵触規定(j)）が含まれている。第5項は，これらの規定の適用の可否について定める基準であり，「全事情から判断して，契約がその他の国との間により密接な関係を示すことが明らかであるときは，従属抵触規定(cc)ないし従属抵触規定(ii)（および従属抵触規定(j)）を適用しない」という従属抵触規定(k)として理解することができる。第5項は，従属抵触規定(cc)ないし(ii)の適用を否定することを通じ，従属抵触規定(c)ないし(i)の適用を否定し，最終

32

的には独立抵触規定(1)の適用を否定することとなる。

　また，第5項に関しては以下の説明を加えなければならない。第5項は第2項ないし第4項の推定を否定した上で「より密接な関係を示す国」の法の適用を命じている。すなわち，第5項は，「全事情から判断して，契約がその他の国との間により密接な関係を示すことが明らかであるときは」，「契約」を単位法律関係とし，「より密接な関係を示す国」を連結点とする独立抵触規定(3)の適用を命じている。これは独立抵触規定(3)の適用の可否について定める従属抵触規定(l)である。

　以上を総合すると，第5項には，従属抵触規定(cc)ないし(ii)の適用を否定する従属抵触規定(k)，および，「より密接な関係を示す国」を連結点とする独立抵触規定(3)，さらには，「全事情から判断して，契約がその他の国との間により密接な関係を示すことが明らかであるときは，独立抵触規定(3)を適用する」という従属抵触規定(l)，これらの規定が含まれている。このように，ドイツ民法施行法第28条5項を全体としてみると，複数の従属抵触規定，独立抵触規定から構成される複合的な抵触規定として整理することができる（図16）。

## ◆ 第2節 ◆ 裁 判 例

　債権契約に関する回避条項たるドイツ民法施行法第28条5項は，以上のように複合的な抵触規定としての性質を有する。それでは，ドイツ裁判例上，同規定はどのように位置付けられてきたか。本節においては，ドイツ民法施行法第28条5項に言及した以下の六件の裁判例を年代順に紹介する。

①連邦通常裁判所2004年7月26日判決
②コプレンツ上級地方裁判所2006年3月29日判決
③連邦通常裁判所2006年6月29日判決
④リューベック区裁判所2007年9月13日判決
⑤ゲルダーン区裁判所2007年11月28日判決
⑥連邦通常裁判所2009年7月9日判決

◆ 第 1 章 ◆ 歴史的前史

## 1 連邦通常裁判所 2004 年 7 月 26 日判決[6]

### (1) 事 実 関 係

X はアンギラ島（イギリス自治領）において設立され，経営の本拠地を
フィリピンに有する会社である。銀行 Y（設立地：ドイツ）はルクセンブル
ク法上の株式会社 A に対する貸付債権（800 万ドイツマルク）を有していた。
この貸付契約の準拠法としてドイツ法が合意されていた。当該債権は被担保債
権であり，この債権のために，会社 S（設立地および本拠地：フランス）がフ
ランスに所有する複数の土地に抵当権が設定されていた。S はすでに 1999 年
の夏に倒産し，抵当権が設定された当該土地の強制競売が 1999 年 9 月 3 日に
予定されていた。これと並行して，X および Y によって，当該被担保債権の
売買契約の締結交渉が行われていた。その経過は以下の通りである。

当該被担保債権の売買契約の締結のために行われた一連の交渉の中で，X
の代理人たる W は，X の名において，1999 年 7 月 21 日付の書簡で，①X は
S が所有する上記の土地に関心があり，被担保債権を 1,400,000 フランス・フ
ランで購入する意思があること，②代金振込口座またはその他の決済手段を迅
速に連絡するよう X が望んでいること，③X の代理人としてフランス人弁護
士 R（ニース在住）を指名したこと，これら三点を Y に通知した。WY 間で
の書簡のやり取りは，一部はドイツ語で，一部は英語で行われた。当事者は，
被担保債権の売買契約を，フランスの公証人 A に文書で記録させることにつ
いて合意した。X の代理人たる弁護士 R は，1999 年 7 月 27 日付けの書簡に
よって，委任者である X が公証人の口座に当該金額——1,400,000 フランス・
フランとその振込み費用 60,000 フランス・フラン——を振込んだことを公証人
A に通知した。一方，Y の弁護士 D は，1999 年 8 月 4 日付けの書簡により，
Y が当該被担保債権を X に売却する旨決めたことを，X の経営者の代理人た
るフランス人弁護士 C に通知した。さらに，弁護士 D は，公証人 A に対して，
その週の内に債権譲渡契約に署名する意思があることを伝えた。DA 間におけ
るこれらの書簡のやり取りはフランス語で行われた。このとき，フランスの検

---

(6) NJW-RR 3/2005, S. 206-210.

◇ 第 2 節 ◇ 裁 判 例

察庁は，当該債権の売買契約に関して，Ｘの Ｙ への振り込みが資金洗浄に当たるか否か調査中であった。弁護士 Ｄ は，1999 年 8 月 25 日に，公証人 Ａ に対し，検察庁の調査が近日中に終わるだろうということ，および，Ｙの側は契約を締結する準備ができていること，これら二点について通知した。しかし，弁護士 Ｄ は，1999 年 8 月 27 日には，Ｙ は Ｘ による資金洗浄を恐れており，Ｘ と契約を締結する意思を持っていないこと，および債権はオランダ人の Ｈ に 1,700,000 フランス・フランで売却する可能性があること，これら二点について伝えた。これに対し，Ｗ は，1999 年 8 月 30 日に，Ｙ は同日の午後 4 時までに契約を締結すべきであり，さもなければ Ｘ は損害賠償を請求することを Ｙ に通知した。この時点において，検察庁による調査はまだ終了していなかった。最終的に，Ｙ は Ｘ と債権譲渡契約を締結せず，オランダ人 Ｈ に 1,700,000 フランス・フランで債権を売却した。本件抵当権が設定された土地は，その後 1999 年 9 月 3 日，強制競売において，5,240,000 フランス・フランで落札された。

Ｘ は，Ｙ が Ｘ との仮契約を不当に拒否したという理由で，665,601.03 ユーロの損害賠償を Ｙ に請求した。なお，請求原因は，連邦通常裁判所の判旨からは不明であるが，債務不履行であると推測される。Ｘ の請求に対し，Ｙ は，仮契約は成立していないこと，および，検察庁の調査が終了していなかったためにＹは交渉を中断せざるを得なかったこと，これらについて主張した。地方裁判所とハンブルク上級地方裁判所はＸの請求を棄却した。しかし連邦通常裁判所は，上級地方裁判所の判決を破棄し，本件を差し戻した。

## (2) ハンブルク上級地方裁判所の判旨[7]

### (a) 法律関係の性質決定

---

(7)　ハンブルク上級地方裁判所は，ドイツ実質法に依拠し，Ｘの請求を棄却した。その
　実質法的判断は以下の通りである。
　「当事者間で有効な仮契約が締結されたか否かという問題は先送りされる。なぜなら，
　いずれにせよ，Ｙはそのような仮契約から生じる義務に違反していなかったからである。
　Ｙは契約を中断する十分な根拠を持っていた。検察庁によって依然として調査が行われ
　ていた状況において，ＹにＸとの契約締結を要求することはできない。たとえＹが Ｘ

35

◆ 第 1 章 ◆ 歴史的前史

本件は，X が，Y の仮契約上の義務違反に基づき，損害賠償請求を行った
事例である。本件法律問題はいかなる法律関係として性質決定されたか。ハン
ブルク上級地方裁判所が契約準拠法について規定するドイツ民法施行法第 27
条および第 28 条に依拠したことから判断すれば，本件法律問題は，第 27 条お
よび第 28 条所定の「契約」の概念に包摂されたことが分かる。

(b) ドイツ民法施行法第 27 条

ドイツ民法施行法第 27 条 1 項は，「契約は当事者によって選択された法によ
る。法選択は明示されなければならず，または契約の規定ないし事案の全体か
ら見て十分な確実性をもって明らかでなければならない。当事者は契約の全体
または契約の一部について法選択を行うことができる」と規定する[8]。ハン
ブルク上級地方裁判所は，ドイツ民法施行法第 27 条が規定する明示的または
黙示的な準拠法の合意は本件では認められないと判断した。その根拠は，連邦
通常裁判所の以下の判旨から読み取れる。すなわち，「控訴裁判所（ハンブル
ク上級地方裁判所）は，本件はあまりに多様な要素から成立しており（viels-
chichtig），それゆえ，第 27 条 1 項 2 文にいう適切な当事者意思の存在をうか
がわせ，かつ明白にある特定の法秩序を示すような手がかりが蓄積されている

との交渉を中断した本当の動機が，債権の購入者 H が，X が示した購入価格よりも
300,000 フランス・フラン高い価格を示したことにあったとしても，それは誠にもっと
もなことである。いずれにせよ，検察庁による調査が終了していなかったこと，そして，
強制競売の期日が迫っていたこと，これらを踏まえると，Y の行動は非難されるべきで
はない。」（NJW-RR 3/2005, S. 207 f.）

ハンブルク上級地方裁判所は，上記のように，仮契約が成立していたとしても，Y は
契約を中断する十分な根拠を有していたため，仮契約上負うべき義務には違反してない，
と判断した。

(8) 1986 年 7 月 25 日の国際私法を新たに規律するための法律の施行以来認められていた
推定的当事者意思は，現行の 1994 年 9 月 21 日の形式におけるドイツ民法施行法の施行
によってもはや採用されていない（Kegel, Internationales Privatrecht, 6.Aufl., 1987, S.
424 f.）。本件連邦通常裁判所判決が，2004 年 7 月 26 日に下されていることから，この
ことは本件にもあてはまる。なお，契約債務の準拠法に関するヨーロッパ議会および
ヨーロッパ理事会規則 2008 年 593 号（いわゆるローマ I 規則）が 2009 年 12 月 17 日に
ドイツで発効してからは，同規則の第 3 条によって当事者による準拠法選択が規定され
ているが，そこでも推定的当事者意思の構成は採用されていない。

とは言えないと……判断した」[9]という連邦通常裁判所述の判旨である。

(c) ドイツ民法施行法第28条2項，3項

　本件では準拠法に関する合意が認められなかったため，続いて，準拠法選択が行われていない場合の契約準拠法について規定するドイツ民法施行法第28条が適用された。第28条1項は，「契約が最も密接な関係を示す国」の法を契約準拠法として規定している。この「契約が最も密接な関係を示す国」の具体的内容は，第28条2項ないし4項によって，各契約類型に応じて推定されている。それでは，第28条2項ないし4項のうち，いずれの規定が本件に適用されたか。

　Xは，本件契約準拠法を確定するにあたっては，不動産契約につき「契約が最も密接な関係を示す国」の内容を推定する第28条3項が適用されると主張した。Xがこのように主張する根拠は，Xが本件債権譲渡契約を締結しようとした真の目的は，当該債権のために抵当権を設定されたフランスに所在する土地の取得にあったという点に求められている。第28条3項によれば，不動産契約においては，「契約が最も密接な関係を示す国」は不動産の所在地国である。本件事実関係によれば，抵当権付の当該不動産はフランスに所在するため，第28条3項による場合，本件における「契約が最も密接な関係を示す国」はフランスとなり，フランス法が契約準拠法となる。

　しかし，ハンブルク上級地方裁判所は，XおよびYが締結しようとした契約の対象物は物権ではなく，債権であったと判断し，債権契約について規定する第28条2項が適用されると判示した。第28条2項は，特徴的給付を履行すべき当事者の常居所地を「契約が最も密接な関係を示す国」として推定する。本件では，特徴的給付の債務者は債権の譲渡人たるYである。そして，判旨によれば，Yはドイツ法上の会社であるとして，第28条2項によりドイツ法が準拠法として推定された。

(d) ドイツ民法施行法第28条5項（回避条項）

　以上のように，第28条2項により，「契約が最も密接な関係を示す国」としてドイツが推定された。この推定は回避条項たる第28条5項によって覆され

---

(9)　NJW-RR 3/2005, S. 208.

◆第1章◆　歴史的前史

る可能性がある。それゆえ，次に，第28条5項の要件が充足されるかが問題とされなければならない。

　ハンブルク上級地方裁判所は，第28条5項によって同条2項の推定が覆されることはないと判示した。ハンブルク上級地方裁判所によれば，第28条2項と第28条5項は原則と例外の関係に立ち，「第28条2項の連結内容（Anknüpfungsgehalt）が他の手がかり（Indizien）によって明白に超えられる（übertreffen）ときは，第28条5項は第28条2項の推定を排除することができる」[10]。このような判断基準を前提としつつ，ハンブルク上級地方裁判所は以下のように判示した。「本件ではフランス法以外の法秩序との関係を示す事情が存在するため，統一的であるとは到底言えないイメージ（Bild）が生じている。その結果，第28条2項と第28条5項にしたがって導かれるそれぞれの連結が同列に置かれてしまっており，フランス法を適用する十分な根拠は存在しない。いずれにせよ，第28条2項による連結が第28条5項によるそれよりも優先され，ドイツ法が適用されるべきである」。

　こうしたハンブルク上級地方裁判所の判断には以下の点を指摘することができる。

　ハンブルク上級地方裁判所の「第28条2項の連結内容が他の手がかりによって明白に超えられるときは，第28条5項は第28条2項の推定を排除することができる」という表現は，第28条5項の一般的な適用基準を示していると思われる。この判断基準において示された「明白に超えられる」という表現は極めて抽象的であり，第28条5項所定の「より密接な関係」という表現が有する抽象性とほとんど異ならない。したがって，「明白に超えられる」か否かについて判断するためのさらなる説明が加えられない限り，この判断基準は第28条5項の適用基準として実質的に機能しないであろう。

　また，「フランス法以外の法秩序との関係を示す事情が本件では存在するため，統一的であるとは到底言えないイメージが生じる」結果，「第28条2項と第28条5項にしたがって導かれるそれぞれの連結が同列に置かれてしま」うというハンブルク上級地方裁判所の説明も，第28条5項の適用基準に関する

---

(10)　NJW-RR 3/2005, S. 207.

◇ 第2節 ◇ 裁 判 例

説明として十分ではない。まず，「連結が同列に置かれてしまう」ということの趣旨が不明確である。その趣旨は，「例外的場合に適用されるべき第28条5項が原則的場合に適用されることになる」ということであるとも推測できる。しかし，そもそも，第28条5項が原則的に適用されるか例外的に適用されるかという争点がそもそも実質的な意義を有する争点足りえるか疑問が呈される。

### (3) 連邦通常裁判所の判旨

#### (a) 法律関係の性質決定

連邦通常裁判所は，本件の主たる争点はXY間における仮契約の成否であるという前提のもと，本件法律問題はドイツ民法施行法第31条1項の「契約の成立および有効性」に該当すると判断した。ドイツ民法施行法第31条1項によれば，「契約および契約条項中の各項の成立および有効性は，その契約または条項が有効とされるであろう場合に適用される法にしたがって判断される」。すなわち，「契約の成立および有効性」は契約準拠法による。契約準拠法はドイツ民法施行法第27条またはドイツ民法施行法第28条によって規律されるため，続いてこれら両規定が適用された。

#### (b) ドイツ民法施行法第27条

ドイツ民法施行法第27条によれば，準拠法に関する明示的または黙示的な合意があるときは，合意された法が準拠法となる。Xは，上告理由において，明示的な準拠法選択の存在について主張しなかった。したがって，連邦通常裁判所は，次順位に当たる，黙示的な準拠法選択の有無についてのみ判断した。

連邦通常裁判所は，①「裁判籍や仲裁に関する合意，および，ある特定の法秩序を一貫して意図する当事者の訴訟行為のような，当事者による準拠法選択の存在を想起させる明白な証拠」が存在するとき，または，②「明白な証拠に比べるとさほど強いとは言えない手がかり——履行地，当事者の居住地，国籍，契約に使用された言語，契約締結地，通貨など——が蓄積し，その結果それらが一貫性をもってある特定の法秩序を示すとき」には，黙示的準拠法選択が認められると述べ，黙示的準拠法選択の有無に関する判断基準を示した[11]。そ

---

(11)　NJW-RR 3/2005, S. 208.

◆ 第1章 ◆ 歴史的前史

して，Yがドイツ法を，Xがフランス法をそれぞれ準拠法として主張している本件においては，第一の選択的要件たる「当事者による準拠法選択の存在を想起させる明白な証拠」は認められないと判断した。第二の選択的要件が満たされるか否かについて，すなわち「さほど強いとは言えない手がかりが蓄積し，その結果それらが一貫性をもってある特定の法秩序を示す」か否かについては，以下のように述べた。

　「確かに，例えばフランス語で一部行われた交渉，フランスに予定された契約締結地，フランス通貨で定められた売買価格，およびフランス所在の抵当権付土地など，いくつかの手がかりはフランス法との間に緊密な関係を示している。しかし，Xはフィリピンに本拠を持つアンギラ島の会社であり，またYはドイツの株式会社である。さらに，XおよびYが締結しようとした契約の対象物は，ルクセンブルク法上の会社に対する債権であって，これはドイツ法に服するものであった。また，Xの代理人であるオーストリア人WとYの間の書簡のやり取りは英語とドイツ語で行われた。控訴裁判所は，本件はあまりに多様な要素から成り（vielschichtig），それゆえドイツ民法施行法第27条1項2文にいう適切な当事者意思をうかがわせ，かつ明白にある法秩序を示すような手がかりが蓄積されているとは言えないと判断したが，この点に法的な過誤はない。Xは上告理由において，控訴裁判所は，契約締結の前段階において両当事者はフランスの弁護士によって代理されていたこと，および，契約がフランスの公証人により記録されていたことを判断しなかったと主張した。しかし，控訴裁判所はこれらの事実を見過ごしていない。推定規定であるドイツ民法施行法第28条2項に関する控訴裁判所の判断が示すように，控訴裁判所は，後者の事情を，フランスに所在する抵当権付不動産は被譲渡債権とともに取得されるはずであったこと，および，フランスにおける強制競売のためにフランス法上必要な手続きが遵守されるべきであったこと，これらの事情——控訴裁判所が，ドイツ民法施行法第27条1項2文に規定される準拠法選択に関係して考慮した事情——のほとんど必然的な結果として評価した。前者の事情，すなわち当事者がフランスの弁護士により代理されていたことに関しても同様のことがあてはまる。ドイツ民法施行法第43条1項によれば抵当権はフランス法に従ったこと，また債権の譲渡の際にはドイツ民法第1154条は適用されえなかったこと，それゆえ抵当権の有効な譲渡のために特に，フランスの公証人やフランスの弁護士がおそらく前提とするフランス法の知識が必要とされたこと，これらのことは当事者が原因行為をフランス法に服させようとしたことを必然的に前提とするわけではない。なぜなら，とりわけ，被担保債権の効力および要件はドイツ民法施

40

◇ 第 2 節 ◇ 裁 判 例

行法第 33 条 1 項によりドイツ法に従って判断されるべきであったからである。」(12)

　上記では，黙示的準拠法選択の有無について判断する手がかりとして，フランスとの間に関係を示す事情，および，フランス以外の国との間に関係を示す事情が種々挙げられている。それらをまとめると，以下のようになる。

【フランスとの間に関係を示す事情】
　① 　交渉の一部がフランスで行われたこと
　② 　契約締結地としてフランスが予定されていたこと
　③ 　債権の売買代金の支払いはフランス通貨で行われることが予定されていたこと
　④ 　抵当権付土地がフランスに所在すること
　⑤ 　X および Y は契約締結交渉のためにフランスの弁護士を代理人としていたこと
　⑥ 　契約はフランスの公証人により記録されたこと
　⑦ 　フランスに所在する抵当権付土地は被担保債権とともに取得されるはずであったこと
　⑧ 　フランスでの強制売買のためにフランス法上必要な手続きが行われるべきであったこと
　⑨ 　ドイツ民法施行法第 43 条 1 項によれば，抵当権の準拠法はフランス法であること
　⑩ 　債権の譲渡にはドイツ民法第 1154 条は適用されえなかったこと
　⑪ 　抵当権の譲渡のために，フランスの公証人および弁護士が使用するフランス法の知識が必要とされたこと

【フランス以外の国との間に関係を示す事情】
　⑫ 　X はフィリピンに経営の本拠を有すること
　⑬ 　X はアンギラ島で設立された会社であること
　⑭ 　Y はドイツ法上の会社であること

_____
(12)　NJW-RR 3/2005, S. 208.

◆ 第 1 章 ◆　歴史的前史

⑮　売買対象となった債権は，ルクセンブルク法上の会社を債務者とする
　　ものであったこと
⑯　売買対象となった債権は，ドイツ法に服するものであったこと
⑰　X の代理人 W はオーストリア人であったこと
⑱　X の代理人 W と Y の書簡のやり取りは英語とドイツ語で行われたこ
　　と

　黙示的な準拠法選択の有無に関して連邦通常裁判所が行った判断のうち，以
下の三点，すなわち，(1)ハンブルク上級地方裁判所が⑤および⑥の事情を考
慮したか否かに関連してドイツ民法施行法第 28 条を持ち出した点，(2)⑩の事
情として実質法たるドイツ民法第 1154 条に言及した点，(3)⑨，⑩，⑪の事情
がフランス法を準拠法とする黙示的合意を裏付ける事情であるとは認められな
い理由として，ドイツ民法施行法第 33 条 1 項によりドイツ法が「被担保債権」
の準拠法となることを挙げた点，これらに関しては以下が指摘されなければな
らない。

〔ドイツ民法施行法第 28 条〕
　X によれば，ハンブルク上級地方裁判所は，⑤ X および Y は契約締結交渉
のためにフランスの弁護士を代理人としていたこと，および，⑥契約はフラン
スの公証人により記録されたこと，これらの事情を考慮しなかった。こうした
X の主張に対して，連邦通常裁判所は，ハンブルク上級地方裁判所はドイツ
民法施行法第 28 条 2 項の適用過程において，⑦フランスに所在する抵当権付
土地は，被担保債権とともに取得されるはずであったこと，⑧フランスでの強
制売買のために，フランス法上必要な手続きが行われるべきであったこと，こ
れらの事情の「必然的な結果」として⑤，⑥の事情を考慮している，と判断し
た。しかし，ドイツ民法施行法第 27 条の適用過程において⑤，⑥の事情を考
慮することとドイツ民法施行法第 28 条の適用過程において⑤，⑥の事情を考
慮することは全くの別物であるはずである。第 27 条の適用過程において⑤，
⑥の事情を考慮する場合，これらの事情は黙示的な準拠法選択の有無を探る手
がかりとして，すなわち，当事者の意思を探求するという意味で当事者の主観
に関わる事項として考慮されるのに対し，第 28 条の適用過程において⑤，⑥

◇ 第 2 節 ◇ 裁 判 例

の事情を考慮する場合，これらの事情は「契約が最も密接な関係を示す国」を
探るための手がかりとして，すなわち，客観的連結に関する判断材料として考
慮される。したがって，ハンブルク上級地方裁判所がドイツ民法施行法第 28
条の適用過程において⑤，⑥に関連する事情を考慮したことを理由として，同
裁判所がそれらの事情をドイツ民法施行法第 27 条の適用過程において考慮し
なかったという Y の主張を否定することはできないはずである。

〔ドイツ民法第 1154 条〕

　フランス法を準拠法とする黙示的当事者意思の有無を探る手がかりとして，
⑩債権の譲渡にドイツ民法第 1154 条は適用されえなかった，という事情を持
ち出すことにも疑問が生じる。というのも，抵触法的判断においてドイツ実質
法たるドイツ民法第 1154 条を持ち出す理由が明らかではないからである。ド
イツ民法第 1154 条によれば，有効な債権譲渡が認められるためには，文書の
形式における意思表示および抵当証券の引渡しが必要である。また，文書の形
式における意思表示は登記簿への登録によっても認められることが同条に規定
されている。すなわち，ドイツ民法第 1154 条は有効な債権譲渡の手続上の要
件に関する実質法である。このような手続上の要件に関する実質法を抵触法的
判断の過程においてなぜ持ち出すのか疑問が呈される。

〔「被担保債権」の準拠法──ドイツ民法施行法第 33 条 1 項──〕

　連邦通常裁判所は，⑨ドイツ民法施行法第 43 条 1 項によれば抵当権の準拠
法はフランス法であること，⑩債権の譲渡にはドイツ民法第 1154 条は適用さ
れえなかったこと，⑪抵当権の譲渡のためにフランスの公証人および弁護士が
使用するフランス法の知識が必要とされたこと，これらの事情によってはフラ
ンス法を準拠法とする黙示的合意の存在を確認することはできないと判示し，
その理由としてドイツ民法施行法第 33 条 1 項によりドイツ法が「被担保債権
の効力と要件」の準拠法となることを挙げている。

　ドイツ民法施行法第 33 条 1 項によれば，「債権の譲渡が行われたとき，旧債
権者と新債権者の間に生じる義務は，両者間の契約が従う法による」[13]。Y

――――――――――

(13)　桑田三郎・山内惟介『ドイツ・オーストリア国際私法立法資料』（中央大学出版部，

43

◆第 1 章◆　歴史的前史

が X に債権を売買しようとした本件においては，Y が「旧債権者」に，X が
「新債権者」に該当する。すなわち，ドイツ民法施行法第 33 条 1 項によれば，
XY 間で生じる義務については XY 間の債権譲渡契約の準拠法によることとな
る。しかしながら，現在中心的な争点となっているのはまさに XY 間の債権
譲渡契約の準拠法の如何である。XY 間の債権譲渡契約の準拠法について判断
するために，ドイツ民法施行法第 27 条所定の黙示的準拠法選択の有無が争わ
れている。すなわち，連邦通常裁判所は，ドイツ民法施行法第 33 条 1 項を適
用し「被担保債権の効力と要件」の準拠法はドイツ法としたが，債権譲渡契約
の準拠法を争っている現時点においてはそのような結論を導き得ないはずであ
る。この点は，第 33 条 1 項は，契約準拠法の事項的適用範囲について定める
従属抵触規定であることを踏まえれば明らかである。

（c）ドイツ民法施行法第 28 条 3 項

　ドイツ民法施行法第 27 条所定の当事者による準拠法選択が認められなかっ
たため，次に，準拠法選択が行われていない契約について規定するドイツ民法
施行法第 28 条が適用された。第 28 条 1 項は「契約が最も密接な関係を示す
国」の法を契約準拠法とする旨を規定している。この「契約が最も密接な関係
を示す国」は，第 28 条 2 項ないし 4 項により，各契約類型に応じて具体的に
推定されている。ハンブルク上級地方裁判所の判旨の紹介において既に触れた
ように，X は，自身が本件債権譲渡契約を締結しようとした真の目的は抵当
権付土地の取得にあったことを根拠に，物権契約に関する第 28 条 3 項の適用
を主張した。これに対し，ハンブルク上級地方裁判所は，本件で争われている
債権譲渡契約の対象物は物権ではなく債権であったとして，第 28 条 3 項では
なく，債権契約に関する第 28 条 2 項が適用されると判示した。それでは，こ
の点につき，連邦通常裁判所はどのように判断したか。以下は，この点に関す
る連邦通常裁判所の判旨である。

　　「ドイツ民法施行法第 28 条 1 項 1 文に規定される最密接関連の連結原則は，ド
　　イツ民法施行法第 28 条 2 項から 4 項までの推定規定により具体化される。本件
　　では，特別法（lex specialis）たるドイツ民法施行法第 28 条 3 項に規定される

2000）427 頁。

　　　　　　　　　　　　　　　　　　　◇ 第 2 節 ◇ 裁 判 例

連結は，ドイツ民法施行法第28条2項に規定される連結によって排除される。
X は，上告理由において，ドイツ民法施行法第28条3項が本件に関係すると主
張した。ドイツ民法施行法第28条3項によれば，土地の物権を対象とする契約
及びこれに先行する交渉は，それぞれ，土地が所在する国に最密接関連を示す
と推定される。本件ではドイツ民法施行法第28条3項の要件は満たされない。
なぜなら，当事者の契約交渉は，第一に，X による不動産の購入ではなく，債
権の購入と関係していたからである。上告によれば，経済的な価値を有する本
件の売買対象は最終的にフランスの抵当権付不動産であったという事情は——土
地債務（Grundschuld）の購入の場合と同じように——ドイツ民法施行法第28
条3項の適用を導き，それゆえフランス法が適用される。 契約とある国の法と
の間における最密接関連について判断する場合には，債権譲渡の真の目的，つ
まりフランスに所在する抵当権付不動産の売買が考慮されなければならないと
いう点では，X の主張は支持されるべきである。しかし，このような考慮を行
う連結点は，すべての事情の総合的考慮を命じるドイツ民法施行法第28条5項
が規定するものであって，もっぱら債権契約の法的対象物とのみ関係する同条
3項が規定するものではない。不動産債権（Realkredit）が問題となる際に，当
事者により回避された法選択を留保して，抵当権付不動産の所在地法が被担保
債権の準拠法となりうるか，またどのような要件のもとで準拠法となりうるか
という問題は，X の考えとは異なり，ドイツ民法施行法第28条3項の適用範囲
とは関係がない。なぜなら，ドイツ民法施行法第33条1項が要件としているよ
うに，被担保債権の準拠法と抵当権の準拠法は独立して連結されるべきである
ため，被担保債権の準拠法と抵当権の準拠法の並行（ein Gleichlauf des Statuts
der gesicherten Forderung mit dem der Hypothek）はドイツ民法施行法第28
条5項によってのみ導かれるのであり，さらに，抵当権の準拠法は債権譲渡の
準拠法にとって間接的にのみ重要性を持つからである。」(14)

　連邦通常裁判所は，ハンブルク上級地方裁判所と同様に，ドイツ民法施行法
第28条3項は本件には適用されないと判断した。その根拠は，上記引用文か
ら判断すると二つ挙げられている。第一の根拠は，「当事者の契約交渉は，第
一に，X による不動産の購入ではなく，債権の購入と関係していた」ことで
ある。そして第二の根拠は，ドイツ民法施行法第33条1項によれば被担保債
権の準拠法と抵当権の準拠法は別々に連結されるべきであるという点に求めら
れている。

————————————————
(14)　NJW-RR 3/2005, S. 209.

45

◆ 第 1 章 ◆　歴史的前史

　以下，論点を簡単に整理する。まず，本件の法律関係はドイツ民法施行法第
31 条 1 項所定の「契約の成立および有効性」である。ドイツ民法施行法第 31
条 1 項によれば「契約の成立および有効性」は，契約が有効である場合に適用
される法により判断される。したがって，次に，契約準拠法について規定する
ドイツ民法施行法第 28 条の適用が問題になる。現段階では，XY 間の契約に
関して，不動産契約に関する第 28 条 3 項が適用されるべきか，それとも債権
契約に関する第 28 条 2 項が適用されるか，という点が争われている。すなわ
ち，成立の有無が争われている債権譲渡に関する当該仮契約が，第 28 条 3 項
の規律対象に含まれるのか，それとも第 28 条 2 項の規律対象に含まれるのか，
という問題が生じている。この点について判断するにあたって，連邦通常裁判
所は，「①当事者の契約交渉が X による不動産の購入ではなく債権の購入と関
係しており，かつ，②第 33 条 1 項によれば被担保債権の準拠法と抵当権の準
拠法は別々に連結されるべきであるとき，当該契約はドイツ民法施行法第 28
条 2 項の規律対象に含まれる」という判断基準を採用した。それではこうした
連邦通常裁判所の判断基準はいかに評価されるか。

　既述のように，ドイツ民法施行法第 33 条 1 項は，債権譲渡における旧債権
者および新債権者間の義務については当該債権譲渡契約の準拠法による旨規定
する。そして，連邦通常裁判所のドイツ民法施行法第 27 条の適用過程に関し
て既に指摘したように，ドイツ民法施行法第 33 条 1 項は，契約準拠法の事項
的適用範囲について規定する従属抵触規定である。すなわち，第 28 条の適用
が肯定された後に登場する規定である。第 28 条 2 項ないし 3 項のいずれが適
用されるべきかという争点に関する判断基準ではない。つまり，本件契約が第
28 条 2 項ないし 3 項のいずれの規律対象に含まれるかという争点の判断基準
に，第 33 条 1 項の規律内容を要件に含めることは適切ではない。

（d）ドイツ民法施行法第 28 条 5 項（回避条項）

　連邦通常裁判所とハンブルク上級地方裁判所の判断は，ドイツ民法施行法第
28 条 3 項を適用しないという結論においては同じであるが，重要な点におい
て異なる。それは，債権譲渡契約を締結した X の真の目的は抵当権付不動産
の取得であったという事情を，回避条項たるドイツ民法施行法第 28 条 5 項の
適用過程において考慮したか否かという点である。ハンブルク上級地方裁判所

46

◇ 第2節 ◇ 裁 判 例

は，Xの真の目的は抵当権付不動産の取得にあったという事情を一切考慮し
なかった。これに対し，連邦通常裁判所は，この事情を第28条5項によって
考慮するべきであると判断した。最終的に，ハンブルク上級地方裁判所は第
28条5項を適用することなくドイツ法を準拠法としたのに対し，連邦通常裁
判所は第28条5項を適用し，フランス法を準拠法とした[15]。

　連邦通常裁判所が，ドイツ民法施行法第28条5項の適用の可否について判
断するにあたって，最初に，回避条項たる第28条5項と最密接関連の推定規
定たる同条2項ないし4項の関係について，以下のように論じた。

　「………ドイツ民法施行法第28条2項の推定規定は本件には適用されない。こ
　の規定によれば，契約は，特徴的給付を履行すべき当事者が常居所または主た
　る管理機関を有する国との間に最も密接な関係を示すと推定される。債権の売
　買の際には，原則として売主が特徴的給付を履行するので，売主の国の法が準
　拠法となる。このことは，本件ではドイツ法の適用を導くだろう。なぜなら，
　売主であるYはドイツにその本拠を有するからである。しかし，本件において
　はドイツ民法施行法第28条2項の推定規定は働かない。なぜなら，全体的な事
　情から判断すると，当事者間の交渉がフランスに対してより密接な関係を示す
　からである。
　　ドイツ民法施行法第28条の各項の優先順位については議論のあるところであ
　る。支配的な見解——控訴裁判所はこれに依拠した——によれば，ドイツ民法施
　行法第28条5項は，推定規定たるドイツ民法施行法第28条2項から4項の諸
　規定に対して劣後し（nachrangig），例外的事例においてのみ用いられる。他の
　見解によれば，ドイツ民法施行法第28条5項は，ドイツ民法施行法第28条2
　項から4項までの規定と同等の順位を有し（gleichrangig），ドイツ民法施行法
　第28条1項が規定する最密接関連の原則を実現する。
　　本件においては，この問題について判断する必要はない。なぜなら，原則規
　定たるドイツ民法施行法第28条2項から4項がドイツ民法施行法第28条5項
　に対して優先され，ドイツ民法施行法第28条5項が適用されるのは例外的場合
　でなければならないと考える場合，ドイツ民法施行法第28条5項が規定する連

---

(15)　回避条項たるドイツ民法施行法第28条5項の適用を肯定した連邦通常裁判所2004
　　年7月26日判決の判旨を支持する見解として，Max Planck Institute for Comparative
　　and International Private Law, Comments on the European Commission's Proposal for a
　　Regulation of the European Parliament and the Council on the law applicable to
　　contractual obligations （Rome I）, RabelsZ Bd.71 （2007）, p. 260.

◆ 第1章 ◆ 歴史的前史

結点——ドイツ民法施行法第28条2項推定により導かれる連結点より明白に重要である——がドイツ民法施行法第28条2項によって推定される国の法とは異なる法を導き，給付の交換の重点がドイツ民法施行法第28条2項によって推定される国とは異なる国に所在することが明白に認められ，特徴的給付の債務者たる当事者の常居所への連結が弱くかつ不自然に思われる限り，少なくともドイツ民法施行法第28条5項の適用可能性が肯定されるべきであるからである。」(16)

　連邦通常裁判所は，ドイツ民法施行法第28条5項は同条2項ないし4項に「劣後」するのか，それとも「同等の順位」を有するのか，という問題を提起している。以下では，①「劣後」，「同等の順位」という表現の趣旨，②引用部第3段落において示されたドイツ民法施行法第28条5項の適用基準，これらについて検討する。

〔「劣後」，「同等の順位」という表現の趣旨〕

　ドイツ民法施行法第28条5項が同条2項ないし4項に対して「劣後」するという連邦通常裁判所の趣旨は，上記引用文から判断すると，第28条2項ないし4項は原則的事例において用いられ，第28条5項は例外的事例においてのみ用いられる，という意味であると思われる。しかしながら，当該事案が「原則的事例」に該当するか，それとも「例外的事例」に該当するかという点について通常容易に判断できるものではないことを踏まえると，「例外的事例」に関してさらなる説明を追加しない限り，第28条5項が例外的事例にのみ適用されるか否かという争点を持ち出すこと自体に実質的にどのような意味があるのか明らかではない。もっとも，第28条5項が「例外的事例」にのみ適用されるということの意味は，第28条5項は特別法であるとも解される。第28条5項は，第28条2項ないし4項の適用範囲を修正する規定であって，第28条2項ないし4項に対して優先的に適用される規定であると考えれば，第28条5項は一般法たる第28条2項ないし4項に対し「優先」して適用されると通常表現される。この場合，連邦通常裁判所の「劣後」という表現の適切性が問われることになろう。

--------------------------------------------------

(16) NJW-RR 3/2005, S. 209.

◇ 第2節 ◇ 裁 判 例

「同等の順位」という連邦通常裁判所の表現についても同様の指摘を行うことができる。第28条5項と第28条2項ないし4項が「同等の順位」を有するということの趣旨は，第28条5項は例外的事例において適用されるのではなく，第28条2項ないし4項と同様に原則的事例においても適用されるという意味であると思われる。そうであるとすれば，既述のように，「原則的事例」および「例外的事例」という表現に関するさらなる説明が求められる。

〔ドイツ民法施行法第28条5項の適用基準〕

連邦通常裁判所が示したドイツ民法施行法第28条5項の適用基準によれば，第28条5項の「適用可能性」は，①「ドイツ民法施行法第28条5項が規定する連結点がドイツ民法施行法第28条2項によって推定される国の法とは異なる法を導き」，②「給付の交換の重点がドイツ民法施行法第28条2項によって推定される国とは異なる国に所在することが明白に認められ」，③「特徴的給付の債務者の常居所への連結が弱くかつ不自然に思われる」，これら三つの要件が累積的に充足されるとき肯定される。第28条5項が適用されるための要件に要件①が含まれることは，第28条5項の規定内容から判断して自明である。要件②に関しては「給付の交換の重点」という表現が注目されるが，この表現の内容についてそれ以上の説明が行われていないため，要件②は実質的には機能しない。要件③も，「連結が弱く不自然に思われる」という表現の抽象性ゆえに，実質的な要件としては機能しない。以上のように，連邦通常裁判所が示した第28条5項の適用基準にはさらなる説明が求められる。

連邦通常裁判所は，ドイツ民法施行法第28条5項および同条2項ないし4項の関係について論じた後，第28条5項を本件に具体的に適用した。以下は，この点に関する連邦通常裁判所の判旨である。

「本件では，全体的な事情から判断して，契約交渉は明らかにフランス法との間により密接な関係を示している。その結果，ドイツ民法施行法第28条5項により，同条2項の推定は働かない。

当初から，抵当権（ドイツ民法施行法第43条1項）——所在地法たるフランス法に服す——を取得し利用することのみが，Xにとって重要であった。このことは，Xの代理人であるWが，1999年7月21日付けの書簡による問い合わせ

49

◆ 第1章 ◆ 歴史的前史

の中で，物件 L（当該抵当権付土地）への興味をはっきりと示し，X によって W に送られた物件 L の説明書を引き合いに出していたことからしてすでに見てとれる。すべての書簡（弁護士 D による 1999 年 8 月 4 日，23 日，25 日，27 日付けの書簡，弁護士 C による 1999 年 7 月 27 日付けの書簡，W による 1999 年 8 月 30 日付けの書簡）の冒頭において，物件 L と土地の所有者についてのみ言及されている。抵当権——フランス法によれば債権に付随する——の取得が被担保債権の購入に左右されるという点でのみ，被担保債権は X にとって意味を持っていた。これに反する根拠はないので，X にとって債権の健全性（Boni-tät）それ自体は重要ではなかったと仮定するべきである。

　さらに，X が債権を購入することは，X が L に所在する土地を費用上有利に競売で競り落とすことを可能にしただろう。本件において，X は，単に土地の購入を経済的な目的として，債権の購入代金および競売にかかった費用を払ったはずである。なぜなら，強制競売の際に X によって支払われる額は，抵当権者としての身分を持つ X に即座に還元されただろうと思われるからである。さらに，1999 年 9 月 3 日に予定された土地の競売の期日より前に交渉が実施され，両当事者の合意によって競売の期日より前に有効な契約が締結され，記録されなければならなかったという事情がある。控訴裁判所が判断したように，競売が実施される前に契約を締結することが，当事者にとって『やむを得ず必要』であった。

　それゆえ，予定された取引の重点は，フランス法に従って行われる抵当権の譲渡にあった。控訴裁判所は，全体的な事情——ドイツ民法施行法第 28 条 5 項が要件とする——について判断する際に，このことを考慮しなかった。事案を総合的に考慮する際には事実審における判断が重要となるということを前提とするならば，このことは X が上告理由において主張した控訴裁判所の法的誤りを根拠付ける。というのも，最密接関連の有無について判断するために重要となりうるすべての事情を控訴裁判所が考慮したか否かによって，控訴裁判所の判断は異なってくるからである。控訴裁判所が適切に判断したところによれば，債権契約の目的物は物権ではなく被担保債権であったはずなので，本件ではドイツ民法施行法第 28 条 3 項は直接適用されない。しかし，このことは，債権の売買に関する準拠法を決定する際に抵当権の準拠法をまったく考慮しないことを正当化するものではない。X が上告理由において正当に非難したところによれば，ドイツ民法施行法第 28 条 3 項は，被担保債権が必然的に抵当権の準拠法以外の法に服さなければならないことを定めてはいない。むしろ，ドイツ民法施行法第 28 条 3 項が支持しているのは，ドイツ民法施行法第 28 条 5 項を適用するに際して，抵当権付土地——X が債権を購入する真の目的は抵当権の取得にあった——の所在地を，契約——というよりはむしろ契約交渉——がフランスに

50

◇ 第 2 節 ◇ 裁 判 例

関係することを示す重要な事情として考慮することである。したがって，ドイツ民法施行法第43条1項を債権契約に拡張することは，ドイツ民法施行法第28条3項を債権契約に直接適用することほどには不適切ではなく，ドイツ民法施行法第28条3項は適用されない。

　ただし，ドイツ民法施行法第28条3項が直接的に効力を生じさせる場合とは違い，抵当権付不動産の所在地はそれだけでは，フランス法の適用可能性を根拠づけるためには十分ではない。契約とフランス法との間の密接な関係を裏付けるためには，契約はフランスの公証人によって公証されるはずであったというさらなる事情が引き合いに出されなければならない。契約が公的機関によって記録されるときは，これを契約と公的な処理が行われた地の法との間の関係を示す手がかりと見なすべきである。このことは，記録が宣言的な性格（deklaratorischer Charakter）しか持たなかった本件にもあてはまる。XY間の契約の公証が失敗に終わった直後，結局Yはオランダ人のHと契約を締結したという事情がフランス法との関係を示すならば，フランス民法第1690条により，譲受人が債務者に通知したか否かということが問題となる。最終的に，当事者間の契約がフランス語で記録されたこと，売買価格はフランス通貨で定められたこと，そして両当事者にフランスの弁護士が関与していること，これらが考慮に入れられなければならない。控訴裁判所はこれらの事情を十分に評価しなかった。

　フランス法の適用可能性を示す事情が多く存在するのに対し，フィリピンにあるXの本拠地や貸付金の債務者がルクセンブルクの会社であるという事情のような，他の国を指し示す連結要素は，わずかな重要性しか持たない散発的な側面であるにとどまる。譲渡されるはずであった被担保債権がドイツ法に服していたこと，それゆえ被担保債権の譲渡の要件および効果はドイツ民法施行法第33条2項により強制的にドイツ法に従っていたこと，これらは，Yの本拠地と並んで，ドイツを指し示す。二つの事情は，既述のフランスへの連結を裏付ける事情とは違い，当事者間の契約交渉の推移に決定的な影響を及ぼさなかった。なぜなら，Xにとって当初から本質的に抵当権が重要であったからである。それゆえ，結論として，ドイツ民法施行法第28条5項により，XY間の契約交渉がフランス法との間により密接な関係を持つことを裏付ける手がかりはその他の事情よりも勝るので，ドイツ民法施行法第28条2項の推測規定の適用可能性は排除される。」[17]

以下では，連邦通常裁判所が上記において示したドイツ民法施行法第28条

---

(17)　NJW-RR 3/2005, S. 209 f.

◆第1章◆　歴史的前史

5項の適用基準，特にその要件に包摂されたXの契約締結の真の目的について検討する。また，連邦通常裁判所が言及した「抵当権の準拠法」の趣旨についても検討する。最後に，ドイツとの間に関係を示すものとして挙げられた諸事情に対し，フランスとの間に関係を示す事情が優先するという連邦通常裁判所の判断について検討する。

〔ドイツ民法施行法第28条5項の適用基準〕

　連邦通常裁判所の上記の判旨からは，ドイツ民法施行法第28条5項の適用基準として，「①Xが債権譲渡契約を締結する真の目的は，フランスに所在する土地に設定された抵当権の取得にあったこと，②契約はフランスの公証人によって公証されるはずであったこと，これらの事情が存在するとき，契約はフランスとの間により密接な関係を示す」という適用基準が読み取れる。なお，連邦通常裁判所が上記引用部第5段落で挙げた，当事者間の契約はフランス語で記録されたこと，売買価格はフランス通貨で定められたこと，そして両当事者にフランスの弁護士が関与していること，これら三点の事情が上記②の事情とは独立して存在する事情として考慮されたのであれば，上記の適用基準の要件にさらにこれら三つの事情が追加されることとなる。

〔Xの契約締結目的〕

　本件では，Xの契約締結目的がドイツ民法施行法第28条5項の適用過程において考慮された。他方の当事者たるYの契約締結目的については何ら触れられていないが，ドイツ民法施行法第28条5項の「より密接な関係」の有無に関する判断において一方の当事者のXの契約締結目的のみを考慮する理由は明らかではない。

　一般に，一方の当事者の契約締結目的を考慮する場合，他方の当事者の予測可能性の問題が生じる。一方の当事者の契約締結目的を他方の当事者が知っているとは必ずしも限らない。一方の当事者の契約締結目的を他方の当事者が知らない場合には，他方の当事者はドイツ民法施行法第28条5項の適用結果を予想することは不可能になる。むろん，一方の当事者の契約締結目的を他方の当事者が知っていた場合に限って，契約締結目的を考慮するならば，他方の当事者の予測可能性が損なわれる可能性は排除される。本件では，Xの代理人

52

◇ 第 2 節 ◇ 裁 判 例

がY宛ての書簡において当該物件への興味を示していたという事情から判断
すれば，YはXの契約締結目的について把握していたと思われる。

　なお，本件では，Xの代理人WがY宛ての書簡において当該不動産への
「興味をはっきりと示し」，Xの複数の代理人，弁護士がY宛ての書簡の冒頭
において当該不動産とその所有者について言及していることを根拠に，Xの
真の目的は当該不動産に設定された抵当権の取得にあった，と判断された。本
件のようなケースでは，Xの契約締結目的の確定は比較的容易であると思わ
れるが，文書において動機が示されていない場合，契約締結目的の判断には困
難が伴おう。

〔抵当権の準拠法〕

　ドイツ民法施行法第43条1項によれば，物権は不動産の所在地法による。
したがって，連邦通常裁判所が判示したように，本件においては確かに抵当権
の準拠法はフランス法となる。それでは，この点は本件債権譲渡契約の準拠法
を決定するにあたり，どのような意味を持つか。連邦通常裁判所は，「このこ
と（筆者注：本件にドイツ民法施行法第28条3項が適用されないこと）は，
債権の売買に関する準拠法を決定する際に抵当権の準拠法をまったく考慮しな
いことを正当化するものではない」と述べている。なぜ，契約準拠法について
規定するドイツ民法施行法第28条5項の適用過程において，物権の準拠法に
ついて規定するドイツ民法施行法第43条1項が持ち出されるのか。この点，
連邦通常裁判所は債権譲渡契約の準拠法と抵当権の準拠法を一致させようとし
たとも推測できる。ただし，なぜ債権譲渡契約の準拠法と抵当権の準拠法を一
致させる必要があるのかという点は明らかではない。仮に，本件において，債
権譲渡契約の準拠法，抵当権の準拠法，これらを同時に適用する必要があり，
それらの適用結果間において問題が生じる場合には，両者を一致させる必要が
あろう。しかし，連邦通常裁判所は続く判旨において抵当権の準拠法について
一切触れておらず，抵当権の準拠法の適用が必要な場面は生じていない。

〔「債権譲渡の要件および効果」の準拠法〕

　連邦通常裁判所は，フランス以外の国との間に関係を示す事情として，X
の本拠地がフィリピンに所在すること，貸付債権の債務者がルクセンブルク法

53

◆ 第1章 ◆　歴史的前史

上の会社であることを挙げた。さらに，ドイツとの間に関係を示す事情として，
①譲渡されるはずであった被担保債権がドイツ法に服していたこと（当該債権
はＸおよびルクセンブルク法上の会社との間の契約により生じたものであり，
契約においてドイツ法が準拠法として選択されていたこと），②ドイツ民法施
行法第33条2項により債権譲渡の要件と効果の準拠法はドイツ法となること，
③Ｙの本拠地はドイツにあること，これら三点の事情を挙げた。

　ドイツ民法施行法第33条2項によれば，「被譲渡債権が服している法は，譲
渡可能性，新債権者・債務者間の関係，譲渡が債務者に対して対抗され得る要
件，および債務者による給付がもたらす債務免除の効力を定める」[18]。こう
した第33条2項の規定内容を踏まえると，連邦通常裁判所のいう「債権譲渡
の要件および効果」とは「譲渡可能性，新債権者・債務者間の関係，譲渡が債
務者に対して対抗され得る要件，および債務者による給付がもたらす債務免除
の効力」を意味することが分かる。しかし，本件では「譲渡可能性，新債権
者・債務者間の関係，譲渡が債務者に対して対抗され得る要件，および債務者
による給付がもたらす債務免除の効力」については一切争われていない。それ
にもかかわらず，第33条2項により「債権譲渡の要件および効果」の準拠法
が持ち出される理由は明らかではない。

〔フランスと関連する事情がドイツと関連する事情に優先される根拠〕

　なお，ドイツとの間に関係を示す事情は「わずかな重要性しか持たない散発
的な側面」に過ぎず，「フランスへの連結を裏付ける事情とは違い，当事者間
の契約交渉の推移に決定的な影響を及ぼさなかった」と判断された。そのよう
な判断の根拠は，Ｘにとって抵当権の取得が重要であったという点に求めら
れた。既述のように，Ｘにとって抵当権の取得が重要であったことは，フラ
ンスとの間に関係を示す事情として考慮された。このことを踏まえると，上記
の連邦通常裁判所の判断は，「ドイツとの間に関係を示す事情は，フランスと
の間に関係を示す事情（＝Ｘにとって抵当権の取得が重要であったという事
情）が存在するため，フランスへの連結を裏付ける事情とは違い，当事者間の
契約交渉の推移に決定的な影響を及ぼさなかった」という趣旨になる。これは

--------

(18)　桑田・山内，前掲注(13)，427頁。

◇第2節◇裁判例

同語反復に過ぎない。フランスとの間に関係を示す事情およびドイツとの間に
関係を示す事情のうちいずれを優先するのかという問題に対し，両事情に対し
て中立的な根拠，すなわち両事情の内容を含まない根拠を示すことが求められ
よう。


## 2　コプレンツ上級地方裁判所 2006 年 3 月 29 日判決[19]

### (1) 事実関係

X1 およびその妻 X2（住所：ドイツ，国籍：特に言及されていないためド
イツであると思われる）は，航空会社 Y（設立地および本拠地：不明）との
間に，フランクフルト（ドイツ）からオスロ（ノルウェー）までの往復を内容
とする旅客運送契約を合計 155 ユーロで締結した。往路便は予定通り運航され
たが，復路便は悪天候（降雪）のために，運航されなかった。Y は，ロンド
ン行きの利用客に関しては，代替空港までのバス運送の措置を講じた。しかし，
X1 および X2 らを含むフランクフルト行きの乗客のためには，料金の払い戻
し，または，3 日後の復路便を提供するにとどまった。そこで X1 および X2
は，オスロで 1 泊した後，自ら手配した他の航空会社の便でフランクフルトに
戻った。

X1 および X2 は本件において Y に損害賠償請求を行った。請求原因は明示
されていないが，コプレンツ上級地方裁判所の判旨から，遅延を理由とする債
務不履行であることが読み取れる[20]。コプレンツ上級地方裁判所は結論とし
て X の請求を認容した。


### (2) 判旨

以下，コプレンツ上級地方裁判所の判決を紹介し，そこに示された内容につ
いて検討する。

(a) ドイツ航空運送法および欧州議会・欧州理事会規則 2004 年 261 号の適

---

(19)　OLG Koblenz Urt. vom 29.3.2006-1U983/05, NJW-RR 19/2006 S. 1356-1358.

(20)　NJW-RR 19/2006.S. 1357.

◆ 第1章 ◆ 歴史的前史

用の可否

　本件においては，おそらくは関係諸国間での統一法としてであろうが，まず，ドイツ航空運送法および欧州議会・欧州理事会規則 2004 年 261 号[21] の適用の可否が争われた。なお，欧州議会・欧州理事会規則 2004 年 261 号は航空便の乗客に与えられる補償，援助に関する規則である。以下は，この点に関するコプレンツ上級地方裁判所の判旨である。

　「航空運送法（Luftverkehrsgesetz）上の複数の特別規定であって，国際航空運送についてのある規則の統一に関する条約（ワルソー条約）に関連するもの（民事事件および商事事件における裁判管轄および判決の承認，執行に関する 2000 年 12 月 22 日付の欧州理事会規則 2001 年 44 号第 71 条参照）は，本件においては，形式的にも実体的にも法的な解釈としていえば適用されない。なぜなら，本件において優先的に適用されるこの諸規定は『運送の不実施（Nichtbeförderung）』が問題となる本件を規律しないからである。国際航空運送についてのある規則の統一に関する条約第 19 条の規律対象は，モントリオール協定（2004 年 3 月の本件には時期的な理由から適用されない）における承継規定のように，『遅延』に関する損害賠償請求のみである。運送の不実施と取消に関する本件は，運送されなかった乗客がしかるべき請求をしているものである。これは 2004 年 2 月 11 日付けの欧州議会・欧州理事会規則 2004 年 261 号によって特別に規律される対象となる。ただし，この規則は 2004 年 3 月に生じた本件の事例にはまだ適用されない。（同規則は，その第 19 条によれば，2005 年 2 月 17 日から施行される。）それゆえ，X によって適用を主張されたこの規則は，運送の不実施に関する本件の判断には関連しない。当法廷は，本件においては単なる履行の遅延ではなく，運送の不実施が存在したと確信している。なぜなら，便名が具体的に指定され，厳密な出発時刻が定められた航空便が Y によって運行されなかったからである。この航空便はオスロ・ガーデモエンの代替空港から乗客なしで——空の状態で——フランクフルトに 2004 年 3 月 13 日の夜戻った。X の見解とは異なり，航空便の遅延は存在しない。なぜなら，一つのまとまりを持った（einheitlich）航空便（フランクフルト—オスロ—フランクフルト）が

---

(21) Verordnung (EG) Nr. 261/2004 des Europäischen Parlaments und des Rates über eine gemeinsame Regelung für Ausgleichs und. Unterstützungsleistungen für Fluggäste im Fall der Nichtbeförderung und bei Annullierung oder großer Verspätung von Flügen und zur Aufhebung der Verordnung (EWG) Nr.295/21 vom 11. Februar 2004 (ABl. Nr. L 46, S.1)

◇ 第 2 節 ◇ 裁 判 例

存在したからである。というのは，本事例では二つに区別された航空便が提供，予約されたのであり，それゆえ各航空便は法的に分けて考えることができ，またそうすべきであるからである。それゆえ，2004年3月13日の夜に航空便が運航されなかった本件においては，航空便の遅延ではなく運送の不実施が存在するため，航空法の諸規定及び関連する国際的な諸条約と諸規則は本事例では適用されない。」[22]

　上記の引用に示されているように，国際航空運送についてのある規則の統一に関する条約（ワルソー条約）に関連する，ドイツの国内法たる航空運送法の複数の特別規定，および，欧州議会・欧州理事会規則 2004 年 261 号，これら二つの規定の適用の可否が判断された。前者は，履行の遅延に関する事例を規律するものであるという理由により，運送の不実施に関する本件には適用されないと判断された。そして，後者も，本件当時まだ施行されていなかったという理由から適用されなかった。

　（b）ドイツ民法施行法第 28 条 2 項，5 項

　次に，コブレンツ上級地方裁判所は，本件に適用される準拠法について以下のように判断した。

　　「今回判断されるべき事案に関しては，ドイツ民法施行法第 28 条により，ドイツ民法と同法中に含まれる債務不履行に関する規定の適用が導き出される。なぜなら，本件（運送）契約はドイツ民法施行法第 28 条 5 項における意味でのより密接な関係をドイツ連邦共和国に対して示している，と当法廷は考えるからである。このことは，すでに，X（航空便の乗客）の住所ならびに両当事者によって合意された出発地および到着地——そこで Y によって様々な業務執行（搭乗手続，降機手続，航空運送の開始と終了）がなされるべきであった——から明らかである。」[23]

　本件は，乗客たる X が，X との間に旅客運送契約を締結した航空会社 Y に対し，予約した航空便が運航されなかったことによって生じた損害の賠償を請求した事案である。本件法律問題の性質決定はどのように判断されたか。コブレンツ上級地方裁判所が本件にドイツ民法施行法第 28 条を適用したことから

---

(22)　NJW-RR 19/2006, S. 1356 f.

(23)　NJW-RR 19/2006, S. 1357.

◆ 第1章 ◆ 歴史的前史

判断すると，本件法律問題は同条所定の「契約」の概念に包摂されると考えられたことが明らかである(24)。

コブレンツ上級地方裁判所は，ドイツ民法施行法第28条1項ないし4項について何ら言及することなく，ドイツ民法施行法第28条5項を適用し，ドイツ法を準拠法とした。第5項は，その文言から明らかなように，第2項ないし第4項所定の推定の回避を目的とする。それにもかかわらず，判旨は，ドイツ民法施行法第28条2項ないし4項のいずれの規定における「推定」が覆されたかという点について何ら言及していない。本件では旅客運送契約が問題となっているため，一般的な債権契約について規定する同条2項が適用されたと推測される。

それでは，第28条2項により，具体的にいずれの国が最も密接な関係を有する国として推定されたか。第28条2項によれば，「契約が特徴的給付を履行すべき当事者の職務上または営業上の活動において締結されたときは，契約が最も密接な関係を示す国は主たる営業所を有する国であると推定される。契約が当事者の職務上または営業上の活動において締結され，かつ契約に応じた給付が主たる営業所とは異なる営業所によって履行されるべき場合には，この営業所を有する国であると推定される」。コブレンツ上級地方裁判所は第28条2項について何ら言及しておらず，かつYの営業所所在地も不明であるため，第28条2項によって具体的にいずれの国の法が指定されたか特定することはできない。本件においては結論として第28条5項によりドイツ法の適用が導かれたが，ドイツ法がドイツ法によって回避されることはあり得ないため，第28条2項によりドイツ法以外の法が準拠法として指定されたはずである。

次に，コブレンツ上級地方裁判所がドイツ民法施行法第28条5項によりドイツ法を契約準拠法とした判断過程はどのようなものか。特に，第28条5項の要件たる「より密接な関係」という文言はどのように解釈されたか。コブレ

---

(24) ドイツ民法施行法第32条1項3号によれば，「義務の全部または一部の不履行の効果」は契約準拠法による。コブレンツ上級地方裁判所は，ドイツ民法施行法第32条1項3号に何ら言及しなかったが，契約準拠法について規定するドイツ民法施行法第28条を本件に適用するにあたっては，ドイツ民法施行法第32条1項3号に依拠したと思われる。

ンツ上級地方裁判所は最終的に，①Ｘの住所（Wohnort），②航空便の出発地
と到着地，これらがドイツにあることを根拠に，契約はドイツとの間に「より
密接な関係」を有すると判断した。

コプレンツ上級地方裁判所の判旨からは，ドイツ民法施行法第28条５項所
定の「より密接な関係」の解釈に関する判断基準として，「旅客運送契約にお
いて，①乗客の住所がドイツに所在すること，②航空便の出発地および到着地
がドイツに所在すること，これらの事情が存在するとき，ドイツを契約がより
密接な関係を示す国とする」という適用基準が本件に適用されたことがうかが
える。

なぜ，①乗客の住所地，②航空便の出発地および到着地，これらが要件に含
まれるのか。言い換えれば，なぜ，上記の適用基準の要件および効果が因果の
関係で結び付くのか。この点に関してコプレンツ上級地方裁判所は何ら触れて
いない。推測するならば，コプレンツ上級地方裁判所が第28条５項の適用基
準の要件に①乗客の住所地を含めた理由は，乗客の常居所地法（本件において
はドイツ法）の適用を通じ，航空会社と比較してより弱い立場にある乗客の保
護を図るという政策的な点にあったとも考えられる。また，コプレンツ上級地
方裁判所が，「両者によって合意された出発地および到着地」と述べている点
から判断すると，同裁判所は乗客および航空会社の予測可能性を保護するとい
う理由で，②航空便の出発地および到着地，を意識的に当該適用基準の要件に
入れたとも推測できる。以上のように推測すると，コプレンツ上級地方裁判所
が示した適用基準の要件と効果を結び付けるための基準は，「乗客の保護を図
り，かつ乗客および航空会社の予測可能性を保護するとき，①乗客の住所地，
②航空便の出発地および到着地，これらの所在地国の法を準拠法とする」とな
る。

（c）実質法的判断

以上のように，乗客の住所地がドイツに所在することから，契約がより密接
な関係を示す地の法としてドイツ法が準拠法とされた。こうしたコプレンツ上
級地方裁判所の判断の背景には乗客の抵触法上の保護という目的があるように
推測される。それでは，実質法的判断においてはいかなる判断がなされたか。
コプレンツ上級地方裁判所は，以下のように，ドイツ民法の諸規定により，Ｙ

59

◆ 第 1 章 ◆ 歴史的前史

の契約上の義務違反を認め，Y の損害賠償責任を肯定した。

「……航空会社は，このような事例（筆者注：天候が原因で予定時刻に航空便が
運航されないような事例）においては，航空便の運航の中止を伝えること，そし
て（乗客の支払額に応じた）旅行代金の払い戻しまたは一日遅れの帰りの便
を提供することで満足してはならない。オスロで 2004 年 3 月 13 日の早晩に生
じたような天候条件は北欧では決してまれではなく，このような出来事は Y に
よって予期されるべきであり，Y によってしかるべき準備がなされるべきで
あったこと，および，取引への正当な期待は既述の 2004 年 2 月 11 日付けの欧
州議会・欧州理事会規則 2004 年 261 号において新しく確立されたものではなく，
それ以前において構成，確立されていたものであること，これらに対する考慮
から，航空業における業務の実施方法や慣習の如何にかかわらず，このような
諸事例の問題解決に関しては，契約上の義務に関する上記のような解釈が生じ
る。それゆえ，2004 年 3 月 13 日の 17 時 30 分出発予定の復路便が（客観的に）
運航されえなかった場合，本件契約に基づいて解釈すると，X1 および X2 に対
して支援と対応のための措置が提供され，付与されるべきであった。その際，
本件では，ここで判断されるべき個別具体的な事情から判断すると，Y は義務
の履行の代替手段を多数有していたということができる。例えば，Y は，代わ
りの航空便を用意することができ，または，後に空となったオスロのガーデモ
エン空港発の航空便をその帰路の途中でオスロのトルプ空港にいる乗客を乗せ
るために途中着陸させることができた。さらに，Y は他の乗客を，待機してい
たロンドン行きの航空機の場所までバスで送ったという事情を考慮すれば，X
やフランクフルト行きの帰りの便を待っていたその他の乗客のために同様の措
置を講じることが可能であり，要求されるべきであったということができる。
そして，——後に X1 および X2 が自ら行ったように——X1 および X2 の最寄り
のドイツ行きルフトハンザ機への予約の変更も可能であった。Y は，本件契約
を解釈する限り負担したと考えられる債務法上の義務に違反したので——確かに，
Y は，ドイツ民法 275 条により，現実には不可能となっていた可能性のある，
復路便を 17 時 30 分に運航するという義務には拘束されないかもしれないが——
ドイツ民法第 280 条以下により，上記で述べた対応・支援義務に違反したとし
て，X1 らに対して賠償責任を負う。………したがって Y は，航空運送契約上
の義務に違反したということができ，その結果 800 ユーロの賠償義務を負
う。」(25)

---

(25) NJW-RR 19/2006, S. 1357.

◇ 第2節 ◇ 裁 判 例

以上のように，コプレンツ上級地方裁判所は，ドイツ民法第275条により
Yは予定時刻通りに航空便を運航する義務には拘束されないにせよ[26]，ドイ
ツ民法第280条以下によればYはXに対し代替的な航空便を提供するなどの
措置を講じるべきであったと判示した[27]。すなわち，実質法レベルにおいて
も乗客の保護が図られた。


## 3　連邦通常裁判所 2006 年 6 月 29 日判決[28]

### (1) 事 実 関 係

訴外荷送人Z（設立地および本拠地：ドイツ）は，アメリカに所在する訴外
アメリカ法人宛てに二つの小包を運送するよう運送会社Y（本拠地：ドイツ）
に依頼した。しかし，Yは運送途中で小包を紛失した。その結果，Zの運送保
険者であるX（本拠地：ドイツ）は，Zに対して総額 118,876.83 ドイツマル
クの損害を補償した。XはYに対して，Zから移転された債権に基づき

---

(26) ［ドイツ民法第275条　履行義務の排除（Ausschluss）］
　　第1項　債務者またはその他いかなる者にとっても債務の履行が不可能であるとき，履
　　行請求権は排除される。
　　第2項　債務関係の性質および信義誠実の原則からみて，債務の履行が，債権者の履行
　　利益に対して著しく不均衡な出費を要するときは，債務者は履行を拒否することができ
　　る。債務者に期待されるべき努力について判断するときは，履行障害につき債務者に責
　　任があるか考慮しなければならない。
　　第3項　さらに，債務者が自ら履行を給付すべきであり，かつ，履行障害と比較衡量す
　　ると債務者に履行を期待できないときは，債務者は履行を拒否することができる。
　　第4項　債権者の権利は第280条，第283条，第285条，第311a条および第326条に
　　規定される。
(27) ［ドイツ民法第280条　義務違反による損害賠償］
　　第1項　債務者が債務関係から生じた義務に違反したときは，債権者はこれによって生
　　じた損害の賠償を請求することができる。義務違反につき債務者が責めを負わないとき
　　は，この限りではない。
　　第2項　債権者は，第286条の補足的要件のもとでのみ，履行遅滞を理由とする損害賠
　　償を請求することができる。債権者は，第281条，第282第および283条の補足的要件
　　のもとでのみ，履行に代わる損害賠償を請求することができる。
(28) NJW-RR 24/2006, S. 1694-1696.

61

◆ 第1章 ◆ 歴史的前史

52,300 アメリカドルおよびその利子の支払いを請求した。なお，本件小包の内容物の価額は 52,300 アメリカドルと高額であったが，Z は内容物の価額について Y に通知していなかった。

本件地方裁判所は，裁判の開始前に Y から X に対して 1,000 ドイツマルクが支払われたこと，および，国際航空運送についてのある規則の統一に関する条約（ワルソー条約）第 22 条に運送人の責任限度額が定められていること，これらを考慮し，Y に対して 1,034.22 ユーロの支払いを命じる判決を下し，その他の請求を棄却した。本件においてはアメリカ法が適用されると Y は主張して控訴したが[29]，デュッセルドルフ上級地方裁判所はドイツ実質法に依拠し，結論として Y の損害賠償責任を肯定した[30]。Y は上告し，連邦通常裁

---

(29) Y は，アメリカが損害発生地であるとして，ドイツ商法第 452a 条の適用によりアメリカ法の適用を導き出そうとした。ドイツ商法第 452a 条は，複合貨物運送契約において，損害発生地が明確であるときは，一般的な貨物運送契約に関するドイツ商法第 407〜450 条の諸規定は適用されず，損害が発生した区間の運送に関する契約の準拠法が適用されると規定する。（通常，国際私法上の独立抵触規定は，ある国家法全体とある国家法全体の抵触を前提としている。一方，ドイツ商法第 452a 条は，ドイツ法の一部に過ぎないドイツ商法第 407〜450 条と契約準拠法，すなわちある国家法全体の抵触を前提としている。この点において，ドイツ商法第 452a 条は通常の抵触規定と異なる。また，ドイツ商法第 452a 条は，ドイツ実質法たるドイツ商法の中に置かれているという点においても，通常の抵触規定とは異なる。）当該小包はアメリカで紛失したことが明らかであると Y は主張し，アメリカ法の適用を主張した。デュッセルドルフ上級地方裁判所は，こうした Y の主張に対し，当該小包がアメリカで紛失したことを Y は証明できていないと判断し，アメリカ法の適用を否定した。

(30) デュッセルドルフ上級地方裁判所は，一般的な貨物運送契約に関するドイツ商法第 407 条以下のうち，ドイツ商法第 407 条，第 425 条 1 項，第 435 条を適用した。そして，X の寄与過失（損害に寄与した X 自身の過失）を否定し，Y の損害賠償責任を認めた。ドイツ商法第 407 条によれば，「運送人は，貨物運送契約により，貨物を目的地まで運送し，目的地で受取人に貨物を届ける義務を負う」。また，ドイツ商法第 425 条 1 項は，「運送人は，運送の請負から配達までの間に生じた貨物の紛失もしくは毀損，または期限までに配達されなかったことにより生じた損害に対し責任を負う」と規定する。ドイツ商法第 425 条 1 項が運送人の賠償義務を定める一方，同条 2 項によれば，「荷送人もしくは受取人の過失または貨物の特殊な欠陥が損害の発生に寄与したときは，賠償義務および賠償されるべき範囲は，これらの事情が損害にどの程度影響したのかということ

◇ 第 2 節 ◇ 裁 判 例

判所は，デュッセルドルフ上級地方裁判所が Z の寄与過失を否定した点に
限って，本件を同裁判所に差し戻した[31]。

により左右される」。すなわち，第425条2項の要件が満たされれば，運送人の賠償義
務について定める第425条1項の適用は制限される。デュッセルドルフ上級地方裁判所
は，小包の価額を表記しなかったという荷送人の寄与過失について否定した。その根拠
は，たとえ荷送人が価額について表記していたとしても，Y が当該小包に対して仕分地
での完璧な管理を行ったはずであるとはいえないという点に求められている。ドイツ商
法第435条によれば，運送人が故意に行った作為または不作為，あるいは，運送人が損
害が起こりうることを意識しつつ不注意に行った作為または不作為，これらに損害が帰
せられるべきときは，貨物運送契約について定められた責任免除と責任制限は適用され
ない。つまり，ドイツ商法第435条の要件が満たされれば，運送人の責任免除と責任制
限について定めるドイツ商法第425条2項は適用されえない。デュッセルドルフ上級地
方裁判所は，Y の仕分け作業担当部署（Schnittstellenkontrollen）における管理の不履
行はドイツ商法第435条所定の要件を満たすとして，ドイツ商法第435条により，Y は
無制限に責任を負うと判断した。
　以上のように，デュッセルドルフ上級地方裁判所は，最終的に，X の寄与過失を否定
し，Y の損害賠償責任は免除，制限されないと結論づけた。

(31)　連邦通常裁判所 2006 年 6 月 29 日判決が原審に差し戻した根拠は以下の通りである。
「………荷送人の寄与過失が存在することは，荷送人が法外な損害が生じる危険性につ
いて Y に指摘していなかったことから，とりわけ明らかである。………したがって，荷
送人は 52,300 アメリカドルの価値を有するものを送付するに際しては，損害の発生を
防止するために Y が適切な措置を行えるように，法外な損害が生じる危険性について Y
に指摘しておく義務があった。Y が送付物の本当の価値を知っていればより細心の注意
を払って送付物を取り扱ったということを，荷送人が知っていたかまたは知るべきで
あったかという問題はここでは重要ではない。法外な損害が生じうる危険性について指
摘しなかったという荷送人の寄与過失が認められるためには，危険性について指摘して
いれば運送業者は一般により確実に品物を運送したと認められることを要しない。法外
な損害が生じうる危険性について荷送人が指摘していれば，生じる恐れがある損害を回
避するための保全措置を講じる機会，または，運送の依頼を拒否する機会が運送業者に
与えられていたはずである。………以上に基づき，控訴裁判所の判決は，送付物が有す
る法外な価値について指摘しなかったという荷送人の寄与過失を否定した点に限り，棄
却されるべきであった。」（NJW-RR 24/2006, S. 1696.）
　連邦通常裁判所は，荷送人 Z が小包の内容物の価額について運送人たる Y に通知し
ていなかったことは，ドイツ商法第425条2項の「荷送人もしくは受取人の過失」に該
当すると判断して，Z の寄与過失を認めた。このような連邦通常裁判所の判断は，Z が

63

◆ 第1章 ◆ 歴史的前史

## (2) 判　旨
連邦通常裁判所は本件貨物運送契約の準拠法について以下のように判断した。

> 「本件事案の状況によれば，ドイツに住所を有する当該契約当事者は，推測する
> 限り，しかるべく法選択を行っていた。この点が当てはまらないとしても，ド
> イツ民法施行法第28条4項1文，5項により，本件貨物運送契約については，
> 運送人が契約締結時に主たる営業所を有していた国に積込地もしくは積降地ま
> たは荷送人の主たる営業所がある限り，この国を契約が最も密接な関係を示す
> 国であると推定する。これはドイツ商法第452条の意味における複合貨物運送
> 契約についてもあてはまる。本件係争においては，その他の国との間にそのよ
> うなより密接な関係が存在するとは思われない。」(32)

### (a) 本件法律関係の性質決定
連邦通常裁判所は，契約準拠法について規定するドイツ民法施行法第27条
および第28条を本件に適用した。後述するように，連邦通常裁判所がこれら
の規定を用いて契約準拠法について判断したのは，ドイツ民法施行法第32条
1項3号によれば，「義務の完全なる不履行または部分的な不履行の効果」は
契約準拠法によるとされるためである。すなわち，本件法律関係は，第32条
1項3号所定の「義務の完全なる不履行または部分的な不履行の効果」に包摂
されると判断された。

### (b) ドイツ民法施行法第27条
本件においてはドイツ法を準拠法とする合意が当事者間で行われていたと連
邦通常裁判所は判断した。連邦通常裁判所は，当事者自治の原則について規定
するドイツ民法施行法第27条には言及していないが，同条を適用したと推測
される。ドイツ民法施行法第27条1項によれば，「契約は当事者によって選択
された法による。法選択は明示されなければならず，または契約の規定ないし
事案の全体から見て十分な確実性をもって明らかでなければならない」。「推測

---

Yに小包の内容物の価額について通知していれば，損害を回避するための措置を講じる
機会，または，運送の依頼を拒否する機会がYに与えられていたはずであるという考え
に基づいている。最終的に，連邦通常裁判所は，デュッセルドルフ上級地方裁判所がZ
の寄与過失を否定した点に限って，本件を同裁判所に差し戻した。

(32) NJW-RR 24/2006, S. 1695.

◇ 第2節 ◇ 裁 判 例

する限り，しかるべく法選択を行っていた」という連邦通常裁判所の文言から
判断すると，本件においては第27条1項2文後段の黙示的準拠法選択の存在
が肯定されたと考えられる。

　もっとも，契約交渉地，契約締結地，および交渉に使用した言語等，いかな
る事情によって黙示的準拠法選択の存在が裏付けられたのかという点は必ずし
も明らかではない。引用部第1文における「ドイツに住所を有する当該契約当
事者は，推測する限り，しかるべく法選択を行っていた」という連邦通常裁判
所の文言から判断すると，黙示的な準拠法選択を裏付ける事情として，両当事
者がドイツに住所を有することが考慮されたとも推測できる。確かに，本件に
おいては，XおよびYのいずれもドイツを本拠地とする事業者である。そう
であるとすれば，連邦通常裁判所は，黙示的準拠法選択の有無に関して，「両
当事者がドイツに住所を有するとき，準拠法に関する黙示的合意があったとす
る」という判断基準を採用したこととなる。

　(c) ドイツ民法施行法第28条4項

　続いて，連邦通常裁判所は，仮に当事者間で準拠法選択が行われていなかっ
たとしても，ドイツ民法施行法第28条4項，5項によりドイツ法が準拠法と
なると予備的に判断した。貨物運送契約について規定するドイツ民法施行法第
28条4項は，契約締結時に運送人の主たる営業所が所在していた国であって，
かつ，積込地もしくは積降地または荷送人の主たる営業所が所在する国が，契
約が最も密接な関係を示す国であると推定する。本件事実関係によれば，積込
地はドイツである。さらに，運送人たるYはドイツに営業所を有する。これ
らの事実関係に基づき，連邦通常裁判所は，第28条4項により契約準拠法は
ドイツ法であると判示した。

　連邦通常裁判所は，ドイツ民法施行法第28条4項に規定される貨物運送契
約の連結に触れた後，「これはドイツ商法第452条の意味における複合貨物運
送契約についてもあてはまる」と述べている。(「これ」が意味する内容は必ず
しもはっきりしないが，推測するに，「これ」とは「積込地もしくは積降地ま
たは荷送人の主たる営業所所在地のいずれかと共通する，運送人の主たる営業
所所在地が，契約が最も密接な関係を示す国であること」であると思われる。)
ドイツ商法第452条は，一般的な貨物運送契約に関するドイツ商法第407条以

65

◆第1章◆　歴史的前史

下の諸規定に複合貨物運送契約を服させる規定であり，ドイツ商法というドイツ実質法中の規定である。そうであるならば，連邦通常裁判所がドイツ民法施行法第28条の適用過程において，なぜ実質法たるドイツ商法第452条について言及する必要があったのかという疑問が呈される。

(d)　ドイツ民法施行法第28条5項（回避条項）

以上のように，ドイツ民法施行法第28条4項により，本件貨物運送契約における「契約が最も密接な関係を示す国」はドイツであると推定されたが，この推定は回避条項たるドイツ民法施行法第28条5項により覆される可能性がある。すなわち，第28条5項により，本件貨物運送契約がドイツとは異なる国との間に「より密接な関係」を示すことが認められる場合，第28条4項によって導かれた推定は覆されることとなる。

この点に関し，連邦通常裁判所は，「その他の国との間でそのようなより密接な関係が存在するとは思われない」と述べ，第28条5項を適用しなかった。

本件では，ドイツとの間に関係を有すると思われる事情としては，①Xはドイツに営業所を有すること，②Yはドイツに営業所を有すること，③荷送人Zはドイツに営業所を有するドイツ法上の会社であること，④積込地がドイツであること，これらの事情が存在する。一方，ドイツ以外の国との間に関係する事情としては，本件小包の配達先はアメリカであり，受取人がアメリカ法人であるという事情がある。さらに，Yの主張によれば，本件小包の紛失地はアメリカである。デュッセルドルフ上級地方裁判所はこのようなYの主張を認めなかったが，Yがこの点につき上告しなかったため，本件小包の紛失地がアメリカであるか否かという点について連邦通常裁判所は触れていない。以上の事情が本件においては存在するが，連邦通常裁判所は，第28条5項の適用を否定するに際してこれらの事実関係については言及していない。

(e)　ドイツ民法施行法第32条

連邦通常裁判所は，契約準拠法はドイツ法であると判断した後，契約準拠法の事項的適用範囲について以下のように判断した。

「………Yと荷送人との間で締結された契約の準拠法はドイツ法である。そして，ドイツ民法施行法第32条1項3号により，契約準拠法たるドイツ法は特に契約

66

◇第2節◇裁判例

上の義務の不履行の効果についての基準となる。ドイツ民法施行法第32条1項3号の誤解を招きやすい文言に反して，契約違反から生じる請求権の成立要件も契約準拠法に依拠する。特に，生じた請求権が認められるために債務者の有責な行為がどの程度要件として必要とされるかという問題も契約準拠法によって決定される。

ただし，履行地国の法——この法は契約準拠法によれば適用されないはずである——が，ドイツ民法施行法第32条2項により，履行の態様との関係で当然に考慮されなければならない。Yは，上級地方裁判所において，本件小包の紛失がアメリカで生じたとの主張に関連して，ドイツで発展した厳しい基準とはかなり内容を異にする，アメリカにおける荷物に関する配慮，統制そしてアフターケアの基準が，Yの過失を考慮するにあたって適用されるべきであると主張した。しかし，ドイツ民法施行法第32条2項は，単に履行が形式的にどのように行われるかという点について規定する諸規則にのみ関係する。履行が形式的にどのようになされるかという点について規定する諸規則の例は，実際に履行をある一定の期間に限定する，祝日や営業時間に関する諸規定や，毎日の最長労働時間に関する諸規則などである。これに対して，本件で問題となっている，債務者の責任に関する基準のような契約義務の本質と関係する諸規則は，ドイツ民法施行法第32条2項の規律対象ではない。」[33]

ドイツ民法施行法第32条1項3号によれば，「義務の完全なる不履行または部分的な不履行の効果」は契約準拠法による。引用部第1段落に示されているように，連邦通常裁判所は，ドイツ民法施行法第32条1項3号により，本件契約上の債務の不履行の効果，およびYの過失の有無も，契約準拠法によって決定されると判示した。すなわち，連邦通常裁判所が，ドイツ民法施行法第27条により，そして予備的にドイツ民法施行法第28条により，本件契約準拠法について判断した前提には，本件法律関係はドイツ民法施行法第32条1項3号の「義務の完全なる不履行または部分的な不履行の効果」に包摂されるという判断がある。

一方，ドイツ民法施行法第32条2項によれば，「履行の態様および瑕疵ある履行に対して債権者が取りうる措置に関しては，履行がなされた国の法が考慮される（berücksichtigen）」。すなわち，第32条2項によれば，「履行の態様および瑕疵ある履行に対して債権者が取りうる措置」に関しては，契約準拠法

──────────
(33) NJW-RR 24/2006, S. 1695.

◆第1章◆　歴史的前史

ではなく履行地法が適用される可能性がある。本件においてこの条文の適用の可否が問題となったのは，Xの損害賠償請求は第32条2項の「履行の態様と瑕疵ある履行に対して債権者が取りうる措置」に該当し，それゆえ同条2項により履行地法——本件においてはアメリカ法——が適用されるとYが主張したからである。

　最終的に，連邦通常裁判所は第32条2項の適用を否定した。連邦通常裁判所によれば，第32条2項は「履行の形式的な処理に関する規定にのみ関係」し，「履行の形式的な処理に関する規定」とは「祝日や営業時間に関する諸規定や，毎日の長労働時間に関する諸規定」である。そして「本件で問題となっている，債務者の責任に関する基準のような契約義務の本質と関係する諸規則は，第32条2項の規律対象ではない」ため，本件におけるYの損害賠償責任の有無に関して第32条2項が適用されることはないとされた。以上の理由により，第32条2項によるアメリカ法の適用は否定された。


## 4　リューベック区裁判所2007年9月13日判決[34]

### (1) 事 実 関 係

　ドイツ人Xは，自身および夫，子のために，リューベック（ドイツ）—ストックホルム（スウェーデン）間の往復便を内容とする旅客運送契約を，航空会社Y（本拠地：アイルランド）と締結した。往路便は2006年9月29日に，復路便は2006年10月3日に運航される予定であった。

　2006年9月29日（往路便の出発予定日），Xは身分証明書およびパスポートをリューベックまでの移動に利用した航空機に置き忘れたため，YはXの搭乗を拒否した。Yは，普通取引約款において，「身分証明書類」という見出しのもと，「すべての乗客は，すべての航空便において，搭乗手続の際に，有効な写真付き証明書を提示しなければならない。写真付き証明書としてはもっぱら以下のものを認める。有効なパスポート，有効な身分証明書，有効な写真付の運転免許証（有効な写真付の運転免許証については，イギリスおよびイタ

---

　(34)　AG Lübeck Urt. vom 13.9.2007-28C331/07, NJW-RR 1/2008, S. 70-72.

68

◇ 第 2 節 ◇ 裁 判 例

リア国内の航空便，ならびに，イギリス・アイルランド間の航空便においての
み認める）」と規定していた。

　X によれば，X はリューベック空港に勤務するドイツ警察に身分証明書の
代用となる書類を発行してもらうことができた。しかし，それでも Y は X の
搭乗を許可しようとしなかった。それゆえ，X は，その日のうちに，他の航
空会社の航空便によってハンブルクからストックホルムまで移動した。なお，
X は復路については Y の航空便を利用した。

　X は，Y の搭乗拒否によって要した費用の賠償を請求するとともに，Y が
2006 年 9 月 29 日に契約に反してリューベック・ストックホルム間の運送を拒
否したことの確認を求める訴えを提起した。リューベック区裁判所は，以下の
判旨において紹介するように，乗客 X の国籍がドイツであること等を理由と
して，回避条項たるドイツ民法施行法第 28 条 5 項によりドイツ法を適用し，
実質法的判断においても乗客 X の保護を図り，Y の損害賠償責任を肯定した。

## (2) 判　旨

　「両当事者の法律関係についてはドイツ法が適用される。以上はドイツ民法施行
法第 27 条および第 28 条から導かれる。X および Y は，ドイツ民法施行法第 27
条所定の準拠法選択を行っていなかった。ドイツ民法施行法第 28 条 1 項によれ
ば，契約準拠法は，契約が最も密接な関係を示す国の法である。本件では，契
約が最も密接な関係を示す国はドイツである。その際，ドイツ民法施行法第 28
条 2 項の推定は働かない。ドイツ民法施行法第 28 条 2 項を適用すると，Y はド
イツに営業所を有しないので，アイルランド法が契約準拠法となる。しかし，
ドイツ民法施行法第 28 条 5 項によれば，全事情から判断して契約がその他の国
との間により密接な関係を有することが明らかなときは，ドイツ民法施行法第
28 条 2 項の推定は働かない。このことは本件にもあてはまる。XY 間で締結さ
れた航空運送契約はドイツとの間に最も密接な関係を示している。Y はドイツ
から業務上の指示を出しており（operieren），ドイツを出発地あるいは到着地
とする国際便を提供している。ドイツ国民たる X は，ドイツ語で書かれた Y の
インターネット上のサイトでドイツ・スウェーデン間の往復便を予約し
た。」(35)

---

(35)　NJW-RR  1 /2008, S. 71.

69

◆ 第1章 ◆　歴史的前史

　以上のように，リューベック区裁判所は，ドイツ民法施行法第27条および第28条に依拠した。本件においては，第27条所定の準拠法に関する当事者間の合意があるとは認められなかった。続いて，リューベック区裁判所は，準拠法選択が行われていない場合の契約準拠法について規定する第28条に依拠した。以下では，リューベック区裁判所の第28条の適用過程について整理し，検討する。

　（a）法律関係の性質決定

　本件では，Ｙの運送義務違反の有無，および，Ｙの義務違反に基づく損害賠償責任の有無，これらが争われている。本件法律問題はどのように性質決定されたか。リューベック区裁判所が契約準拠法に関するドイツ民法施行法第27条および第28条に依拠したことから判断すれば，本件法律問題は「契約」の概念に包摂されたことが明らかである。

　（b）ドイツ民法施行法第28条2項

　ドイツ民法施行法第28条1項により，準拠法選択を欠く契約の準拠法は，「契約が最も密接な関係を示す国」の法となる。そこで，次に，「契約が最も密接な関係を示す国」の解釈が問題となる。同条2項ないし4項は，各契約類型に応じて「契約が最も密接な関係を示す国」の内容を推定するが，旅客運送契約が問題となった本件では，一般的な債権契約について規定する第28条2項が適用された。第28条2項によれば，契約が特徴的給付を履行すべき当事者の職務上または営業上の活動において締結された場合には，その主たる営業所を有する国が，また，契約が当事者の職務上または営業上の活動において締結され，かつ契約に応じた給付が主たる営業所とは異なる営業所によって履行されるべき場合には，その営業所を有する国が，最密接関連地として推定される。本件においては，特徴的給付の債務者たるＹはドイツに営業所を有さず，アイルランドに本拠地を有するという事実関係があるため，第28条2項により原則としてアイルランドが最密接関係地として推定されることとなる。

　（c）ドイツ民法施行法第28条5項（回避条項）

　以上のように，本件において，ドイツ民法施行法第28条2項により，アイルランドが同条1項所定の「契約が最も密接な関係を示す国」として推定され

◇第2節◇ 裁 判 例

た。しかし，ドイツ民法施行法第28条5項の適用により，第28条2項のこの
推定は覆され，「契約がより密接な関係を示す国」はドイツであるとの判断が
示された。

　それでは，いかなる理由により，ドイツが契約との間に「より密接な関係」
を示すと判断されたか。この点については，上記引用部から明らかなように，
四つの事情が挙げられている。すなわち，①Yはドイツから業務上の指示を
出していること，②Yはドイツを出発地あるいは到着地とする国際便を提供
していること，③Xがドイツ人であること，④Xはドイツ語で書かれたYの
インターネット上のサイトで往復便を予約したこと，これら四つの事情である。
すなわち，リューベック区裁判所は，ドイツ民法施行法第28条5項の「より
密接な関係」という文言の解釈に関する判断基準として，旅客運送契約におい
ては「①運送人がドイツから業務上の指示を出していること，②運送人がドイ
ツを出発地あるいは到着地とする国際便を提供していること，③旅客がドイ
ツ人であること，④ドイツ語で記載された運送人のインターネットサイトを介
して旅客は往復便を予約したこと，これら四つの事情が存在するとき，契約は
ドイツとの間により密接な関係を示す」という適用基準を示したと理解するこ
とができる。

　既述のコプレンツ上級地方裁判所2006年3月29日判決において示された適
用基準について指摘したように，リューベック区裁判所の適用基準についても，
なぜ当該基準が第28条5項の適用基準として成り立つのか，すなわち，当該
基準の根底にあるはずの，旅客運送契約に関する抵触法上の政策的目的に関す
る説明が欠如していることが指摘される。ここで，リューベック区裁判所が第
28条5項の適用基準として上記の基準を採用した根拠を推測すると，①，②
の要件に関しては，Yの予測可能性を保護するという同裁判所の政策的判断
があったのではないかと考えられる。また，③，④の要件に関しては，Xの
予測可能性を保護するという政策的判断があったと考えられる。さらに，③，
④の要件に関しては，法廷地法たるドイツ法の適用を通じて，航空会社Yに
比べて弱い立場にある乗客Xを特に保護しようとしたとも考えられる。この
ような推測が妥当するならば，上記の基準がなぜ第28条5項の適用基準たり
えるかという点を説明する基準として，「乗客の保護を図り，乗客および航空

◆ 第1章 ◆ 歴史的前史

会社の予測可能性を保護するとき，①航空会社が業務上の指示を出している地，②航空会社が提供する国際便の出発地あるいは到着地，③乗客の国籍地，④乗客が往復便を予約したインターネット上のサイトで使用されていた言語を母国語とする地，これら①から④の地を有する国の法を契約準拠法とする」という基準がリューベック区裁判所の判断の前提にあることとなる。リューベック区裁判所が，ドイツ民法施行法第28条5項の適用基準の根底にあるこうした政策的判断基準を明らかにすれば，本件航空便の中継地はスウェーデンであるといったその他の事情がなぜ第28条5項を適用する際に考慮されないのかという点に関する疑問も解消されよう。

（d）実質法的判断

以上のように，リューベック区裁判所2007年9月13日判決は回避条項たるドイツ民法施行法第28条5項によりドイツ法を適用した。そうした判断を導くにあたって乗客の国籍を考慮していることから，同規定の適用過程において乗客の抵触法上の保護を図ったと推測される。それでは，実質法的判断においてはいかなる判断がなされたか。

Ｙの損害賠償責任の有無を判断するにあたっては，Ｙの普通取引約款の有効性が問題となった。Ｙの普通取引約款の中に，乗客の身分確認の際に有効なパスポートまたは身分証明書の提示を求める規定があるが，この規定が有効であるならばＹの損害賠償責任は否定される。この点に関連するのは普通取引約款の内容について規制するドイツ民法第307条である。ドイツ民法第307条1項によれば，「普通取引約款の規定が，信義誠実の原則に反して，約款作成者の契約相手を不当に不利益に取扱うときは，これを無効とする。規定が明白でなく，分かりにくい場合も，不当に不利益な取扱いとする」とされる。リューベック区裁判所は，身分証明書の代用となる書類を所持する乗客の運送をＹが普通取引約款上認めないことは，第307条1項所定の「不当に不利益な取扱い」に該当すると判断した。そして，最終的に，契約上の義務の違反を原因とする損害賠償責任について定めるドイツ民法第280条および第281条によりＹの損害賠償責任を肯定した。

◇第2節◇裁判例

## 5 ゲルダーン区裁判所 2007 年 11 月 28 日判決[36]

### (1) 事実関係

複数の乗客 X（住所地：ドイツ）は，航空会社 Y（設立地および本拠地：アイルランド）との間にドイツからイギリスまでの往復便を内容とする旅客運送契約を締結した。当該旅客運送契約に基づき往路便は予定通り運航された。しかし，2006 年 5 月 22 日の 19 時 25 分に出発を予定していた復路便は，その出発予定時刻が 20 時 25 分に延期され，その後さらに 21 時 25 分に延期された。最終的に当該航空便が当日中に運航されることはなく，当該航空便に代わり，翌日の朝の航空便が乗客に提供された。Y の主張によれば，本件航空便が予定通り運航されなかったのは，本件航空便とは異なる他の航空便において乗客の一人が意識不明の状態になるという事情が生じたからである。

本件において，X は Y に対し，航空便の運航中止を原因として生じた損害につき，X ら一人につき 250 ユーロの支払を求めた。請求原因は明示されていないが，債務不履行であると推測される。ゲルダーン区裁判所は，以下の判旨において紹介するように，X の住所がドイツに所在すること等を理由として，回避条項たるドイツ民法施行法第 28 条 5 項によりドイツ法を適用したが，実質法的判断においても Y の損害賠償責任を肯定し，X の請求を認容した。

### (2) 判旨

本件の準拠法決定過程はいかなるものか。この点は，国際裁判管轄権の有無に関する判断過程においてわずかに触れられるにとどまった。ゲルダーン区裁判所の準拠法決定過程を探るため，以下では，同裁判所の国際裁判管轄権の有無に関する判旨を紹介する。

「本件についてはゲルダーン区裁判所が国際裁判管轄権を有する。X の Y に対する請求に関していずれの裁判所が国際裁判管轄権を有するかという問題は，民事事件および商事事件における裁判管轄と判決の承認および執行に関する 2000 年 12 月 22 日付の欧州理事会規則 2001 年 44 号[37]（以下，「ブリュッセル

---

(36) AG Geldern Urt. vom 28. 11. 2007-14C273/07, NJOZ 2008, S. 309-312.

73

◆第1章◆　歴史的前史

Ⅰ規則」）による。2002年3月1日にブリュッセルⅠ規則が発効した後にXの請求は提起されているため，ブリュッセルⅠ規則はその第66条により本件に適用されるべきである。本件はブリュッセルⅠ規則第2条の意味における民事事件に該当する。本件では，Xはドイツに住所を有し，Yはアイルランドに本拠を有する。以上の点からも，ブリュッセルⅠ規則が適用されるために必要となる渉外性が本件に認められる。

　ブリュッセルⅠ規則第2条1項によれば，確かに，原則として，Yはその本国，すなわちアイルランドの裁判所において訴えられるべきである。しかし，ブリュッセルⅠ規則第5条に定められた履行地の特別裁判籍によってゲルダーン区裁判所の国際裁判管轄権が認められる。当事者間の契約によれば，航空運送の義務が履行された地，あるいは，履行されるべきであった地は，裁判所の管轄区域（Gerichtssprengel）が属するドイツである。いずれの地において履行がなされるべきであったかという問題は，法廷地の抵触規定によって指定される法による。ブリュッセルⅠ規則第5条第1a号に定められた履行地を確定するにあたっては，契約準拠法が基準となる。本件の契約準拠法はドイツ法である。この点はドイツ民法施行法第27条以下から結論づけられる。ドイツ民法施行法第28条1項および5項によればドイツ法が契約準拠法となる。なぜなら，乗客たるXの住所（Wohnsitz），合意された目的地，および目的地で遂行されたYの業務（チェックアウトおよび航空運送の完了），これらに基づけば，Yの主たる営業所を有する国よりもドイツがより密接な関係を有するからである。」[38]

（a）国際裁判管轄権の有無に関する判断基準として「契約準拠法」を考慮する構成

　ゲルダーン区裁判所は，国際裁判管轄権の有無について判断するために，ブリュッセルⅠ規則に依拠した。ブリュッセルⅠ規則第5条1a号によれば，履行地の特別裁判籍が認められる。そこで「履行地」の解釈が問題となる。この点に関して，ゲルダーン区裁判所は，「ブリュッセルⅠ規則第5条1a号に定められた履行地を確定するにあたっては，契約準拠法が基準となる」と述べている。

---

(37)　Verordnung　(EG)　Nr.44/2001 vom 22. Dezember 2000 über die gerichtliche Zuständigkeit und die Anerkennug und Vollstreckung von Entscheidungen in Zivil- und Handelssachen（EuGVVO）

(38)　NJOZ 2008, S. 309 f.

◇第2節◇ 裁判例

（b）法律関係の性質決定

ゲルダーン区裁判所がドイツ民法施行法第28条を適用したことから判断すれば，本件法律関係はドイツ民法施行法第28条所定の「契約」に包摂されたと考えられる[39]。

（c）ドイツ民法施行法第28条1項，2項

本件旅客運送契約においては準拠法選択が行われていなかったため，準拠法選択が行われていない契約について規定するドイツ民法施行法第28条が適用された。第28条1項によれば，準拠法選択を欠く契約の準拠法は「契約が最も密接な関係を示す国」の法であり，「契約が最も密接な関係を示す国」の内容は各契約類型に応じて同条2項ないし4項において推定される。ゲルダーン区裁判所は第28条2項から4項のいずれの規定に依拠したかについては何ら触れていないが，本件では旅客運送契約が問題となっていることを踏まえると，不動産契約および貨物運送契約以外の契約について規定する第28条2項が適用されたと思われる。第28条2項によれば，契約が特徴的給付の債務者の職務上または営業上の活動において締結された場合にはその主たる営業所を有する国が最密接関連地として推定され，契約が当事者の職務上または営業上の活動において締結され，かつ，契約に応じた給付が主たる営業所とは異なる営業所によって履行されるべき場合には，その営業所を有する国が最密接関連地として推定される。それでは，ドイツ民法施行法第28条によりいかなる国が最密接関連地として推定されたか。本件においては，Yの主たる営業所の所在

---

(39)　ゲルダーン区裁判所は，国際裁判管轄権の有無という手続法的争点に関する判断基準として契約準拠法を採用する一方で，Yの損害賠償責任の有無という本件の実体法的争点に関しては，その判断基準として契約準拠法とは異なる準拠法を採用した可能性もある。その場合には，本件法律問題は「契約」とは異なる単位法律関係に包摂されたことになる。ただし，ゲルダーン区裁判所が，国際裁判管轄の有無について判断するために契約準拠法を確定した箇所以外では，準拠法の決定過程について何ら述べていないことから判断すれば，同裁判所がYの損害賠償責任の有無という本件の実体法的争点に関する判断基準として契約準拠法とは異なる準拠法を採用した可能性は低いと思われる。ゲルダーン区裁判所が，「契約準拠法はドイツ法である」と述べた上で，実質法的判断において，欧州議会・欧州理事会規則2004年261号はドイツ国内において直接効力を生じさせることを根拠に同規則を適用したことからもこのように推測される。

75

◆ 第1章 ◆ 歴史的前史

地国，すなわちアイルランドが最密接関連地として推定されたと思われる。な
ぜなら，上記引用部第2段落の「Yの主たる営業所を有する国よりもドイツ
がより密接な関係を有する」という記述が示すように，第28条5項の適用過
程において「Yの主たる営業所を有する国」が第28条5項により導かれるド
イツとの比較対象とされたからである。

(d) ドイツ民法施行法第28条5項（回避条項）

本件では，回避条項たる第28条5項所定の「より密接な関係」はドイツに
示されると判断され，ドイツ法が契約準拠法とされた。こうした判断を導くに
あたっては，①乗客Xの住所がドイツに所在すること，②Xおよび航空会社
Yの間で航空便の目的地としてドイツが合意されていたこと，③航空便の目
的地たるドイツにおいてYの業務（チェックアウトおよび航空運送の完了）
が遂行されたこと，以上三点が考慮された。こうしたゲルダーン区裁判所の判
旨を踏まえれば，第28条5項の適用に関する基準として，「旅客運送契約にお
いて，①乗客の住所がドイツに所在すること，②乗客および航空会社の間で航
空便の目的地としてドイツが合意されていたこと，③航空便の目的地たるドイ
ツにおいて航空会社の業務が遂行されたこと，これら三点の事情が存在すると
き，契約はドイツとの間により密接な関係を示す」という判断基準が示された
と考えることができる。

第28条5項所定の「より密接な関係」の有無という争点について判断する
際には，その判断過程において必ず何らかの政策的配慮が働くはずである。と
いうのも，「より密接な関係」という文言は極めて抽象的な表現であるからで
ある。そうであるとすれば，上記の基準が第28条5項の適用基準たりえる基
準，すなわち，上記の基準の要件および効果がなぜ結び付くのかという点につ
いて説明する基準が明らかにされる必要がある。しかしながら，ゲルダーン区
裁判所はこの点について何ら言及していない。それゆえ，本件の様々な事情の
うちなぜ上記の三点の事情が特に考慮されたのかという点は不明なまま残され
ている。例えば，なぜ，乗客および航空会社の間で目的地としてドイツが合意
されていた事情は重視されるにもかかわらず，出発地としてイギリスが合意さ
れていたという事情は考慮されないのか。また，目的地たるドイツにおいて本
件航空会社の業務が遂行されたという事情が考慮されているが，出発地たるイ

76

◇ 第 2 節 ◇ 裁 判 例

ギリスにおいても同様の業務が遂行されたはずである。特に，Ｙの主張によれば，本件航空便の運航の支障をきたす原因となった事実，すなわちその他の航空便の乗客の一人が意識不明になるという事態が生じたのはイギリスである。第 28 条 5 項の適用過程においてイギリスとの関係を示すこれらの事情が考慮されない理由は明らかではない。それゆえ，本件とは異なる旅客の航空運送契約が問題となる場合にも，出発地は一切考慮されないのかという点は不明なまま残される。ゲルダーン区裁判所が第 28 条 5 項の適用基準として当該基準を採用する政策的目的が明らかにされなければ，こうした点は不明なまま残り，法的安定性の観点からも問題が生じよう。

　ゲルダーン区裁判所が第 28 条 5 項の適用基準の要件に①から③の要件を含めた政策的根拠を推測すると，既述の旅客運送契約に関する裁判例（コプレンツ上級地方裁判所 2006 年 3 月 29 日判決およびリューベック区裁判所 2007 年 9 月 13 日判決）についても既に指摘したように，まず，①乗客の住所がドイツであるという要件が設定された背景には，法廷地法あるいは乗客の住所地法たるドイツ法の適用を通じて，航空会社に比べて弱い立場にある乗客を保護するという政策的配慮があったとも考えられる。（ゲルダーン区裁判所は，乗客の住所という要素を重要視しているように思われるが，それ以上に乗客の住所が法廷地たるドイツに所在するという点を重要視しているとも考えられる。）また，②乗客および航空会社の間で航空便の目的地としてドイツが合意されていたという要件が設定された背景には，乗客および航空会社の予見可能性を保障するという配慮があったとも考えることができる。それでは，③航空便の目的地たるドイツにおいて航空会社の業務が遂行されたという要件はいかなる政策的配慮のもとに第 28 条 5 項の適用基準の要件に包摂されたと推測できるか。この点に関しても，ゲルダーン区裁判所は，乗客および航空会社に対して準拠法に関する予見可能性を保障しようとしたという一つの推測が可能であると思われる。以上の推測が成り立つならば，ゲルダーン区裁判所が示した適用基準の要件および効果がなぜ結び付くのかという点について説明する基準として，「法廷地法あるいは乗客の住所地法により乗客を保護し，かつ，乗客および航空会社の準拠法に関する予見可能性を保障するとき，①乗客の住所地，②乗客および航空会社によって合意された航空便の目的地，③航空会社によって業務が遂行さ

77

◆第1章◆　歴史的前史

れた目的地，これらの地を有する国の法を準拠法とする」という基準が成立することとなる。

　(e)　実質法的判断

　ゲルダーン区裁判所 2007 年 11 月 28 日判決は，以上のように，抵触法的レベルにおいては，乗客たる X の住所がドイツに所在することを理由の一つとしてドイツ法を適用した。それでは，実質法的レベルにおいてはいかなる判断がなされたか。

　ゲルダーン区裁判所は，欧州議会・欧州理事会規則 2004 年 261 号第 5 条 1 項 c 号，第 7 条 1 項 a 号に依拠した上で，X の請求を認容し，X ら一人につき 250 ユーロの支払を Y に命じた[40]。Y の主張によれば，本件航空便の運航が中止されたのは，他の航空便の機内において乗客の 1 人が意識不明になるという特殊な事情が生じ，このことが本件航空便の運航スケジュールにも影響したためである。この点について，ゲルダーン区裁判所は，そのような事情は本件航空便の運航を中止する理由とはならないと判示した[41]。また，Y が本件航

(40)　［欧州議会・欧州理事会規則 2004 年 261 号第 5 条 1 項 c 号］
　航空便の運航が中止された場合，以下の場合を除き，乗客は第 7 条に従って賠償を請求することができる。
　(1)出発予定日の 2 週間以上前に運航の中止が乗客に通知されている場合
　(2)出発予定日の 2 週間前から 1 週間前の間に運航の中止が乗客に通知され，かつ，本来の出発予定時刻の 2 時間前以内に出発し，本来の到着時刻の 4 時間後以内に最終目的地に到着するような代替的航空便が乗客に提供されている場合
　(3)出発予定日より 1 週間以内に運航の中止が乗客に通知され，かつ，本来の出発予定時刻の 1 時間前以内に出発し，本来の到着時刻の 2 時間後以内に最終目的地に到着するような代替的航空便が乗客に提供されている場合
　［欧州議会・欧州理事会規則 2004 年 261 号第 7 条 1 項 a 号］
　本条が参照される場合，1500 キロメートル以下の距離を運航する航空便の乗客は，250 ユーロの賠償を請求することができる。
(41)　その理由は，「乗客の体調悪化によって生じる不測の事態がある航空便にとって重要な意味を持つのは，そのような事態と当該航空便との間に場所的にも時間的にも密接な関係がある場合に限られる」ところ，「本件はそのような場合に該当しない」という点に求められている。ゲルダーン区裁判所がこのように判断した理由は，①乗客の 1 人が意識不明になるという事態は本件航空便の機内ではなく，これとは異なる航空便の機内において生じたこと，②乗客の 1 人が意識不明になるという事情が生じたのは当日の

◇ 第 2 節 ◇ 裁 判 例

空便の運行の中止を回避するための適切な措置を講じなかったという点も Y
の損害賠償責任を肯定する根拠とされた[42]。

## 6　連邦通常裁判所 2009 年 7 月 9 日判決[43]

### (1) 事 実 関 係

　航空会社 Y（ラトヴィアに本拠を有し，ベルリンに事務所を有する）は，
ベルリンを出発地または到着地とする航空便を提供している。Y は，ドイツ
語のドメインを用いた，ドイツ語で表示された自身のインターネットサイトを
介して，ベルリンを出発地とする航空便の予約を受け付けている。そのイン

---

　　昼であったが，本件航空便の出発予定時刻は夜の 19 時 25 分に設定されていたこと，こ
　　れら二つの点にある。なお，ゲルダーン区裁判所は，目的地の空港が営業時間の延長を
　　拒否したことにより本件航空便が目的地の空港の営業時間内に目的地に到着することが
　　不可能になったことは「重要ではない」と判断した。その理由は以下のように説明され
　　ている。「このような事態（筆者注：目的地の空港が営業時間の延長を拒否することに
　　よって当該航空便が目的地の空港の営業時間内に目的地に到着することが不可能になる
　　という事態）は，当該航空便の日常的な運航シフトにおいて生じた。航空便の運航シフ
　　トは重要ではない。欧州議会・欧州理事会規則 2004 年 261 号において乗客の権利の強
　　化が意図されていること（同規則前文(4)参照）を考慮すると，航空便の出発地あるい
　　は目的地においてその地理あるいは営業時間等によって何らかの事情が生じても，問題
　　となる航空便とその事情との間に関係がなければ，航空運送における実務あるいは慣習
　　は航空会社の責任を軽減する理由とはならない。」（NJOZ 2008, S. 312.）。

(42)　ゲルダーン区裁判所によれば，本件航空便の運航の中止を回避するための措置とは，
　　「乗客が他の便に予約を変更できるよう試み」ること，「他の航空会社の航空便によって
　　乗客を目的地まで運送すること」，「差し当たり乗客を目的地周辺の空港まで運送してそ
　　こから目的地まで運航すること」，これらの措置である。ゲルダーン区裁判所は，Y が
　　競争相手たる他の航空会社の航空便を利用して乗客を運送することに対して気が進まな
　　いことは理解できるとしながらも，「実行可能な措置がすべて講じられたかという点か
　　ら考えると，航空会社が他の航空会社の航空便によって乗客を運航することに抵抗があ
　　るという点は考慮されないにとどまる」と述べた。Y は上記の措置を講じなかったので，
　　旅客運送契約に基づく運送義務違反の責任を軽減することはできないと最終的に判断さ
　　れた。（NJOZ 2008, S. 312.）

(43)　BGH Urt. vom 9.7.2009-Xa ZR 19/08, NJW 46/2009, S. 3371 ff.

◆ 第1章 ◆ 歴史的前史

ターネットサイト上には「現時点では計算に入れられていない税金および料金を顧客は払わなければならない可能性がある」との規定がおかれている。なお，Yは当該規定を運送条件（Beförderungsbedingungen）においてではなく，「旅行案内」（„Reiseinformationen"）という欄において規定している。本件において，ドイツの消費者団体たるXは，当該条項は濫用的条項であるとしてその使用の差止を求めた。地方裁判所は訴えを棄却したため，Xは控訴し，控訴裁判所はXの請求を認容した。連邦通常裁判所は，結論として，控訴裁判所の判断を破棄し，差し戻した。

　本件における主な争点は，①国際裁判管轄の有無，②不法行為の準拠法上，消費者保護団体たるXに差止請求権は認められるか，③Xが使用差止を求める当該条項の有効性の準拠法，以上の点である。


## (2) 控訴裁判所の判旨

　連邦通常裁判所の判旨によれば，控訴裁判所の判断は以下の通りである。

　控訴裁判所は，民事及び商事事件における裁判管轄及び裁判の執行に関する欧州共同体理事会規則（ブリュッセルＩ規則）第5条3号により，ドイツの国際裁判管轄を肯定した。ブリュッセルＩ規則第5条3号は，不法行為または不法行為に準じる行為に関する事件につき，加害行為が生じた国あるいは生じうる国の管轄を認める規定である。

　控訴裁判所は，その上で，Yが使用する条項の有効性の準拠法については以下のように判断した。ドイツ民法施行法第31条1項は，契約中の条項の有効性は契約準拠法により判断すると規定する。準拠法に関する合意が当事者間で行われていない場合，ドイツ民法施行法第28条1項により，契約が最も密接な関係を示す国の法が契約準拠法となり，航空運送契約については，ドイツ民法施行法28条2項により，原則として特徴的給付を履行すべき当事者の常居所地（事業者の場合は，主たる営業所の所在地あるいは債務が履行されるべき営業所の所在地）が最密接関係地として推定される。本件においては運送債務を負う航空会社Yが特徴的給付を履行すべき当事者であり，それゆえ原則としてYの営業所の所在地たるラトヴィアが最密接関連地となる。しかし，本件においては，ドイツ民法施行法第28条5項により以上の推定は覆される。

◇第2節◇ 裁判例

Yを運送人とする旅客の航空運送契約は，ラトヴィアよりも，ドイツとの間により密接な関係を示し，それゆえドイツ法が契約準拠法となる。ドイツを契約がより密接な関係を有する地として評価する根拠は，①「de」のドメインを使用したYのインターネットサイトはドイツに居住する顧客を意図的に対象としたものであること，②Yが提供する航空便の目的地は多くの場合ドイツに所在すること，③ドイツにおいて消費者保護を図るべきであること（消費者は，ドイツを履行地とする契約をドイツにおいてドイツ語で締結する場合，ドイツの消費者保護に関する基準が適用されることを期待することができること），これらの点に求められる。それゆえ，Yが使用する当該条項の有効性はドイツ法により判断されるべきであり，民法第309条1号により，当該条項は無効となる。そして，差止請求訴訟法（Gesetz über Unterlassungsklagen bei Verbraucherrechts- und anderen Verstößen）第1条によれば，団体は民法第307条ないし第309条の規定に違反する普通取引約款の差止請求権を有するとされるため，消費者団体たるXはYが使用する当該条項の使用の差止を求める請求権を有する。

控訴裁判所は以上のように判断し，Xの請求を認容した。

### (3) 連邦通常裁判所の判旨

### (a) 国際裁判管轄の有無

連邦通常裁判所は以下のようにドイツの国際裁判管轄を肯定した。

「ブリュッセルI規則第5条3項により，本件争いについて判断する国際裁判管轄権をドイツの裁判所は有する。同規定によれば，不法行為，または不法行為と同視されるべき行為，あるいはそのような行為から生じる請求，これらが手続きの対象をなす場合，加盟国の領土に常居所を有する者は，その他の加盟国，より詳しく言えば，その他の加盟国の地であって，損害を与える事実が生じた地または生じるおそれのある地において訴えられうる。請求権を有する適格な団体が，事業者が個人（Privatpersonen）との契約において使用する普通取引約款中に濫用的条項があると主張し，差止請求訴訟法第3条1項1号に基づき当該条項の使用の差止を求める訴えを提起する場合，当該訴えはブリュッセルI規則第5条3項の意味における不法行為，または不法行為と同視されるべき行為を対象としている。普通取引約款における濫用的条項の使用により一国の

◆ 第1章 ◆ 歴史的前史

法秩序が損なわれ，そうした条項の使用の防止を職務とする本件におけるＸの
ような組織がある場合，特に一国の法秩序が損なわれるということは，ブ
リュッセルⅠ規則第５条３項の意味における損害を与える事実の概念に含まれ
る。具体的な損害が生じているか否かという点は，締結しようとする契約につ
いて消費者が理解しているか否か，および，消費者が具体的な苦情を述べてい
るか否かという点，これらと同様にほとんど問題とならない。

　Ｙによって使用された『旅行案内』にドイツ法が適用されるか否かという点
は，ドイツの国際裁判管轄権を根拠づけるにあたって重要ではない。ブリュッ
セルⅠ規則第５条３項によれば，ドイツ実質法が準拠法であることはドイツの
国際裁判管轄を肯定するための要件ではない。事業者が個人との契約において
使用する普通取引約款中に濫用的条項があると消費者保護団体が主張し，その
使用の差止を求める訴えを提起する場合においても，以上の点が当てはまる。
消費者契約上の濫用的条項に関する指令[44]は，国際裁判管轄を有する国と準拠
法所属国が同一であることを目的として設定してはいない。不当な条項を使用
する事業者の営業所が所在する国においてのみ不当な条項の使用中止を求める
集団訴訟を提起できるとすれば，同指令第７条の意味で予定される，不当な条
項の使用差止を求める集団訴訟の有効性は，欧州司法裁判所が示すように相当
に損なわれてしまう。

　むしろ，国内において保護されるべき法益（Rechtsgut）の侵害が主張されて
おり，そのような侵害を完全に排除することができない場合，ブリュッセルⅠ
規則第５条第３項により，ドイツの裁判所の管轄権が基礎付けられる。実際に
法規の違反が生じているか否かという点は管轄権の有無に影響を与えない。Ｘ
により異議が唱えられている『旅行案内』という欄において，ドイツでは是認
されない普通取引約款の条項をＹは用いた，とＸは主張した。それゆえ，ブ
リュッセルⅠ規則第５条第３項の意味における損害を与える事実がドイツにお
いて生じている。」[45]

　ブリュッセルⅠ規則第５条３号によれば，不法行為，準不法行為に関する訴
えの国際裁判管轄は，損害を与える事実が生じた地，あるいは，生じるおそれ
のある地に認められるとされる。本件においては，Ｙが普通取引約款におい
て濫用的条項を使用しているとされるが，この行為は第５条３項所定の「損害
を与える事実」に該当し，当該条項の使用はドイツの消費者保護に関する法秩

---

(44)　Richtlinie 93/13 （EWG） des Rates vom 5 .April 1993 über missbräuchliche
　　　Klauseln in Verbraucherverträgen

(45)　NJW 46/2009, S. 3371 f.

◇第2節◇ 裁 判 例

序を損なうものであるため，同規定によりドイツの国際裁判管轄が肯定された。
なお，連邦通常裁判所は，国際裁判管轄を肯定するにあたって，Yの濫用的
条項の使用により消費者に具体的な損害が生じていること，および，当該濫用
的条項の有効性の準拠法がドイツ法であること，これらはドイツの国際裁判管
轄を肯定するための要件とはならないと判示した。特に，当該条項の有効性の
準拠法がドイツ法であることは必要とされない理由としては，①消費者契約上
の濫用的条項に関する指令もこの点を必要としていないこと，②ドイツ法が準
拠法であることは事業者の営業所がドイツに所在することを意味する（ドイツ
民法施行法第28条1項，2項により原則として事業者の営業所の所在地法が
準拠法とされる）が，事業者の営業所がドイツに所在する場合にのみドイツの
国際裁判管轄を認めるとすれば，消費者保護のための集団訴訟の意義は損なわ
れてしまうこと（そして欧州司法裁判所も同様な点を指摘していること），こ
れらが挙げられている。

（b）性 質 決 定

続いて，連邦通常裁判所は，本件について以下のように性質決定した。

> 「ローマⅡ規則は，損害を基礎付ける事実であって，同規則が2009年1月11日
> に施行された後に生じるものに適用される（同規則第1条，31条，32条）。そ
> れゆえXが主張する差止請求の将来に向けられた効力を理由として，現時点に
> おいて本件紛争関係に同規則を適用すべきである。ローマⅡ規則第4条1項に
> より，不法行為から生じる契約外債務関係は損害が生じた国の法による。
> 　事業者が個人との契約締結の際に普通取引約款中に濫用的条項を使用してい
> るとして，消費者保護団体がその使用の差止を求める訴えを提起する場合，当
> 該訴えは契約から生じる請求権ではなく，不法行為をその対象としている。こ
> のような考え方はローマⅡ規則4条1項にも当てはまる。ローマⅡ規則第4条
> 1項に関するこのような解釈は自律的に生じるものであり，ブリュッセルⅠ規
> 則と調和するものである（ローマⅡ規則前文(7)および(11)）。それゆえ，ブ
> リュッセルⅠ規則に関する裁判例が援用されなければならない。」[46]

本件においてXは濫用的条項の使用差止を求めているが，Xのこうした請
求は契約上の債務関係に基づくものではなく，不法行為から生じる契約外の債

---

(46) NJW 46/2009, S. 3372.

◆ 第1章 ◆ 歴史的前史

務関係に基づくものであると連邦通常裁判所は判断した。すなわち，本件法律問題は不法行為として性質決定された。

（c）不法行為の準拠法

（i）ローマⅡ規則施行後に締結される契約

それでは，濫用的条項の使用という本件不法行為の準拠法はいかなる法か。本件当時，ローマⅡ規則はまだ施行されていなかったが，連邦通常裁判所は，まず，ローマⅡ規則施行後に締結される契約を対象として，不法行為の準拠法について以下のように判示した。

「損害が生じた国（ローマⅡ規則第4条1項）あるいは損害が生じるおそれのある国（ローマⅡ規則第2条3項b号）の法が適用されるべきである。その法秩序によっては是認されない普通取引約款が使用された地あるいは使用されるおそれのある地，すなわち，その法秩序によって保護される消費者の集団的な利益が損なわれた地あるいは損なわれるおそれのある地の法が適用されるべきである。このような解釈はローマⅡ規則第6条1項により肯定される。同規定によれば，不正競争から生じる契約外債務関係は，競争関係あるいは集団的な消費者保護が損なわれた領域あるいは損なわれるおそれのある領域の国の法による。消費者の集団が濫用的な普通取引約款の使用の差止を求めている本件にローマⅡ規則第6条1項を直接適用できるか否かは問題として残される。消費者の集団的利益が損なわれる領域を有する国の法に連結することにより抵触規定は消費者を保護すべきであるという考え方は，ローマⅡ規則第4条1項の一般的な抵触規定に当てはまるのと同様に消費者保護団体が濫用的条項の使用の差止を求める事案にも当てはまる。ローマⅡ規則第6条の規定は同規則第4条1項所定の一般原則の例外について規定しているのではなく，むしろ第4条1項についてより明確に述べている（ローマⅡ規則前文（21））。

　Yは，ドイツ語で記載された自身のインターネットサイトにおいてXが非難する『旅行案内』を掲載したため，ドイツ国内において「旅行案内」を使用したことになる，と控訴裁判所は判断した。この判断に対してYは上告したが，その主張は認められない。『旅行案内』を一方的に『インターネットに掲載する（In-Das-Netz-Stellen）』という行為，および，その後『旅行案内』を契約に使用したという行為，これはラトヴィアのリガにおいて行われた，とYは不当にも考える。『旅行案内』が利用された地とは，航空便を利用する（潜在的な）顧客に『旅行案内』が情報として提供された地である。そして，インターネットが利用される際には，Yが旅客運送契約の基礎に置こうとする契約条件につい

◇ 第 2 節 ◇ 裁 判 例

て消費者がインターネット上で情報を得る地はすべて上記の地となる。

　確定した本件事実関係においては，ローマⅡ条約第 4 条 3 項の意味における，ドイツ以外の国の法との間の明らかにより密接な関係を示す事情を根拠づけることはできない。当事者の間に例えば契約上の法律関係などのその他の事情も特に存在しない。」(47)

　上記の判旨においては，本件当時ローマⅡ規則は施行されていなかったが，ローマⅡ規則施行後に締結される契約につき，ローマⅡ規則の適用が肯定されている。ローマⅡ規則第 4 条 1 項によれば，不法行為の準拠法は損害を与える事実が生じた地の法となり，また第 2 条 3 項 b 号によれば，損害を与える事実が生じるおそれのある地の法となる。それでは，本件において，損害を与える事実が生じた地，あるいは，損害を与える事実が生じるおそれのある地とはいかなる地か。この点，連邦通常裁判所は，その法秩序が保護すべき消費者の集団的な利益が当該普通取引約款の使用により損なわれた地，あるいは，損なわれるおそれのある地であると判示した。こうした解釈はローマⅡ規則第 6 条 1 項から導き出されている。同規定によれば，不正競争から生じる契約外債務関係は，集団的な消費者保護が損なわれた地，あるいは，損なわれるおそれのある地の法による。本件においては不正競争は問題とならないため，第 6 条 1 項を本件に直接に適用できるかという点は明らかではないとされているが，同規定を根拠として，第 4 条 1 項，第 2 条 3 項 b 号に関する上記の解釈が導き出されている。

　なお，Y は，自身がインターネットサイトにおいて当該条項を掲載した地，および，その後当該条項を契約中に使用した地，これらは自身の営業所の所在するラトヴィアであるとして，損害を与える事実が生じた地，あるいは，損害を与える事実が生じるおそれのある地はラトヴィアになると上告した。しかし，インターネットを介して契約が締結される場合，消費者がインターネットを通して契約条件について情報を得る地が，損害を与える事実が生じた地，または，損害を与える事実が生じるおそれのある地となる，と連邦通常裁判所は判断した。

---

(47)　NJW 46/2009, S. 3372.

◆ 第 1 章 ◆　歴史的前史

　以上の理由から，ローマⅡ規則施行後に締結される契約にはドイツ法が適用されると判示された。

　(ii) ローマⅡ規則施行前に締結される契約

　ローマⅡ規則の施行前に締結される契約については，同規則を適用することができない。したがって，連邦通常裁判所は以下のように不法行為に関するドイツ民法施行法第 40 条を適用した。

　　「ローマⅡ規則の施行前に締結される契約につき，本件において争われている当該条項の使用の中止を X が Y に対し要求している限り，ドイツ民法施行法第 40 条 1 項 2 文によりドイツ実質法の適用可能性が生じる。その限りにおいて，ローマⅡ規則第 31 条により，ローマⅡ規則上の抵触規定を適用することはできない。確かに，ドイツ民法施行法第 40 条 1 項によれば，不法行為から生じる請求は原則として損害賠償責任を負う当事者が事業を行う国の法による。その法秩序により是認されない普通取引約款中の濫用的条項の使用差止を求める集団訴訟は，ドイツ国際私法により，排除請求（negatorischer Anspruch）として不法行為に関する請求とみなされる（差止請求訴訟法第 1 条 4 号）。行為地法としてはラトヴィア法を適用することができるだろう。しかし，被害者は，ドイツ民法施行法第 40 条 1 項 2 文により，結果が生じた国，すなわち保護されるべき法益または利益が侵害された国の法の適用を求めることができる。これは本件においてはドイツとなる。というのも，本件において争われている『旅行案内』が，航空便を利用する（潜在的な）顧客に情報として提供され，それゆえ『旅行案内』が利用された国はドイツであるからである。2006 年 9 月 4 日の訴状（Klageschrift）により X は既にドイツ実質法を援用しており，2007 年 2 月 20 日の答弁（Klageerwiderung）による Y の責問（Rüge）にもかかわらず X はドイツ実質法の援用に固執したことにより，ドイツ民法施行法第 40 条 1 項 3 文の期間内に X は損害が生じた国の法の適用を求める権利を黙示的に行使したことになる。それゆえ差止請求にはドイツ実質法が適用されるべきである。

　　これに対して，ドイツ民法施行法第 41 条所定の特別連結は適用されない。というのも，ラトヴィア法との間の本質的に（wesentlich）より密接な関係，特にドイツ民法施行法第 41 条 2 項 1 号の意味における，当事者との間の法的または事実上の関連は存在しないからである。」[48]

　ドイツ民法施行法第 40 条 1 項 1 文によれば，原則として不法行為の準拠法

_____

(48)　NJW 46/2009, S. 3372.

は損害賠償責任を負う当事者が事業を行う国の法となる。したがって，この原則によれば，Yがラトヴィアにおいて事業を行う本件においてはラトヴィア法が準拠法となる。しかし，ドイツ民法施行法第40条1項2文によれば，損害を受けた当事者は損害が生じた国の法の適用を主張することができる。Xは訴状においてドイツ法に依拠しているため，本件においては損害が生じた国の法として，第40条1項2文によりドイツ法が準拠法となると判示された。

　なお，ドイツ民法施行法第40条は不法行為に関する回避条項であるが，本件においては同条所定のドイツ以外の国との「本質的により密接な関連」の存在は認められないとして，その適用は否定された。

　(d) Xの差止請求権の有無

　以上のように，Yの濫用的条項の使用は不法行為として性質決定され，ローマⅡ規則施行前，施行後のいずれに締結される契約についても，損害が生じる地の法としてドイツ法が適用されることとなった。続いて争点とされたのは，消費者保護団体たるXに濫用的条項の使用の差止請求権が認められるかという点である。以下はこの点に関する連邦通常裁判所の判旨である。

　　「Xの主張する差止請求がドイツ実質法に服すということは，当該条項の有効性もドイツ実質法に従うべきことを同時に意味するわけではない。むしろ，当該条項の有効性は特別の連結に服すべきである。以上の点は，差止請求訴訟法第1条および第4a条に関する総合的な判断から導き出される。Xが非難する条項が，民法第307条ないし309条により，つまりドイツ実質法により無効となるという事例につき，差止請求訴訟法第1条は当該条項の使用中止を求める訴えを根拠付ける。他方，国内において侵害された消費者保護規定が，差止請求訴訟法第1条，第2条に列挙されるドイツ法上の規定には属さないという特定の事例についても，差止請求訴訟法第4a条は当該条項の使用中止を求める訴えを認める。

　　差止請求訴訟法第4a条によれば，共同体内において，消費者保護法の実施を所管とする国家官庁の協力に関する2004年10月27日規則（EG）2006/2004号[49]（以下，「消費者保護のための協力に関する規則」）に違反した者は，その

────────────

(49) Verordnung (EG) Nr.2006/2004 vom 27. Oktober 2004 über die Zusammenarbeit zwischen den für die Durchsetzung der Verbraucherschutzgesetze zuständigen nationalen Behörden.

◆ 第1章 ◆ 歴史的前史

使用の中止を請求されうる。差止請求訴訟法第4a条1項は，消費者保護のための協力に関する規則に付帯する規則や指令がその都度国内法に変換され，その国内法に対する違反が国境を越えて行われる場合に，差止請求訴訟法第3条1項に関連する第4a条2項所定の指示を超えて，第3条1項に列挙される請求権を有する適格な団体がそうした違反に対する措置をとることを可能にする。国内企業が共同体のその他の加盟国において消費者保護に関する規定に違反した場合だけでなく，共同体法上の諸規定あるいは共同体法を根拠として公布された，その他の加盟国の企業が属する国の法（Heimatrecht）中の諸規定であって，かつ，その企業の事業のために重要となる諸規定が，国内にない場合にも，消費者保護団体は企業に請求を行うことができる。

共同体内において消費者保護の侵害があった場合における消費者保護法の実施のための法律[50]により，差止請求訴訟法に第4a条が2006年12月21日に導入された。当該法律は消費者保護のための協力に関する規則の実施のために役立つ。ドイツの団体は外国法上の違反を訴える当事者適格（Aktivlegitimation）を有しないと裁判上判断された後，立法者は以下のように考えた。すなわち，国内に本拠を有し，国境を越えて活動する企業が他の加盟国の市場において消費者の法的利益を侵害した場合に，国内の適格な団体（特に消費者団体）がそうした侵害に対して措置を講じる余地がないということが，国家官庁間の協力を妨げていると立法者は考えた。実質的な差止請求の創設により，国内に本拠を有する企業に対する差止請求を可能にすることが立法者の目的であった。

差止請求訴訟法第3条1項1号の文言によれば，同規定の意味における適格な団体に認められる差止請求権は以上の事例に限定されない。むしろ，消費者保護のための協力に関する規則第3条b号の意味における，消費者利益の保護を目的とする法律に対して共同体内で違反があったことのみが要件である。差止請求訴訟法第1条，第2条に列挙されるドイツ法の諸規定とは異なる，消費者保護に関する規定に国内企業が違反した場合にも，そのような違反は認められうる。以上の点は集団訴訟（Verbandsklage）の目的に沿う。消費者を保護する法規定に違反するような無効な普通取引約款および取引方法から，個人の利益を保護する際に，集団訴訟はその保護を補完する。消費者保護団体は，公共の利益（Allgemeininteresse）を考慮し，法的取引（Rechtsverkehr）から無効な普通取引約款が除外され，消費者の利益が維持されることに対して配慮すべきである。集団訴訟のこうした目的を考慮すれば，国内において消費者保護に関する法律に対して違反があった場合に，その消費者保護に関する法律がド

---

(50) Gesetz über die Durchsetzung der Verbraucherschutzgesetze bei innergemeinschaftlichen Verstößen vom 21. Dezember 2006.

◇ 第2節 ◇ 裁 判 例

イツ法であるかその他の国の法であるかにかかわらず，消費者保護団体の請求
権を認めなければならない。それゆえ，少なくとも，消費者保護に関するドイ
ツの法律に対する違反があった場合にのみ差止請求訴訟法第2条の適用範囲が
限定されることはない。差止請求訴訟法第2条により本件の集団訴訟の請求権
を根拠付けることができないのは，単に，差止請求訴訟法第2条1項が，普通
取引約款の使用または推奨（Empfehlung）とは異なる方法により消費者保護法
（Verbraucherschutzgesetz）の違反が行われることを前提とするからである。
しかし，消費者保護がドイツの法律により保障されるか，あるいはその他の共
同体加盟国の消費者保護に関する法律により保障されるかという点が，消費者
利益の保護の可否に影響するといえるための根拠を，差止請求訴訟法第2条に
も，また，同法第4a条にも見出すことはできない。
　　ドイツ法上の消費者保護に関する規定に対して違反があったのか，あるいは，
差止請求訴訟法第4a条に規定されるその他の国の消費者保護に関する規定に対
して違反があったのかという点にかかわらず，ドイツ実質法により集団訴訟の
請求権が認められるとすれば，普通取引約款の有効性を確定するにあたっては
独立の抵触法上の連結が必然的に行われる。普通取引約款の有効性の判断には
契約準拠法が適用される。」(51)

　差止請求訴訟法第1条によれば，同法第3条によりその資格を認められる団
体は，ドイツ民法第307条ないし309条により無効となる普通取引約款中の条
項についてその使用の差止を請求することができるとされる。控訴裁判所は差
止請求訴訟法第1条によりXの差止請求権を認めた。これに対し，連邦通常
裁判所は，Yが使用する条項の有効性はラトヴィア法により判断すべきであ
り，ドイツ民法第307条ないし309条により無効となる条項を対象とする差止
請求訴訟法第1条を本件において適用することはできないと判断した。
　もっとも，連邦通常裁判所は，差止請求訴訟法第4a条によりXの差止請求
権を肯定した。差止請求訴訟法第4a条によれば，消費者の利益の保護を目的
とする法律に共同体において違反した事業者（消費者保護のための協力に関す
る規則第3条b号）に対して，差止請求を行うことができるとされる。それ
ゆえ，第4a条により，ドイツ国内に本拠を有しない事業者がドイツの消費者
保護法に違反しておらずとも，その属する国の消費者保護法にドイツ国内にお
いて違反すれば，当該事業に対して差止請求を行うことができると連邦通常裁

(51)　NJW 46/2009, S. 3373.

89

◆ 第 1 章 ◆ 歴史的前史

判所は判示した。すなわち，事業者が違反する消費者保護に関する規定が，ドイツ法であるかその他の加盟国の法であるかにかかわらず，ドイツ国内において違反が行われる場合には，消費者保護団体の差止請求権を認めるという理解である。第 4a 条に関するこのような解釈の根拠としては，①そのように解釈することが集団訴訟の目的に沿うこと，②消費者保護団体は，公共の利益を考慮し，無効な普通取引約款の排除，消費者の利益の維持に配慮しなければならないこと，これらが挙げられている。

差止請求訴訟法第 4a 条に関する以上の解釈のもと，Y の使用する条項がラトヴィア法により無効となる場合には，当該条項の使用差止請求権が X に認められると判示された。

（e）条項の有効性の準拠法，契約準拠法

Y による濫用的条項の使用は不法行為として性質決定され，その準拠法は損害が生じた地あるいは生じるおそれのある地の法としてドイツ法であると判断された。上記の判旨の引用においてすでに明らかなように，Y が使用する当該条項の有効性は契約準拠法たるラトヴィア法により判断すべきであるとされた。以下，契約準拠法はラトヴィア法であるとした連邦通常裁判所の判旨について説明する。

（i）ドイツ民法施行法第 29 条 2 項

連邦通常裁判所は，消費者契約の準拠法について定めるドイツ民法施行法第 29 条 2 項の適用の可否について以下のように判示した。

　　「ドイツ民法施行法第 29 条 4 項 1 号所定の運送契約に関する特則があるため，Y により締結される航空運送契約の準拠法を判断するにあたってドイツ民法施行法第 29 条 2 項は適用されない。」(52)

ドイツ民法施行法第 29 条 2 項によれば，準拠法に関する合意が行われていない場合，消費者契約は消費者の常居所地法による。同規定を本件に適用すれば，ドイツに常居所を有する旅客の航空運送契約はドイツ法によることとなる。もっとも，ドイツ民法施行法第 29 条 4 項 1 号によれば，運送契約は第 29 条 2

---

(52)　NJW 46/2009, S. 3373.

◇ 第 2 節 ◇ 裁 判 例

項の規律対象から除外される。そのため，Ｙが予約を受け付けている旅客運
送契約にドイツ民法施行法第 29 条 2 項を適用し，旅客の常居所地法たるドイ
ツ法を契約準拠法とすることは否定された。

（ii） ドイツ民法施行法第 34 条

続いて，連邦通常裁判所は，ドイツ民法施行法第 34 条の適用の可否につい
て以下のように判示した。

「適用されるべき実質法について判断するにあたってドイツ民法施行法第 34 条
も適用されない。契約の準拠法の如何にかかわらず適用される，ドイツ民法施
行法第 34 条を適用するためには，問題となる規定が，当事者間の対立する利益
の保護，調整に役立ち，それゆえ，当事者の個別的利益のために役立つだけで
はなく，それと同時に明確な公共の福祉をも追求していることが原則として必
要となる。これに対し，民法第 307 条ないし 309 条は，普通取引約款を使用す
る者の契約の相手方であって，構造的により弱い立場にある当事者を，普通取
引約款の使用に伴って典型的に生じる危険から保護することを目的としている。
一方の当事者が，様式化された，公正性に対する保障を損なうような契約条件
を使用することにより，契約締結の自由を一方的に享受することは防止される
べきである。民法第 307 条ないし 309 条の諸規定により場合によっては公共の
福祉が反射的に保護される。しかし，このことはドイツ民法施行法第 34 条の適
用を根拠付けるには不十分である。民法第 307 条ないし 309 条が共同体法に由
来しているという点によっても，民法第 307 条ないし 309 条が国際的に効力を
有することを導き出すことはできない。いずれにせよ，民法第 307 条ないし 309
条の基礎にある指令が明白な抵触規則を含んでおらず，単に最低限の基準を定
めているに過ぎない場合，その最低限の基準を超えて国内法に変換された法に
国際的な強行規定としての性質を認めることはできない。本件において重要と
なる民法第 309 条 1 号の規定は，そのような最低限の基準を超えて国内法に変
換された法である。そのような国内法が内容とする保護は，消費者契約上の濫
用的条項に関する指令の附則の第 1 （1） 号所定の，拘束力のない指示を超える
ものである。」[53]

ドイツ民法施行法第 34 条は，「本節の規定（筆者注：契約債務に関する第
27 条から第 37 条）は，契約準拠法の如何にかかわらず事案について強行的に
規定するドイツ法の諸規定の適用を妨げない」と規定する。すなわち，民法第

---

(53) NJW 46/2009, S. 3373 f.

◆ 第 1 章 ◆ 歴史的前史

307 条ないし 309 条は普通取引約款の有効性について規定するドイツ実質法であるが，これらの規定がドイツ民法施行法第 34 条所定の「契約準拠法の如何にかかわらず事案について強行的に規定するドイツ法の諸規定」とみなされれば，契約準拠法の如何にかかわらず，Y の使用する条項の有効性に関して民法第 307 条ないし 309 条を適用することが可能となる。連邦通常裁判所は，ドイツ民法施行法第 34 条の適用要件として，「問題となる規定が，当事者間の対立する利益の保護，調整に役立ち，それゆえ，当事者の個別的利益のために役立つだけではなく，それと同時に明確な公共の福祉をも追求していること」を求め，民法第 307 条ないし 309 条はこのような要件を満たさないと判断した。その根拠は，第一に，これらの規定の趣旨は，「普通取引約款を使用する者の契約の相手方であって，構造的により弱い立場にある当事者」，すなわち消費者を，「普通取引約款の使用に伴って典型的に生じる危険から保護すること」にあることに求められている。すなわち，普通取引約款に対する規制により消費者の保護を図ることは，「当事者の個別的利益のために役立つ」だけであり，「明確な公共の福祉を追求」することにはならない，との判断である。第二の根拠は，民法第 307 条ないし 309 条は共同体法に由来するものの，明白な抵触規則を含まない，単に最低限の基準を定めているに過ぎない指令の最低限の基準を超えて国内法に変換された法であり，国際的な強行規定とはいえない，と説明されている。

(iii) ドイツ民法施行法第 28 条 1 項，2 項（および第 31 条 1 項）

連邦通常裁判所は，最終的に，ドイツ民法施行法第 28 条 1 項，2 項，および，第 31 条 1 項により，Y が使用する条項の有効性は，Y の営業所の所在地であるラトヴィアの法によると判断した。以下はその点に関する判旨である。

> 「準拠法が選択されていない場合，ドイツ民法施行法第 28 条 1 項，第 31 条 1 項により，準拠法が決定される。第 28 条 1 項 1 文によれば，契約は最も密接な関係を示す国の法による。本件においてそれはラトヴィアである。
> 　ドイツ国際私法上，旅客の航空運送契約に関する特別の規定はない。それゆえ，ドイツ民法施行法第 28 条 2 項 1 文，2 文により，営業活動において特徴的給付を履行すべき当事者が契約締結時に主たる営業所を有していた国との間に契約は最も密接な関係を示すと推定される。旅客の航空運送契約における特徴

92

◇第2節◇　裁 判 例

的給付は運送債務であり，本件においてはラトヴィアに主たる営業所を有する
Yの債務である。ベルリンに所在する事務所の地に連結されるべきではない。
単に航空券を発行するだけの独立していない店舗（Geschäftsstelle）は第28条
2項2文の意味における営業所（Niederlassung）とみなされるべきではない。
それゆえ，第28条2項の推定によれば，Xが異議を唱えている条項のもとで締
結されうる契約はラトヴィアとの間に最も密接な関係を示す。」(54)

　ドイツ民法施行法第31条1項は，契約中の条項の有効性は契約準拠法によ
ると規定する。したがって，契約準拠法の如何が争点となる。連邦通常裁判所
は，契約準拠法について判断するため，ドイツ民法施行法第28条1項，2項
に依拠した。本件において特徴的給付を履行すべき当事者は運送債務を負う
Yである。そのため，ドイツ民法施行法第28条1項，2項により，Yの主た
る営業所が所在するラトヴィアが最密接関連地となり，契約準拠法はラトヴィ
ア法となると判断された。なお，Yはドイツに事務所を有するが，単に航空
券を発行するだけの機能を有するに過ぎないとして，ドイツ民法施行法第28
条2項所定の「営業所（Niederlassung）」とは認められなかった。

　(iv)　ドイツ民法施行法第28条5項

　以上のように，連邦通常裁判所は，ドイツ民法施行法第28条2項により，
航空会社Yの主たる営業所の所在地であるラトヴィアが最密接関連地である
と判断した。もっとも，同条5項により，その他の地がより密接な関係を有す
る地となる余地がある。この点，控訴裁判所の判断とは対照的に，連邦通常裁
判所は，本件におけるドイツ民法施行法第28条5項の適用を否定した。以下
はこの点に関する判旨である。

　　「ドイツ民法施行法第28条2項によりラトヴィアが最密接関連地となるという
　　推定は覆されない。この推定が覆されるのは，第28条5項により，契約がその
　　他の国との間により密接な関係を示すことがすべての事情から判断して明らか
　　である場合に限られる。第28条2項から4項所定の推定は一定の法的安定性を
　　保障し，法の適用を容易にする。それゆえ，第28条5項は例外的な場合にのみ
　　用いられるべきである。その例外的な場合は以下の場合に示される。すなわち，
　　推定により指定される連結素（Ankunüpfungsmoment）をその重要性において

————————————————
(54)　NJW 46/2009, S. 3374.

93

◆ 第1章 ◆ 歴史的前史

明白に上回る連結視点（Ankunüpfungsgesichtspunkt）が，推定される法とは異なる法の適用を導き，給付の交換（Leistungsaustausch）に関するその他の中心（Zentrum）が明らかにされる場合である。第28条2項の推定に反してドイツ法の適用を根拠づけるほどに重要な事情は，総合的に判断して本件においては存在しない。

控訴裁判所は，必要となるすべての事情について評価を行う際に，締結が意図された契約の交渉の性質および方式について適切に考慮した。ドイツ語で書かれ，「de」のドメインを使用したYのインターネットサイトは，ドイツに居住する顧客を意図して対象としたものであった。このことは完全にドイツとの関係を示す。しかし，契約締結のこうした方式のみでは，ドイツ民法施行法第28条5項の意味におけるより密接な関係を根拠づけるには十分ではない。Yが控訴理由として主張するところによれば，役務提供の自由（Dienstleistungsfreiheit）の侵害について控訴裁判所は判断を回避した。この事情も以上の点を肯定する。

債務が事実上履行される地はドイツとの間に関連を示さない。まず，Yは自身のインターネットサイトにおいて，ドイツを出発地あるいは到着地とする航空便だけではなく，自身が展開する多種の航空便プログラム（Flugprogramm）のすべてについて，申込を受け付けていた。さらに，旅客の航空運送契約における特徴的給付は，すべての航空区間において同じように履行されるものであり，国境を越えた航空運送が問題となる場合であっても特定の地においてのみ重点的に一義的に履行されるものではない。運送債務の履行が本質的に前提とする，航空機および乗務員の準備，乗客の受入れ，定刻での離陸，これらは出発地において行われるため，契約債務の履行にとって本質的な重点（Schwerpunkt）は出発地にあることが場合によっては肯定されると主張されるが，この点は明らかではない。最後に着陸する地として契約上合意された地（目的地）はドイツとの関係を示すという基準を控訴裁判所は採用した。しかし，本件においても当該事情はドイツとの間の関連を明確に裏付ける兆候とはならない。確かに，「de」のドメインを使用したYのインターネットサイト上の申込の募集はドイツ人の顧客に向けられているものである。しかし，だからといって，ドイツ人の顧客が常にドイツから往路便および復路便を予約するわけではない。また目的地がドイツの国外に所在することも容易にありうる。

控訴裁判所の考えに反して，普通取引約款に対する規制により図られる保護，特に消費者保護は，ドイツとの間のより密接な関係を根拠づけることはできない。消費者は自身の常居所地の法が適用されることを期待できるという考えは，ドイツ民法施行法第29条2項の規定目的を映し出すものである。ドイツ民法施行法第29条2項は，消費者契約の連結について規定するが，同条第4項により

◇ 第2節 ◇ 裁 判 例

運送契約には適用されない。今後ローマⅠ規則第5条2項により指定される準拠法とは異なり，ドイツ民法施行法第29条4項1号の立法者（Gesetzgeber），および，その基礎をなしているローマ条約第5条4項a号の契約当事者（Vertragsparteien）は，運送契約における消費者保護に明確に重大な意味を与えなかった。ドイツ民法施行法第28条5項の意味におけるより密接な関係を確定する際に主要な手掛かりとして消費者保護の考え方を引き合いに出せば，ドイツ民法施行法第29条4項1号，および，ローマ条約第5条4項a号所定の法的な評価は損なわれてしまう。

　それゆえ，ドイツ民法施行法第28条5項の回避条項の適用の余地は認められない。なぜなら，必要となる総合的な判断を行った結果，ドイツとの間に関係を示す連結点は，第28条2項所定の推定により示される連結素と比較して明らかに強くその重要性を示すわけではないからである。……」[55]

　連邦通常裁判所は，ドイツ民法施行法第28条5項の適用要件として，「推定により指定される連結素を重要性において明白に上回る連結視点が，推定される法とは異なる法の適用を導き，給付の交換に関するその他の中心が明らかにされる」ことを求めている。連邦通常裁判所が示したこのような基準はきわめて抽象的であるが，第28条5項の適用の可否について判断するにあたって，具体的には以下の事情が言及された。まず，ドイツ語で記載され，「de」のドメインを使用したインターネットサイトにおいてYは当該条項を規定しているという事情が言及された。連邦通常裁判所は，このような事情はドイツとの関係を示すとしながらも，こうした契約締結の方式に関する事情のみをもって第28条5項の適用を肯定することはできないと説明している。続いて言及されたのは履行地である。連邦通常裁判所は，Yの運送債務の履行地をドイツとすることはできないとして，履行地を根拠として第28条5項を適用することはできないと判断した。ドイツを履行地と評価することができない理由は以下の四点に求められている。すなわち，①Yは当該インターネットサイトにおいてドイツ以外の地を出発地あるいは到着地とする航空便の申し込みも受け付けていること，②国境を越えた航空運送においては特定の地においてのみ重点的に一義的に航空運送債務が履行されるわけではないこと，③航空機および乗務員の準備，乗客の受入れ，定刻での離陸，これらが出発地で行われること

---

(55)　NJW 46/2009, S. 3374 f.

◆ 第1章 ◆　歴史的前史

を理由として出発地に契約債務の履行上の「本質的な重点」があるという点は
明らかではないこと，④Ｙが提供するすべての航空便がその最終的な目的地
をドイツとしているわけではないこと，これらの理由により，ドイツを履行地
とすることはできないと判断した。ドイツ民法施行法第28条5項を適用でき
ない理由として第三に挙げられたのは，消費者保護に関する事情である。控訴
裁判所は，ドイツにおける消費者保護を一つの理由としてドイツ民法施行法第
28条5項の適用を肯定したのに対し，連邦通常裁判所は同規定の適用過程に
おいて消費者保護を考慮することを明確に否定した。既述のように，ドイツ民
法施行法第29条2項は消費者契約に関する特則であり，消費者の常居所地法
を準拠法とする。ただし，同条4項1号により運送契約はその適用対象外とさ
れる。また，ドイツ民法施行法第29条2項がその基礎を置くローマ条約第5
条4項a号も，運送契約に関して旅客の常居所地を連結点としていない。連邦
通常裁判所は，これらの規定内容を踏まえれば，旅客運送契約における消費者
保護は立法上意図されていないことが明らかであり，それゆえドイツ民法施行
法第28条5項において旅客の保護を図れば，ドイツ民法施行法第29条4項1
号およびローマ条約第5条4項a号の意義が損なわれると判示した。そして，
ドイツにおける消費者保護を理由とするドイツ民法施行法第28条5項の適用
を否定した。

　以上のように，連邦通常裁判所は，ドイツ民法施行法第28条5項の適用過
程において消費者保護については考慮しないと明確に判示した。その根拠は，
運送契約には消費者契約に関する特則を適用しないとするドイツ民法施行法第
29条4項1号およびローマ条約第5条4項a号の意義が損なわれる点に求め
られている。しかし，回避条項たるドイツ民法施行法第28条5項の趣旨は，
明文化された原則的連結によっては導き出すことができない妥当な結果を原則
的連結の回避により導き出す点にある。そうであるとすれば，以下の点のみを
もって，すなわち，回避条項たるドイツ民法施行法第28条5項の適用過程に
おいて消費者保護を考慮し，消費者の保護に資する地に修正的に連結すること
は，明文上の規定たるドイツ民法施行法第29条4項1号およびローマ条約第
5条4項a号の規定内容に反するという点のみをもって，ドイツ民法施行法第
28条5項の適用過程において消費者保護を図ることを否定することはできな

いであろう。むしろ，明文化された連結点の回避を回避条項に認めなければ，
例外的事例の蓄積によって新たな連結規則を生み出すという回避条項の創造的
機能は失われることとなる。また，ドイツ民法施行法第28条5項の適用過程
において消費者保護を図り，旅客運送契約については消費者たる旅客の保護に
資する地を「より密接な関係」を有する地とした場合にも，運送契約には消費
者契約に関する特則を適用しない旨定めたドイツ民法施行法第29条4項1号
およびローマ条約第5条4項a号の意義が完全に失われるわけではない。とい
うのも，旅客運送契約以外の運送契約，すなわち物品運送契約には依然として
ドイツ民法施行法第29条4項1号およびローマ条約第5条4項a号が適用さ
れるからである。

　さらに，連邦通常裁判所は，本件においてはドイツを履行地と判断すること
はできないため，ドイツ民法施行法第28条5項によりドイツを「より密接な
関係」を有する地とすることはできないと判示したが，このような説明の前提
には，「より密接な関係」の存在を示す手掛かりとして履行地を考慮するとの
連邦通常裁判所の理解があるようにも思われる。もっとも，ドイツ民法施行法
第28条5項の適用過程において履行地は考慮されないが，履行地が考慮され
るとしてもドイツとの関係を示すことはないとの予備的な説明である可能性も
ある。なお，連邦通常裁判所は，本件においてドイツを履行地とすることがで
きない根拠の一つとして，国境を越えた航空運送においては特定の地において
のみ重点的に一義的に航空運送債務が履行されるわけではないことを挙げてい
る。こうした説明からは，国際的な航空運送契約が問題となる場合には履行地
を一つの地に確定することができないとの連邦通常裁判所の理解がうかがわれ
る。そうであるとすれば，仮にその他の契約においては履行地が「より密接な
関係」の存在を裏付ける事情として理解する場合においても，国際的な航空運
送契約においては「より密接な関係」の存在を示す手掛かりとして履行地を用
いることはできないこととなる。

## ◆ 第3節 ◆ 検 討

　以下では，まず，これまでに紹介，考察した六件の概要について整理する。

97

◆第1章◆　歴史的前史

続いて，これらの裁判例が提起する問題について，当事者の契約締結目的を考慮することの適否，旅客運送契約における弱者保護の政策的配慮，「より密接な関係」の有無の判断基準を支える政策的根拠，これらの順に検討する。


## 1　裁判例の概要の整理

### (1) 連邦通常裁判所 2004 年 7 月 26 日判決（表 1）

X（設立地：イギリス，本拠地：フィリピン）は，Y（設立地：ドイツ）が債権譲渡に関する仮契約を不当に拒否したと主張し，Y に損害賠償を請求した。請求原因は明らかではないが，債務不履行であると思われる。連邦通常裁判所は，ドイツ民法施行法第 28 条 5 項の適用により，ドイツ法を回避し，フランス法を準拠法とした。そして，X の請求を棄却した上級地方裁判所の判決を破棄し，本件を差し戻した。

### (a) 法律関係の性質決定

本件につきドイツ民法施行法第 28 条が適用されたことを踏まえれば，本件仮契約の有効性は，同規定所定の「契約」という単位法律関係に包摂されると判断されたことが明らかである。もっとも，その前提には，「契約の成立および効力」は「契約または条項が有効とされる場合に適用される法」による旨を規定するドイツ民法施行法第 31 条 1 項の適用がある。すなわち，より詳細にみれば，本件仮契約の有効性は「契約の成立および効力」として性質決定されたといえる。

### (b) ドイツ民法施行法第 28 条 1 項，2 項，3 項

本件では，債権契約に関するドイツ民法施行法第 28 条 2 項，および，物権契約に関するドイツ民法施行法第 28 条 3 項，これらのいずれが適用されるかという点が一つの争点とされた。というのも，X の契約締結の真の目的はフランスに所在する土地に設定された抵当権の取得にあったからである。連邦通常裁判所は，債権譲渡を内容とする本件仮契約の対象は債権であるとして，債権契約の準拠法について規定するドイツ民法施行法第 28 条 2 項を適用した。ドイツ民法施行法第 28 条 2 項によれば，本件においては債権の譲渡人たる Y の営業所が所在する地の法，すなわちドイツ法が契約準拠法となる。

98

◇ 第 3 節 ◇ 検　討

(c) ドイツ民法施行法第 28 条 5 項

連邦通常裁判所は，結論として，ドイツ民法施行法第 28 条 5 項により，ドイツ法を回避し，フランス法を準拠法とした。

連邦通常裁判所は，ドイツ民法施行法第 28 条 5 項を適用するにあたり，同規定はドイツ民法施行法第 28 条 2 項ないし 4 項に「劣後」するか，それとも「同等の地位を有する」のかという問題を取り上げた。「劣後」するということの意味は，「例外的場合」においてのみ用いられるということであると思われる。連邦通常裁判所は，この点について，「本件においては，この問題について判断する必要はない」としながらも，他方において「原則規定たるドイツ民法施行法第 28 条 2 項から 4 項がドイツ民法施行法第 28 条 5 項に対して優先され，第 28 条 5 項が適用されるのは例外的場合でなければならない」とも述べており，結論としては，第 28 条 5 項は第 28 条 2 項ないし 4 項に「劣後」すると考えているように推測される。

連邦通常裁判所が第 28 条 5 項の適用過程において重視した事情を踏まえれば，第 28 条 5 項の適用基準として，「① X（譲受人）の債権譲渡契約締結の真の目的がフランスに所在する土地に設定された抵当権の取得にあったこと，②契約がフランスの公証人によって公証されるはずであったこと，これらの事情が存在するとき，契約はフランスとの間により密接な関係を示す」という基準が示されたと考えられる。なお，当事者間の契約がフランス語で記録されたこと，売買価格がフランス通貨で定められたこと，そして両当事者にフランスの弁護士が関与していること，これら三つの事情が，上記の②の事情とは独立して存在する事情として考慮されていたのであれば，上記の適用基準の要件にこれら三つの事情が追加されることとなる。

なお，連結が回避されたドイツとの間に関係を有する事情としては以下のものが挙げられた。すなわち，①（譲渡の対象たる）被担保債権が生じる原因となった契約の準拠法としてドイツ法が合意されていたこと，②ドイツ民法施行法第 33 条 2 項により債権譲渡の要件および効果（「譲渡可能性，新債権者・債務者間の関係，譲渡が債務者に対して対抗され得る要件，および債務者による給付がもたらす債務免除の効力」）の準拠法はドイツ法となること，③ Y の本拠地はドイツにあること，これら三点の事情である。これらの事情は「わずか

99

◆第1章◆　歴史的前史

な重要性しか持たない散発的な側面」に過ぎないと判断された。なお，フランスおよびドイツ以外の国と関係する事情としては，Xの本拠地がフィリピンに所在すること，および被担保債権の債務者がルクセンブルク法上の会社であることが挙げられた。

表1　連邦通常裁判所 2004 年 7 月 26 日判決

|  | 判旨 | 筆者による補足 |
|---|---|---|
| 原告 | 会社（債権の譲受人）（設立地：アンギラ島（イギリス自治領））（本拠地：フィリピン） | |
| 被告 | 銀行（債権の譲渡人）（設立地：ドイツ） | |
| 請求原因 | 債務不履行 | |
| 請求趣旨 | 損害賠償請求 | |
| 請求の認否 | Xの請求を棄却した控訴裁判所の判決を破棄，差し戻し | |
| 争点 | Yの仮契約上の債務不履行の有無，損害賠償責任の有無 | |
| 性質決定 | 「契約の成立および有効性」（ドイツ民法施行法第 31 条 1 項） | 「契約の成立および有効性」は契約準拠法によるとされるため，続いてドイツ民法施行法第 28 条が適用された。 |
| 原則的連結点 | Yの本拠地たるドイツ | |
| 回避条項（ドイツ民法施行法第 28 条 5 項）の適用の有無 | 適用あり | |
| 回避条項により契約が「より密接な関連」を有 | フランス | |

100

| | | |
|---|---|---|
| するとされた地 | | |
| 回避条項の適用過程において考慮された事情 | ①Xの債権譲渡契約締結の真の目的がフランスに所在する土地に設定された抵当権の取得にあったこと，②契約がフランスの公証人によって公証されるはずであったこと（③当事者間の契約がフランス語で記録されたこと，④売買価格がフランス通貨で定められたこと，⑤両当事者にフランスの弁護士が関与していること，これらの事情が，②の事情に付随するかたちで考慮されたとも考えられる。） | ドイツと関係する事情としては以下の事情が挙げられた。①（譲渡の対象たる）被担保債権が生じる原因となった契約の準拠法としてドイツ法が合意されていたこと，②ドイツ民法施行法第33条2項により債権譲渡の要件および効果（「譲渡可能性，新債権者・債務者間の関係，譲渡が債務者に対して対抗され得る要件，および債務者による給付がもたらす債務免除の効力」）の準拠法がドイツ法となること，③Yの本拠地がドイツにあること |

（2）コブレンツ上級地方裁判所2006年3月29日判決（表2）

乗客X1およびその妻X2（住所地：ドイツ，国籍：特に言及されていないためドイツであると思われる）は，航空会社Y（設立地および本拠地：特に言及されていないが，ドイツ以外の国であると推測される）に対し，XY間の旅客運送契約に反して予定通り航空便を運航しなかったとして損害賠償を請求した。請求原因は遅延を理由とする債務不履行である。Yの債務不履行が認められ，Xの請求が認容された。

（a）法律関係の性質決定

本件法律問題はドイツ民法施行法第28条所定の「契約」に該当すると判断された。もっとも，「義務の全部または一部の不履行の効果」は契約準拠法による旨を規定する第32条1項3号についてコブレンツ上級地方裁判所は触れていないが，本件に第28条が適用された背景には第32条1項3号の適用があると推測される。そうであるとすれば，より正確には，本件法律問題は「義務の全部または一部の不履行の効果」に包摂されることとなる。

◆ 第1章 ◆ 歴史的前史

（b）ドイツ民法施行法第28条1項，2項

ドイツ民法施行法第28条2項から4項のうちいずれの規定が適用されたか
という点については言及されていないが，債権契約の最密接関係地について推
定する第28条2項が適用されたと推測される。第28条2項によれば，特徴的
給付を履行すべき当事者がその営業活動において契約を締結した場合には，そ
の当事者の営業所であって，当該債務を履行すべき営業所の所在地国が「契約
が最も密接な関係を示す国」として推定される。特徴的給付の債務者たるY
の営業所の所在地国については言及されていないため，いずれの国が最密接関
連地として推定されたかという点は不明である。

（c）ドイツ民法施行法第28条5項

本件においては最終的にドイツ民法施行法第28条5項の適用によりドイツ
法が契約準拠法とされた。コプレンツ上級地方裁判所が第28条5項の適用過
程において考慮した事情を踏まえれば，同規定の適用基準として，「旅客運送
契約において，①乗客Xの住所がドイツに所在すること，②航空便の出発地
および到着地がドイツに所在すること，これらの事情が存在するとき，ドイツ
を契約がより密接な関係を示す国とする」という基準が示されたと考えられる。
なお，ドイツ以外の国と関係する事情については触れられなかった。コプレ
ンツ上級地方裁判所の第28条5項の適用過程に関しては，ドイツを契約がより
密接な関係を有する地として評価する際に，その比較の対象たる地（第2項所
定の原則的連結により導かれる地）がいずれの地であるかという点が一切触れ
られていない点が特に指摘される。

表2　コプレンツ上級地方裁判所 2006 年 3 月 29 日判決

|  | 判旨 | 筆者による補足 |
|---|---|---|
| 原告 | 乗客<br>（住所地：ドイツ） | 特に言及されていないため，国籍もドイツであると思われる。 |
| 被告 | 航空会社<br>（本拠地，設立準拠地は言及されていないため不明） |  |

◇第3節◇検 討

| 請求原因 | 債務不履行 | |
|---|---|---|
| 請求趣旨 | 損害賠償請求 | |
| 請求の認否 | 認容 | |
| 争点 | Yの債務不履行の有無，損害賠償責任の有無 | |
| 性質決定 | 「契約」<br>（ドイツ民法施行法第28条2項） | より正確には，「義務の全部または一部の不履行の効果」（ドイツ民法施行法第32条1項3号）であると思われる。 |
| 原則的連結点 | 不明<br>（Yの営業所の所在地が不明であるため，原則的に連結されるべき具体的な地も不明である。） | |
| 回避条項（ドイツ民法施行法第28条5項）の適用の有無 | 適用あり | |
| 回避条項により契約が「より密接な関連」を有するとされた地 | ドイツ | |
| 回避条項の適用過程において考慮された事情 | ①乗客Xの住所がドイツに所在すること，②航空便の出発地および到着地がドイツに所在すること | |

(3) 連邦通常裁判所2006年6月29日判決（表3）

運送会社Y（本拠地：ドイツ）は訴外荷送人Z（設立地および本拠地：ドイツ）との間でドイツからアメリカまでの小包の運送を内容とする運送契約を締結したが，Yは運送途中で当該小包を紛失した。Zの運送保険者であるX（本拠地：ドイツ）は，Zから移転された債権に基づき，小包の紛失により生じた

103

◆第1章◆　歴史的前史

損害の賠償をYに請求した。請求原因は債務不履行であると思われる。連邦通常裁判所は，Zの過失を否定してYの損害賠償責任を認めた上級地方裁判所の判断には誤りがあると判示して本件を破棄し，差し戻した。

　(a) 法律関係の性質決定

　本件においては，Yの運送契約上の義務違反の有無が争われた。こうした本件法律問題は，ドイツ民法施行法第27条，第28条所定の「契約」に包摂されると判断された。もっとも，連邦通常裁判所は，第27条，第28条を適用する前提として，「義務の全部または一部の不履行の効果」は契約準拠法による旨を規定するドイツ民法施行法第32条1項3号を挙げている。すなわち，より詳細にみれば，本件法律問題は「義務の全部または一部の不履行の効果」として性質決定されたといえる。

　(b) ドイツ民法施行法第27条

　連邦通常裁判所は，ドイツ民法施行法第27条により，準拠法に関するXY間の黙示的合意の存在を肯定し，本件運送契約の準拠法はドイツ法であると判示した。

　(c) ドイツ民法施行法第28条1項，4項

　もっとも，連邦通常裁判所は，たとえ準拠法に関する合意が行われていなかったとしても，ドイツ民法施行法第28条により本件の準拠法はドイツ法となると述べ，予備的に第28条を適用した。貨物運送契約を規律対象とするドイツ民法施行法第28条4項によれば，貨物運送契約の最密接関連地は，積込地もしくは積降地または荷送人の主たる営業所地であって，かつ，契約締結時の運送人の主たる営業所を有する地である，と推定される。本件においては，積込地およびYの営業所の所在地はドイツであり，本件貨物運送契約の準拠法は第28条に依拠した場合においてもドイツ法となると判断された。

　(d) ドイツ民法施行法第28条5項

　連邦通常裁判所は，ドイツ民法施行法第28条5項の要件は充足されないと判断した。その際，「他の国との間でそのようなより密接な関係が存在するとは思われない」と述べるにとどまり，いかなる事情を考慮したかという点は明らかにされていない。本件事実関係によれば，ドイツに関係する事情としては，① X（保険会社）はドイツに営業所を有すること，② Y（運送人）はドイツ

◇第3節◇検　討

に営業所を有すること，③荷送人 Z はドイツに営業所を有し，設立準拠法も
ドイツ法であること，④積込地がドイツであること，これらの事情が存在する。
ドイツ以外の国に関係する事情としては，本件小包の配達先がアメリカである
こと，小包の受取人がアメリカ法人であること，これらの事情がある。こうし
た連邦通常裁判所の判断からは，積降地および受取人の設立準拠地がともにあ
る国との関連を示す場合においても，これらの事情は第 28 条 5 項の適用過程
において考慮されないことが明らかである。なお，Y は控訴審において小包
が紛失した地はアメリカであると主張したが，この点について上告しなかった
ため，連邦通常裁判所は第 28 条 5 項の適用過程においてこの点について触れ
ていない。

表3　連邦通常裁判所 2006 年 6 月 29 日判決

| | 判旨 | 筆者による補足 |
|---|---|---|
| 原告 | 保険会社<br>（設立地および本拠地：ドイツ） | 荷送人から損害賠償請求権を移転されている。 |
| 被告 | 運送会社<br>（本拠地：ドイツ） | |
| 請求原因 | 債務不履行 | |
| 請求趣旨 | 損害賠償請求 | |
| 請求の認否 | X の請求を認容した控訴裁判所の判決を破棄，差し戻し | |
| 争点 | Y の債務不履行の有無，損害賠償責任の有無 | |
| 性質決定 | 「義務の全部または一部の不履行の効果」（ドイツ民法施行法第 32 条 1 項 3 号） | 「義務の全部または一部の不履行の効果」を判断するにあたって契約準拠法の如何が問題となった。 |
| 原則的連結点 | 積込地および Y の営業所の所在地たるドイツ<br>（ドイツ民法施行法第 28 条 4 | 準拠法に関する黙示的な合意の存在（ドイツ民法施行法第 27 条）が肯定されたため， |

105

◆第1章◆　歴史的前史

| | | 予備的にドイツ民法施行法第28条が適用されたに過ぎない。 |
|---|---|---|
| 回避条項（ドイツ民法施行法第28条5項）の適用の有無 | 適用なし | ドイツ以外の国に関係する事情としては，本件小包の配達先がアメリカであること，小包の受取人がアメリカ法人であること，これらの事情がある。控訴裁判所におけるYの主張によれば小包の紛失地はアメリカであるが，Yがこの点について上告しなかったため，連邦通常裁判所は小包の紛失地については特に言及していない。 |
| 回避条項により契約が「より密接な関連」を有するとされた地 | × | |
| 回避条項の適用過程において考慮された事情 | × | |

　（4）リューベック区裁判所 2007 年 9 月 13 日判決（表4）
　X（国籍：ドイツ）は，航空会社 Y（本拠地：アイルランド）に対し，旅客運送契約上の運送義務に違反して X の搭乗を拒否したとして損害賠償を請求した。請求原因は債務不履行であると思われる。X の請求は認容された。
　（a）法律関係の性質決定
　リューベック裁判所がドイツ民法施行法第 28 条を適用した点を踏まえれば，本件法律問題は同規定が単位法律関係とする「契約」に包摂されると判断されたことが明らかである。もっとも，「義務の全部または一部の不履行の効果」は契約準拠法による旨を規定する第 32 条 1 項 3 号についてリューベック区裁

◇第3節◇検 討

判所は触れていないが，本件に第28条が適用された背景には第32条1項3号の適用があると推測される。そうであるとすれば，より正確には，本件法律問題は「義務の全部または一部の不履行の効果」に包摂されることとなる。

(b) ドイツ民法施行法第28条1項，2項

ドイツ民法施行法第28条2項によれば，契約が特徴的給付の債務者の職務活動あるいは営業活動において締結されたときは，特徴的給付の債務者の営業所であって，当該給付を提供すべきものの所在地が，「契約が最も密接な関係を示す国」と推定される。本件においては，Yが特徴的給付を履行すべき当事者であり，乗客Xをドイツのリューベックからスウェーデンのストックホルムまで運送する義務を契約上負っていた。本件事実関係によれば，Yはドイツに営業所を有さず，アイルランドに主たる本拠を有する。ドイツ民法施行法第28条2項によれば，契約が特徴的給付の債務者の営業活動において締結されたときは，その主たる営業所の所在地が最密接関連地として推定されるため，本件においては，同規定により，アイルランドが最密接関連地として推定されることとなる。

(c) ドイツ民法施行法第28条5項

しかしながら，最終的に，ドイツ民法施行法第28条5項により，契約がより密接な関係を示す地はドイツであると判示された。リューベック区裁判所が第28条5項の適用基準において考慮した事情を踏まえれば，同規定の適用基準として，「旅客運送契約において，①航空会社Yがドイツから業務上の指示を出していること，②航空会社Yがドイツを出発地あるいは到着地とする国際便を提供していること，③乗客Xがドイツ人であること，④乗客Xがドイツ語で書かれたYのインターネット上のサイトで往復便を予約したこと，これら四つの事情が存在するとき，契約はドイツとの間により密接な関係を示す」という基準を示したと考えられる。なお，その他の国に関係する事情については言及されなかった。

107

◆ 第1章 ◆ 歴史的前史

表4 リューベック区裁判所 2007 年 9 月 13 日判決

| | 判旨 | 筆者による補足 |
|---|---|---|
| 原告 | 乗客<br>（国籍：ドイツ） | |
| 被告 | 航空会社<br>（本拠地：アイルランド） | |
| 請求原因 | 債務不履行 | |
| 請求趣旨 | 損害賠償請求 | |
| 請求の認否 | 認容 | |
| 争点 | X の債務不履行の有無，損害賠償責任の有無 | |
| 性質決定 | 「契約」<br>（ドイツ民法施行法第 28 条 1項） | より正確には，「義務の全部または一部の不履行の効果」（ドイツ民法施行法第 32 条 1項 3 号）であると思われる。 |
| 原則的連結点 | Y の本拠地たるアイルランド<br>（ドイツ民法施行法第 28 条 2項） | |
| 回避条項（ドイツ民法施行法第 28 条 5 項）の適用の有無 | 適用あり | |
| 回避条項により契約が「より密接な関連」を有するとされた地 | ドイツ | |
| 回避条項の適用過程において考慮された事情 | ①航空会社 Y がドイツから業務上の指示を出していること，②航空会社 Y がドイツを出発地あるいは到着地とする国際便を提供していること， | |

108

|  |  |
|---|---|
| ③乗客 X がドイツ人であること，④乗客 X がドイツ語で書かれた Y のインターネット上のサイトで往復便を予約したこと | |

（5）ゲルダーン区裁判所 2007 年 11 月 28 日判決（表 5）

乗客 X（住所地：ドイツ）は，航空会社 Y（設立地および本拠地：アイルランド）に対し，旅客運送契約に反して航空便を予定通り運航しなかったとして，損害賠償を請求した。結論として，X の請求は認容された。

（a）法律関係の性質決定

ゲルダーン区裁判所がドイツ民法施行法第 28 条を適用した点から判断すれば，本件法律問題は同条が単位法律関係とする「契約」に包摂されたことが明らかである。もっとも，「義務の全部または一部の不履行の効果」は契約準拠法による旨を規定する第 32 条 1 項 3 号についてゲルダーン区裁判所は触れていないが，本件に第 28 条が適用された背景には第 32 条 1 項 3 号の適用があると推測される。そうであるとすれば，より正確には，本件法律問題は「義務の全部または一部の不履行の効果」に包摂されることとなる。

（b）ドイツ民法施行法第 28 条 1 項，2 項

本件においては，特徴的給付を履行すべき当事者は，旅客の運送債務を負う航空会社 Y である。したがって，ドイツ民法施行法第 28 条 1 項，2 項により，原則として，Y の主たる営業所の所在地，すなわちアイルランドが最密接関連地として推定されることとなる。

（c）ドイツ民法施行法第 28 条 5 項

しかしながら，最終的に，ドイツ民法施行法第 28 条 5 項により，契約がより密接な関係を示す地はドイツであるとされた。すなわち，アイルランド法が回避され，ドイツ法が契約準拠法とされた。ゲルダーン区裁判所が第 28 条 5 項の適用過程において言及した事情を踏まえれば，同規定の適用基準として，「旅客運送契約において，①乗客 X の住所がドイツに所在すること，②乗客 X および航空会社 Y の間で航空便の目的地としてドイツが合意されていたこと，

◆第1章◆　歴史的前史

③航空便の目的地たるドイツにおいて航空会社 Y の業務が遂行されたこと，これら三点の事情が存在するとき，契約はドイツとの間により密接な関係を示す」という判断基準が示されたと考えられる。その他の国に関連する事情については触れられていない。

表5　ゲルダーン区裁判所 2007 年 11 月 28 日判決

|  | 判旨 | 筆者による補足 |
|---|---|---|
| 原告 | 乗客<br>（住所地：ドイツ） | 特に言及されていないため，国籍もドイツであると思われる。 |
| 被告 | 航空会社<br>（設立地および本拠地：アイルランド） |  |
| 請求原因 | 債務不履行 |  |
| 請求趣旨 | 損害賠償請求 |  |
| 請求の認否 | 認容 |  |
| 争点 | Y の債務不履行の有無，損害賠償責任の有無 |  |
| 性質決定 | 「契約」<br>（ドイツ民法施行法第 28 条 1 項） | より正確には，「義務の全部または一部の不履行の効果」（ドイツ民法施行法第 32 条 1 項 3 号）であると思われる。 |
| 原則的連結点 | Y の本拠地たるアイルランド<br>（ドイツ民法施行法第 28 条 2 項） |  |
| 回避条項（ドイツ民法施行法第 28 条 5 項）の適用の有無 | 適用あり |  |
| 回避条項により | ドイツ |  |

◇第3節◇ 検 討

| 契約が「より密接な関連」を有するとされた地 | | |
|---|---|---|
| 回避条項の適用過程において考慮された事情 | ①乗客 X の住所がドイツに所在すること，②乗客 X および航空会社 Y の間で航空便の目的地としてドイツが合意されていたこと，③航空便の目的地たるドイツにおいて航空会社 Y の業務が遂行されたこと | |

(6) 連邦通常裁判所 2009 年 7 月 9 日判決（表6）

　消費者保護団体たる X（ドイツ法上の団体）は，ベルリンを出発地または到着地とする航空便を提供する航空会社 Y（本拠地：ラトヴィア，ただしベルリンに事務所を有する）に対し，普通取引約款中の濫用的条項の使用の差止を請求した。控訴裁判所は X の請求を認容したが，連邦通常裁判所は，控訴裁判所が当該条項の有効性についてドイツ法を適用した点に誤りがあるとして控訴裁判所の判断を破棄し，差し戻した。

　(a) 法律関係の性質決定

　Y が使用する条項の有効性は，第31条1項所定の「契約の成立および有効性」として性質決定された。そして，第31条1項によれば「契約の成立および有効性」は契約準拠法によるため，契約準拠法の如何が問題となった。

　(b) ドイツ民法施行法第29条2項

　ドイツ民法施行法第29条2項は，準拠法選択を欠く消費者契約につき消費者の常居所地を連結点とする。もっとも，運送契約を第29条2項の適用対象外とする第29条4項により，第29条2項の適用は否定された。

　(c) ドイツ民法施行法第34条

　ドイツ民法施行法第34条は，ドイツ法上の国際的強行規定の適用を定めるが，本件において問題となるドイツ民法309条（普通取引約款の規制に関する実質法）は国際的強行規定であるとは認められないとしてその適用を否定され

◆ 第1章 ◆　歴史的前史

た。

　(d)　ドイツ民法施行法第28条1項，2項

　本件において有効性が争われている当該条項が規定されているのは，航空会社 Y および旅客の間で締結される旅客の航空運送契約であり，特徴的給付を履行すべき当事者は運送債務を負う Y である。それゆえ，ドイツ民法施行法第28条1項，2項により，原則として，Y の常居所地たるラトヴィアが最密接関連地として推定されることとなる。

　(e)　ドイツ民法施行法第28条5項

　連邦通常裁判所は，ドイツ民法施行法第28条5項の一般的な適用基準として，「推定により指定される連結素を重要性において明白に上回る連結視点が，推定される法とは異なる法の適用を導き，給付の交換に関するその他の中心が明らかにされる場合」に同規定を適用すると判示した。本件においては，控訴裁判所の結論にみられるように，第28条5項の適用により，ラトヴィア法が回避され，ドイツ法が契約準拠法とされる余地があった。しかしながら，連邦通常裁判所は結論として第28条5項の適用を否定した。連邦通常裁判所によれば，ドイツ語で記載され「de」のドメインを使用した自身のインターネットサイトを使用して Y は航空便の予約を受け付けていること，履行地，ドイツ国内における消費者保護，これらをもってドイツを契約がより密接な関係を有する地とすることはできないとされた。

　連邦通常裁判所は本件においては履行地をドイツとすることはできないと判断した。その根拠は，①航空会社 Y は自身のインターネットサイトにおいて，ドイツを出発地あるいは到着地とする航空便だけではなく，自身が展開する多種の航空便プログラム（Flugprogramm）のすべてについて申込を受け付けていたこと，②国境を越えた航空運送が問題となる場合には特定の地においてのみ重点的に一義的に運送債務が履行されるものではないこと，③運送債務の履行が本質的に前提とする，航空機および乗務員の準備，乗客の受入れ，定刻での離陸，これらは出発地において行われるため，契約債務の履行にとって本質的な重点は出発地にあることが場合によっては肯定される，という点は明らかではないこと，④最終的な目的地が常にドイツであるわけではないこと，これらの点に求められている。なお，仮にドイツが履行地であるとすれば，第28

◇ 第3節 ◇ 検　討

条5項の適用過程において履行地の存在が重視されるかという点は明らかではない。

また，第28条5項の適用過程においてドイツ国内における消費者保護を考慮しない理由は，運送契約については消費者契約に関する規定を適用しないとするドイツ民法施行法第29条4項およびローマ条約第5条4項a号の意義が損なわれるという点に求められている。

表6　連邦通常裁判所2009年7月9日判決

|  | 判旨 | 筆者による補足 |
|---|---|---|
| 原告 | 消費者団体<br>（ドイツ法上の団体） |  |
| 被告 | 航空会社<br>（ラトヴィアに本拠を有し，ベルリンに事務所を有する） |  |
| 請求原因 | 不法行為 |  |
| 請求趣旨 | Yが使用する濫用的条項の使用差止請求 |  |
| 請求の認否 | Xの請求を認容した控訴裁判所の判決を破棄，差し戻し |  |
| 争点 | Yが使用する条項の有効性 | この他に，①国際裁判管轄の有無，②不法行為の準拠法，これらも争点とされた。 |
| 性質決定 | 「契約の成立および有効性」（ドイツ民法施行法第31条1項） | 「契約の成立および有効性」は契約準拠法によるとされるため，続いてドイツ民法施行法第28条が適用された。 |
| 原則的連結点 | Yの本拠地が所在するラトヴィア（ドイツ民法施行法第28条2項） |  |
| 回避条項（ドイ | 適用なし | ドイツを履行地とすることは |

113

◆第1章◆　歴史的前史

| ツ民法施行法第28条5項）の適用の有無 | ①ドイツ語で記載され「de」のドメインを使用した自身のインターネットサイトを使用してYが航空便の予約を受け付けていること，②履行地，③ドイツ国内における消費者保護，これらを根拠として第28条5項によりドイツ法準拠法とすることはできないとされた。 | できないと判断されたが，仮にドイツが履行地であれば第28条5項の適用結果に影響を与えたかという点は明らかではない。控訴裁判所の判断，および，旅客運送契約上の航空会社の債務不履行が問題となったコプレンツ上級地方裁判所2006年3月29日判決，リューベック区裁判所2007年9月13日判決，ゲルダーン区裁判所2007年11月28日判決，これらが旅客の抵触法上の保護を図ったと推測されるのとは対照的に，本判決は，第28条5項の適用過程において消費者保護を考慮しないと明示した。 |
|---|---|---|
| 回避条項により契約が「より密接な関連」を有するとされた地 | × | |
| 回避条項の適用過程において考慮された事情 | × | |

## 2　当事者の契約締結目的

　連邦通常裁判所2004年7月26日判決では，契約とフランスとの間の「より密接な関係」を裏付ける事情として，Xが債権譲渡契約を締結する真の目的はフランスに所在する土地に設定された抵当権の取得にあったことが考慮された。すなわち当事者の契約締結目的が考慮された。

◇ 第 3 節 ◇ 検 討

　同判決が考慮した X の契約締結目的という事情は，「目的」という当事者の主観に関する事情である。こうした当事者の主観にかかわる事情を回避条項の適用過程において考慮すべきか。この点，最も密接な関係を有する地の確定にあたって当事者の予見可能性にも配慮するとすれば，回避条項の適用において考慮される事情，すなわち客観的連結において考慮される事情から当事者の主観に関わる事情を完全に排除することは不可能である。というのも，当事者の予見可能性に関する事情は，当事者が当該準拠法の適用を「予見」しえたかという意味で当事者の主観に関わる事情であるからである。

　当事者の主観に関わる事情は，両当事者の主観に関わる事情，および，一方の当事者の主観に関わる事情，これら二つに区別することができる。両当事者が共通の常居所地を有することを根拠として，両当事者は共通常居所地法の適用を予見しえたと理解するとすれば，共通常居所地は両当事者の主観に関わる事情となる。他方，一方の当事者の主観に関わる事情の例としては，連邦通常裁判所 2004 年 7 月 26 日判決において考慮された事情のように，一方の当事者の契約締結目的が挙げられる。「より密接な関係」の有無について判断する際に主観的事情を考慮すべき根拠として，最密接関連原則においては当事者の予見可能性にも配慮すべきことを挙げる場合，一方の当事者の主観に関わる事情は考慮すべき事情から除外されるべきであるように思われる。なぜなら，そのような事情を考慮することは他方の当事者の予見可能性の保護にはつながらないからである。もっとも，一方の当事者の契約締結目的を他方の当事者が知っていたという場合，もはや当該事情は一方の当事者の主観に関わる事情ではなく，両当事者の主観に関わる事情となりえるようにも思われる。しかしながら，相手方の主観について知っていたという事情を他方の当事者の主観に関わる事情として理解すべきではないであろう。自身の常居所地，国籍などの事情とは異なり，相手方の内心について知っているという事情がその当事者にとってどれほどの重要性を有するか疑問であり，その事情をもって当該当事者が適用される法を予見しうるとはいえない。

◆ 第1章 ◆ 歴史的前史

## 3 旅客運送契約における弱者保護

　本章において紹介，検討した裁判例のうち，旅客の航空運送契約に関するものを整理すると，コプレンツ上級地方裁判所2006年3月29日判決，リューベック区裁判所2007年9月13日判決，ゲルダーン区裁判所2007年11月28日判決，これら三件は，乗客が航空運送会社に対して債務不履行を理由に損害賠償請求を行い，旅客運送契約の準拠法が争われた事例である。これらは，結論において乗客Xの請求を認容し，その際，ドイツ民法施行法第28条5項により原則的連結を修正してドイツ法を契約準拠法とした点において共通している。いずれも，第28条5項を適用するにあたって，乗客Xの住所地あるいは国籍を考慮した（コプレンツ上級地方裁判所2006年3月29日判決およびゲルダーン区裁判所2007年11月28日判決では乗客Xの住所地が考慮され，またリューベック区裁判所2007年9月13日判決では乗客Xの国籍が考慮された）。これに加え，コプレンツ上級地方裁判所2006年3月29日判決およびゲルダーン区裁判所2007年11月28日判決は，当該航空便の出発地あるいは目的地がいかなる地かという事情を考慮した。リューベック区裁判所2007年9月13日判決は，問題となっている当該航空便の出発地，目的地がいずれの国に所在するかという事情ではなく，航空会社がドイツを出発地あるいは目的地とする航空便を日常的に運航しているという事情について触れた。

　これらの裁判例が導き出した結論は，以下のように，ローマⅠ規則第5条2項所定の原則的連結点と非常に近接しているように思われる。

　2009年12月17日よりドイツ民法施行法第28条は廃止され，旅客運送契約に関してはローマⅠ規則第5条2項が適用されることとなった。ローマⅠ規則第5条2項の第1段落は以下のように規定する。「旅客運送契約に関して，第2段落に基づき準拠法に関する合意が行われていない場合，出発地，目的地，これらのいずれかが旅客の常居所を有する国に所在するならば，旅客の常居所を有する国の法が適用される。これらの要件が満たされない場合，運送人の常居所を有する国の法が適用される」（第2段落は，旅客運送契約につき，(a) 旅客の常居所が所在する国，(b) 運送人の常居所が所在する国，(c) 運送人の主たる管理機関が所在する国，(d) 出発地，(e) 目的地，これらの国に

116

◇第3節◇ 検 討

限って準拠法に関する合意を行うことができると規定する)。こうした特則が
なければ，役務提供契約の原則的連結点について定めるローマⅠ規則第4条1
項b号により，旅客運送契約は運送人の常居所地の法に連結されるはずであ
るが，以上のように，旅客運送契約については，ローマⅠ規則第5条2項の特
則により出発地または目的地のいずれかと共通する旅客の常居所地の法が適用
されることとされている。

　ドイツ民法施行法上も，またローマⅠ規則の前身たるローマ条約上も，旅客
運送契約に関する特別の規定はなかった。それにかかわらず，ローマⅠ規則上，
旅客運送契約につき上記のような特別の規定が設けられたのはなぜか。この点
に関して，一つの手掛かりとなるのはローマⅠ規則前文（23）および（32）で
ある。前文（23）は，「より弱い立場にあるとみなされる当事者が締結する契
約については，より弱い当事者の利益にとって一般的な抵触規則よりも有利な
抵触規則により，その当事者を保護すべきである」と規定し，ローマⅠ規則上
弱者保護が重視されるべきことを示している。さらに，前文（32）は，「運送
契約および保険契約の特有の性質に鑑み，特則により乗客および保険契約者に
適切な保護を保障しなければならない。したがって，第6条（筆者注：消費者
契約に関する規定）は運送契約および保険契約には適用されない」と規定し，
運送契約，保険契約については，乗客および保険契約者の保護が図られるべき
旨を規定している。

　また，旅客運送契約に関するローマⅠ規則第5条2項につき，学説上も，
「立法者は少なくとも客観的連結の範囲において乗客の利益を優先し，乗客に
抵触法上の保護を与えた。このことは，前文（23）および（32）において明ら
かにされている，立法者の弱者保護に対する関心と調和する」との指摘があ
る[56]。さらに，「旅客運送契約における中心的で必要となる連結点は運送され
る乗客の常居所地である。すなわち，旅客運送契約は特徴的給付の原則と距離
を置いている。もはや，特徴的給付を履行すべき当事者（旅客運送契約におい
ては異論の余地なく運送人である）ではなく，他方の当事者が中心に置かれる。

---

(56)　Staudinger, in: Ferarri, Franco（Hrsg.），Internationales Vertragsrecht, Art. 5
　　 Rom I-VO, 2012, RdNr. 56.

◆ 第1章 ◆ 歴史的前史

旅客運送契約においては，典型的により弱い立場にあるとされる当事者を保護しようとする考えが優先される。その限りにおいて，ローマⅠ規則第5条2項1文は，消費者契約についての連結規則である同規則第6条1項と密接な関係を有する」とも説明される[57]。

このように，旅客運送契約につき，ローマⅠ規則第5条2項において，特徴的給付を履行すべき運送人の常居所地ではなく，出発地，目的地のいずれかと共通する旅客の常居所地が原則的連結点とされた背景には，弱者たる旅客の保護という政策的意図があることがうかがわれる。

以上のように，旅客運送契約につき，ローマⅠ規則第5条2項は，出発地，目的地のいずれかと共通する旅客の常居所地を原則的連結点としている。そして，その背景には弱者たる旅客の保護という政策的意図があると推測される。そして，コプレンツ上級地方裁判所2006年3月29日判決，リューベック区裁判所2007年9月13日判決，ゲルダーン区裁判所2007年11月28日判決，これら三件の裁判例は，回避条項たるドイツ民法施行法第28条5項の適用過程において，旅客の住所地，国籍という旅客の側に存する事情，および，出発地，目的地（リューベック区裁判所2007年9月13日判決においては，当該事案における具体的な出発地，目的地ではなく，航空会社が日常的に運行する航空便の出発地，目的地）を考慮した[58]。これらの裁判例においては，原則的連結

---

(57) Mankowski, in: Reithmann/Martiny（Hrsg.）, Internationales Vertragsrecht, 2015, RdNr. 6.1874.

(58) ドイツ民法施行法第28条に関する学説に目を向けると，そこでは旅客運送契約に関して以下のような指摘が行われている。「原則として，ドイツ民法施行法第28条2項によれば，特徴的給付の債務者たる航空運送人の主たる営業所が基準となる。ただし，このことは航空運送人の営業所所在地と航空便の目的地が同じ国に示されるときにのみあてはまる。両者が異なる国に所在するときは，航空運送人の営業所は優先されない。そのような場合には，契約上合意された履行地が基準となる。たとえ，事実上の履行が契約上合意された履行地で提供されなかったとしても同様である。………裁判例はこれまで主に航空便の目的地，すなわち契約上合意された最後の着陸地を旅客運送契約が最も密接な関係を示す国としてきた。複数の空港を経由する航空便が問題となる際には，契約が最も密接な関係を示す国は出発地であるとされてきた。新しく規定されたドイツ民法施行法第28条のもとでは，同条5項がこのような結論を導くために援用される」（Martiny, in ; Münchener Kommentar zum Bürgerlichen Gesetzbuch, 3 Aufl. 1998, S.

◇ 第3節 ◇ 検　討

を修正する根拠として旅客の保護は明示的に持ち出されていない。しかしながら，旅客の住所地，国籍を重視した点を踏まえれば，旅客に対する抵触法上の保護が重視されたと推測される。

　ドイツ民法施行法第28条5項を適用した上記三件の裁判例における結論，および，ローマI規則第5条2項所定の原則的連結点，これらの類似性に注目すれば，回避条項に立法的機能を見出すことができよう。すなわち，回避条項たる適用裁判例が蓄積することにより，原則的連結が回避されるべき特定の契約類型が明らかとなり，回避条項の適用により導き出された例外的な連結点がその後の立法過程においてむしろ原則的連結点とされる，という回避条項の創造的かつ立法的な機能である。

　もっとも，連邦通常裁判所2009年7月9日判決は，旅客の航空運送契約においてもドイツ民法施行法第28条2項所定の原則的連結，すなわち運送人の常居所地への連結が維持されると判示し，回避条項たる同条5項によっては旅客の保護を考慮しない旨明らかにした。したがって，旅客運送契約に関するドイツ民法施行法第28条5項の適用裁判例がそのままローマI規則第5条2項の内容として昇華されたということはできない。しかしながら，ローマI規則第5条2項において旅客運送契約に関する特則が設けられた背景の一つには，ドイツ民法施行法第28条5項のもとでの積極的な議論があったといえよう。


## 4　「より密接な関係」の有無の判断基準に関する政策的根拠

　本章において紹介した裁判例は，ドイツ民法施行法第28条5項の適用過程において様々な事情を考慮し，それらの事情を要件に含む第28条5項の適用

---

1805-1806)。ドイツ民法施行法第28条2項によれば，旅客の航空運送契約は原則として運送人の常居所地を最密接関連地とする。しかしながら，上記の説明が示すように，ドイツ国際私法上，旅客の航空運送契約はこうした原則的連結が妥当しない契約類型として理解されていたことがうかがわれる。上記の説明においては，航空運送人の営業所地ではなく，むしろ契約上合意された履行地，すなわち目的地が最密接関連地とされている。そして，複数の空港を経由する航空便に関しては出発地が最密接関連地とされている。

◆ 第 1 章 ◆　歴史的前史

基準を示していると解することができるが，当該適用基準が「より密接な関係」の有無に関する判断基準としていかなる政策的根拠のもとに成り立つかという点についてはほとんど説明していない。この点に関する説明がないため，それぞれの裁判例において示された表現上異なる判断基準が，共通した政策的判断に基づいて導かれた，実質的には一貫性を有する判断基準となりえているか否かという点は明らかではない。「より密接な関係」という表現は極めて抽象的であるが，そうであるからといって場当たり的にその解釈を行ってよいわけではない。法的安定性ひいては予見可能性を尊重する立場に立てば，「より密接な関係」の有無に関する判断基準は一貫性を有したものでなければならない。そのためには，その根底にある政策的判断が一貫性を有する必要がある。そうであるとすれば，文言上，白地的表現を採用するドイツ民法施行法第 28条 5 項が追求する政策的利益が明らかでない以上，個々の事件を処理する裁判所こそがドイツ民法施行法第 28 条 5 項の適用過程においていかなる政策的考慮を行ったのか明らかにすることが不可避であろう。既述のように，旅客運送契約につきドイツ民法施行法第 28 条 5 項の適用を肯定した三件の裁判例においては旅客の抵触法上の保護が政策的に意図されていた可能性がある。回避条項の適用においてはこうした政策的根拠こそが明らかにされるべきであろう。

# 第 2 章

## 現 行 法

◇ 第1節 ◇ ローマⅠ規則第4条3項の「明らかにより密接な関係」の要件

　ローマⅠ規則第4条は準拠法に関する合意が行われていない債権契約に関する規定であり，その第3項において回避条項が規定されている。ドイツ国際私法上も 2009 年 12 月 17 日以降に締結された契約に関しては同規則が適用されることとなった。本章においては，ローマⅠ規則第4条3項の要件たる「明らかにより密接な関係」の「明らかに」の文言がヨーロッパ国際私法上いかなる意義を有するか，ローマⅠ規則第4条3項の具体的な適用基準に関してドイツ国際私法上いかなる議論が行われているか，これらの点について検討する。


# ◆ 第1節 ◆ ローマⅠ規則第4条3項の「明らかにより密接な関係」の要件

## 1　ローマⅠ規則第4条3項の構成

ローマⅠ規則第4条　準拠法選択の不存在

第1項
　当事者が第3条に規定された準拠法選択を行っていないとき，第5条から第8条に規定された内容の他は，契約準拠法は以下のように定める。
　(a) 動産売買契約は売主の常居所地法による。
　(b) 役務提供契約は役務提供者の常居所地法による。
　(c) 不動産の物権および不動産の使用賃貸借または用益賃貸借を目的物とする契約は不動産の所在地法による。
　(d) 前号の規定にかかわらず，最大で6か月に渡って継続的に行われる，一時的かつ個人的な利用を目的とする不動産の使用賃貸借または用益賃貸借は，使用賃借人または用益賃借人が自然人であってその常居所が使用賃貸人または用益賃貸人の常居所地国にあるとき，使用賃貸人または用益賃貸人の常居所地法による。
　(e) フランチャイズ契約はフランチャイジーの常居所地法による。
　(f) 販売店契約は販売店の常居所地法による。
　(g) 競売における動産の売買契約は，競売が行われた場所を決定することができるときは，競売が行われた国の法による。
　(h) EG 指令 2004 年 39 号（Richtlinie 2004/39/EG）4 条 1 項 17 号の意味に

◆第2章◆　現　行　法

おける金融商品の売買に関する多数の第三者の利益を強行規定および国内法により統合し，あるいは統合を促進する多角的な市場において締結された契約は，その国内法による。

第2項

契約が前項に該当しないとき，または，契約の要素が前項のa号からh号までの各号の2つ以上を満たすときは，特徴的給付を履行すべき当事者の常居所地法による。

第3項

全事情から判断して，契約が第1項または前項に規定される国よりもその他の国と明らかにより密接な関係を示すとき，その他の国の法による。

第4項

第1項または第2項によって契約準拠法を決定することができないときは，契約が最も密接な関係を示す国の法による。

## (1) 第1項および第2項の法的構成

回避条項たる第3項の要件は，「全事情から判断して，契約が第1項または前項に規定される国よりもその他の国と明らかにより密接な関係を示す」ことであり，効果は「その他の国の法による」ことである。すなわち，第3項は第1項および第2項の適用を制限する。それでは，第3項によりその適用を制限される第1項および第2項の規律内容，法的構成はいかなるものか。

### (a) 第1項

第1項は，準拠法選択に関する当事者間の合意がない場合につき，以下の八つの契約類型に応じて契約準拠法を規定する。すなわち，①動産売買契約（a号），②役務提供契約（b号），③不動産の物権，使用賃貸借，用益賃貸借に関する契約（c号），④最大で六カ月に渡って継続的に行われる，一時的かつ個人的な利用を目的とする不動産の使用賃貸借または用益賃貸借に関する契約（d号），⑤フランチャイズ契約（e号），⑥販売店契約（f号），⑦競売における動産売買契約（g号），⑧「多角的な市場」において締結された金融商品に関する契約（h号），これら八つの契約類型である。なお，ローマI規則第19条によれば，「常居所地」とは，原則として，「組合，社団または法人についてはその主たる管理機関の所在地」である（第1項）。ただし，「従たる営業所，代理

124

◇第1節◇　ローマI規則第4条3項の「明らかにより密接な関係」の要件

店またはその他の施設の営業において契約が締結されたとき，または契約に応じた履行に関して従たる営業所，代理店またはその他の施設が責任を負うとき」は，「常居所地」は「従たる営業所，代理店またはその他の施設」の所在地とされる（第2項）。

　第1項の規定内容は以上の通りであるが，独立抵触規定，従属抵触規定の概念を用いて第1項の法的構成について整理しようとすれば，まず，第1項a号については，単位法律関係を「動産売買契約」とし，連結点を「売主の常居所地」とする一つの独立抵触規定(1)として理解することができる。また，第1項b号は，単位法律関係を「役務提供契約」とし，連結点を「役務提供者の常居所地」とする独立抵触規定(2)として理解することができる。その他の第1項c号ないしh号についても同様に整理することができる。すなわち，第1項には八つの独立抵触規定（独立抵触規定(1)ないし(8)とする）が含まれている。

（b）第2項

　第2項は第1項とその規律対象を異にしている。第1項は，上記の八つの契約類型（動産売買契約，役務提供契約等）を規律対象とする。他方，第2項は，それら八つの契約類型に該当しない契約，および，契約の要素がそれら八類型の二つ以上を満たす契約，これらを規律対象とする。そして，第2項はそのような契約の準拠法として特徴的給付を履行すべき当事者の常居所地法を指定する。第2項は，単位法律関係を「第1項に該当しない契約（独立抵触規定(1)ないし(8)の単位法律関係に内包されない契約），あるいは，その要素が第1項のa号からh号までの各号の二つ以上を満たす契約（その要素が独立抵触規定(1)ないし(8)の単位法律関係の二つ以上に内包される契約）」とし，連結点を「特徴的給付を履行すべき当事者の常居所地」とする，独立抵触規定(9)として理解することができる。

（2）第3項の法的構成

　それでは，上記の第1項および第2項の法的構成に関する理解を踏まえた上で，第3項の法的構成についてどのように整理することができるか。

　第1項，第2項は，全体として独立抵触規定(1)から(9)の九つの独立抵触規

◆第2章◆　現 行 法

定によって構成される。これを前提として第3項を整理すると，第3項は，
「全事情から判断して，契約が第1項または第2項に規定される国よりもその
他の国と明らかにより密接な関係を示す（契約が独立抵触規定(1)ないし(9)に
よって指定される国よりもその他の国との間に明らかにより密接な関係を示す）と
き，独立抵触規定(1)ないし(9)を適用しない」という従属抵触規定(a)として
理解することができる。

　もっとも，第3項の法的構成に関してはさらなる説明が追加されなければな
らない。第3項は，第1項，第2項の原則的連結点を否定するだけでなく，そ
の原則的連結点に代わる代替的連結点として「契約が明らかにより密接な関係
を示す国」を提供している。すなわち，第3項は，独立抵触規定(1)ないし(9)
の適用を否定するだけでなく，単位法律関係を「契約」とし，連結点を「契約
が明らかにより密接な関係を示す国」とする独立抵触規定(10)の適用を命じて
いる。そして，この独立抵触規定の適用の可否に関しては，「全事情から判断
して，契約が第1項または第2項に規定される国よりもその他の国と明らかに
より密接な関係を示すとき，独立抵触規定(10)を適用する」という従属抵触規
定(b)が用意されている。

　したがって，第3項を全体として整理すると，「全事情から判断して，契約
が第1項または第2項に規定された国よりもその他の国と明らかにより密接な
関係を示すとき，独立抵触規定(1)ないし(9)を適用しない」とする従属抵触規
定(a)，および，単位法律関係を「契約」とし，「契約が明らかにより密接な関
係を示す国」を連結点とする独立抵触規定(10)，および，「全事情から判断し
て，契約が第1項または第2項に規定される国よりもその他の国と明らかによ
り密接な関係を示すとき，独立抵触規定(10)を適用する」という従属抵触規定
(b)，これらの規定を含むと理解することができる。すなわち，ローマI規則
第4条3項も複数の独立抵触規定，従属抵触規定によって構成される複合的な
抵触規定であるといえる。


## 2　立 法 趣 旨

　以上，回避条項たるローマI規則第4条3項の法的構成について整理したが，

## ◇ 第1節 ◇ ローマⅠ規則第4条3項の「明らかにより密接な関係」の要件

ローマⅠ規則の立法過程においてはそもそも回避条項を規定すべきかという点が一つの論点とされた。ローマⅠ規則の前身たるローマ条約においては第4条5項において回避条項が規定されていた。しかしながら，欧州委員会は，ローマⅠ規則を制定するにあたり，回避条項が法的安定性に与える影響を理由にその削除を提案した[1]。もっとも，欧州委員会の提案に対しては批判的な意見もあり[2]，最終的にローマⅠ規則上も回避条項が規定されることとなった。

回避条項を削除すべきであるとの欧州委員会の提案はローマⅠ規則上採用されなかったものの，ローマⅠ規則上の回避条項にはローマ条約上の回避条項にはなかった文言が追加された。すなわち，ローマ条約第4条5項は単に「より密接な関係」を有する地の存在を要件としていたのに対し，ローマⅠ規則第4条3項は「明らかに（offensichtlich, manifestly）より密接な関係」を有する地の存在を要件とすることとなった。

ローマ条約からローマⅠ規則への移行に伴い，このような変更が行われたのはなぜか。ローマⅠ規則第4条3項の立法過程においては，ローマⅡ規則第4条3項が参考とされている[3]。ローマⅡ規則4条3項は，不法行為に関する回避条項であり，ローマⅠ規則第4条3項と同様に「明らかにより密接な関係」の存在をその要件としている。欧州委員会は，ローマⅡ規則に関する提案書において，「明らかにより密接な関係」の要件を規定すべき理由について，「回避条項は真に例外的に適用されなければならないことを明らかにするため」であると説明している[4]。また，同提案書によれば，ローマ条約のもとでは

---

(1) Commission, Proposal for a Regulation of the European Parliament and the Council on the law applicable to contractual obligations (Rome I), COM (2005) 650 final., para 4.2.

(2) Max Planck Institute for Comparative and International Private Law, Comments on the European Commission's Proposal for a Regulation of the European Parliament and the Council on the law applicable to contractual obligations (Rome I), RabelsZ Bd.71 (2007), p. 258.

(3) Commission, Green Paper on the conversion of the Rome Convention of 1980 on the law applicable to contractual obligations into a Community instrument and its modernization, COM (2002) 654 final, para. 3.2.5.3.

　また，ローマⅠ規則前文(7)においても，同規則およびローマⅡ規則との整合性が強調されている。

◆第2章◆　現　行　法

最密接関連地に関する推定規定がしばしば無視され，原則的な最密接関連地についての確認がないがしろにされてきたとされる[5]。このように，ヨーロッパ国際私法上，回避条項の要件に「明らかにより密接な関係」の存在が求められることとなった背景の一つには，ローマ条約のもとでの反省があり，原則的な最密接関連地について一切確認することなく最密接関連地を決定してはならないことを強調する意図が見受けられる[6]。


## 3　学説，判例

以上のように，ローマⅠ規則第4条3項は「明らかにより密接な関係」を要件とするのに対し，ローマ条約第4条5項は単に「より密接な関係」を有するという違いがある。それでは，ローマⅠ規則第4条3項に追加された「明らかに」の文言にいかなる意義を見出すことができるか。この点について検討する

---

(4)　Commission, Proposal for a Regulation of the European Parliament and the Council on the law applicable to non-contractual obligations (Rome Ⅱ), COM (2003) 427 final. ローマⅡ規則の立法過程については，佐野寛「契約外債務の準拠法に関する欧州議会及び理事会規則（ローマⅡ）案について」(2004) 岡山大学法学会雑誌54巻2号320頁以下，高杉直「ヨーロッパ共同体の契約外債務の準拠法に関する規則（ローマⅡ）案について──不法行為の準拠法に関する立法論的検討──」(2004) 国際法外交雑誌103巻3号1頁以下参照。

(5)　Commission, Proposal for a Regulation of the European Parliament and the Council on the law applicable to non-contractual obligations (Rome Ⅱ), COM (2003) 427 final.
　　なお，ドイツ民法施行法旧第28条5項（ローマⅠ規則施行以前の債権契約に関する回避条項であり，ローマ条約第4条5項と同様の重層的従属抵触規定型の回避条項）により，原則的な最密接関連地が確認されることなく，ドイツ法がより密接な関係を有する地の法と判断された事案として，第1章2節において紹介したコブレンツ上級地方裁判所2006年3月29日判決（NJW-RR 19/2006, S. 1356-1358）がある。

(6)　ローマⅠ規則4条3項の「明らかに」の文言は，同規定が例外的に適用されなければならないことを意味すると指摘される。Cheshire/North/Fawcett, Private International Law (14th ed, 2008), p. 725; Pfeiffer, Neues Internationales Vertragsrecht – zur Rome Ⅰ Verordnung, in EuZW 2008, pp. 622, 625-626; Leible/Lehmann, RIW 2008, pp. 528, 536; Mankowski, IHR 2008, pp. 133, 137; P. R. Beaumont/P. E. McEleavy, Private International Law A.E.Anton (3rd ed, 2011), p. 481.

◇ 第1節 ◇ ローマ I 規則第4条3項の「明らかにより密接な関係」の要件

にあたってローマ条約第4条5項に関する議論の蓄積を無視することはできない。以下では，ローマ条約第4条5項に関するヨーロッパ国際私法上の議論について検討し，それらの議論とローマ I 規則第4条3項の「明らかに」の要件との関係について検討する。

## (1) ローマ条約第4条5項に関する議論

ローマ条約第4条5項に関しては，Giuliano/Lagarde による条約の公式報告書によって以下のように説明されている。

> 「第4条に含まれる抵触規則は完全に一般的な契約を念頭に置いたものであり，第4条が適用されない唯一の例外は消費者契約および労働契約であることを踏まえると，すべての事情から判断して契約が第2項ないし第4項所定の推定において言及される国とは異なる国との間により密接な関係を示す場合には，その異なる国の法を適用する余地について規定することが不可欠であると思われる。
> 第4条5項は，同条第2項から第4項の推定を適用しないことを正当化するような一連の諸事情がそれぞれの特定の事案において存在するか否かという点に関して，裁判官に裁量の余地を明白に残している。第4条5項は，ほぼすべての契約に適用されることが意図された一般的な抵触規則の必然的な対をなすものである。」[7]

ローマ条約第4条5項の基本的な趣旨については以上のように説明されるものの，同規定の適用基準をめぐっては，ヨーロッパ国際私法上，異なる二つの見解の対立が指摘されていた[8]。一つはオランダ最高裁判所 1992 年 9 月 25 日判決（Société Nouvelle des Papéteries de ĺ Aa S.A. v B.V. Machinefabriek BOA）により示された，原則的連結点が「連結点としての実際の重要性（real signifi-

---

(7)  Giuliano/Lagarde, Report on the Convention on the law applicable to contractual obligations, Official Journal C 282, 1980, p. 22. ローマ条約草案作成の作業部会の報告者であった Giuliano および Lagarde によって起草された，条約の逐条的な注釈であり，条約の公式報告書である。野村美明，藤川純子，森山亮子共訳「契約債務の準拠法に関する条約についての報告書(一) – (一〇))」阪大法学，第 46 巻 4 号（1996）–第 48 巻 4 号（1998）参照。

(8)  ローマ条約第4条5項の解釈に関する，オランダ，イギリス，ドイツの立場については，森下哲朗「国際私法改正と契約準拠法」国際私法年報第 8 号（2006）29-31 頁参照。

◆第2章◆　現行法

cance as a connecting factor)」を一切有しない場合にのみ第5項を適用すること
ができるとの見解である。他方は，イギリス控訴院 2001 年 12 月 21 日判決
(Samcrete Egypt Engineers and Contractors S.A.E. v Land Rover Exports Ltd) にお
いて示された，「原則的連結点とは異なる地を指し示す連結可能な要素が優勢
である (a preponderance of contrary connecting factors)」場合には第 4 条 5 項を
適用することができるとの見解である。オランダ最高裁の基準は，ローマ条約
第 4 条 5 項の適用に関する非常に制限的な基準であると評価される。これに対
し，イギリス控訴院が示した基準はより緩やかな基準であると評価される[9]。
以下では，これら二件の裁判例について考察した上で，これらの見解の対立に
関して言及した欧州司法裁判所 2009 年 10 月 6 日先決裁定 (Intercontainer In-
terfrigo SC (ICF) v Balkenende Oosthuizen BV and MIC Operations BV) について
検討する。

**(2) オランダ最高裁判所 1992 年 9 月 25 日判決[10]**

（Société Nouvelle des Papéteries de Ǐ Aa S.A. v B.V. Machinefabriek BOA）

**(a) 事実の概要**

オランダ企業 X は，フランスの代理人を通じ，フランス企業 Y に製紙用機
械 (paper press) を販売した。契約の締結交渉，X による申込の承諾，技術的
な詳細に関する打ち合わせ，機械の納入，設置，これらはフランスにおいて行
われた。また，支払通貨もフランス・フランとされた。その後，Y が機械の
売買代金を支払わなかったため，X は代金の支払を求める訴えを提起した。

**(b) オランダ控訴裁判所の判旨**

本件において契約準拠法が問題となったのは，以下のように，契約準拠法の
如何によりオランダの国際裁判管轄の有無が左右されるためである。

---

(9) Dickinson, Rebuttable Assumptions, Lloyd's Maritime and Commercial Law
　　Quarterly, 2010, p. 32.

(10) オランダ最高裁 1992 年 9 月 25 日判決（Société Nouvelle des Papéteries de Ǐ Aa S.A.
　　v. B.V. Machinefabriek BOA）の内容については，Struycken, Some Dutch Judicial
　　Reflections on the Rome Convention, Art.4(5), Lloyd's Maritime and Commercial
　　Quarterly, 1996, pp. 18-24 を参照している。

## ◇ 第1節 ◇ ローマⅠ規則第4条3項の「明らかにより密接な関係」の要件

ブリュッセルⅠ規則第5条1項は，当該訴えによれば不履行とされる契約債務の履行地に国際裁判管轄を認める。もっとも，Yの売買代金支払債務の履行地がいずれの地かという点は法律問題であり，いかなる法により履行地を確定すべきかという問題が生じる。この点，控訴裁判所は，契約準拠法により履行地を確定すべきであると判示した。ローマ条約第4条2項によれば，特徴的給付の債務者の常居所地が同条1項の最密接関連地として推定される。本件においては，売主たるXが特徴的給付を履行すべき当事者であり，Xの営業所が所在するオランダが最密接関連地として推定された。（特に本件においては，Xは製紙用機械を納入するだけでなく，設置する義務も負っていた。）もっとも，回避条項たる第4条5項により，契約がより密接な関係を示す地がある場合には，オランダとは異なる地が最密接関連地とされる余地がある。最終的に控訴裁判所は第4条5項の適用を否定し，原則通りオランダ法を契約準拠法とした。

なお，オランダ法によれば，売買代金は債権者の住所において支払われるとされており，Yの代金支払債務の履行地は債権者たるXの営業所が所在するオランダとなる。それゆえ，結論としてオランダの国際裁判管轄が肯定された。

### (c) オランダ最高裁判所の判旨

控訴裁判所は契約準拠法をオランダ法としてオランダの国際裁判管轄を肯定したが，この点に関する控訴裁判所の判断には誤りがあるとして，Yはオランダ最高裁に上告した。Yの主張は以下の通りである。確かにローマ条約第4条2項によりXの営業所地たるオランダが最密接関連地として推定される。しかしながら，本件においては，機械の引渡債務の履行地，契約に使用された言語，契約締結交渉地，Yの代理人の住所，支払通貨，これらはすべてフランスとの関係を示すため，第4条5項により，契約がより密接な関係を示す地はフランスとなる。そして，フランス法によれば，売買代金は債務者の住所において支払うべきであるとされているため，Yの代金支払債務の履行地はフランスとなる。それゆえ，ブリュッセルⅠ規則第5条1項によってオランダの国際裁判管轄を肯定することはできない。Yは以上の内容を主張して上告した。

オランダ最高裁は，結論として回避条項たる第4条5項の適用を否定し，控訴裁判所の判断を支持した。オランダ最高裁は，第4条5項の適用を否定する

131

◆第2章◆　現　行　法

にあたり，同規定が適用される一般的な契約類型というものは存在せず，同規定を適用するためには特別の事情が必要となること，ローマ条約に関する統一的な運用のために同規定を制限的に適用しなければならないこと，これらの点を強調した。また，第4条2項所定の特徴的給付の債務者の常居所地が「連結点としての実際の重要性（real significance as a connecting factor）」を一切有しない場合にのみ，第5項を適用することができるとの基準を示した。それでは，本件においては第4条2項により特徴的給付の債務者たる売主Xの常居所地（オランダ）が最密接関係地として推定されるが，これは「連結点としての実際の重要性」を一切有しないとの判断のもと，第4条2項の推定を排除できるか。この点，オランダ最高裁は，売主Xの代理人（フランスに住所を有する）には契約を締結する最終的な権限はなかったこと，XY間において技術的な詳細に関する打ち合わせが行われたこと，これらを理由として，Xの常居所地は「連結点としての実際の重要性」を一切有しないわけではないと判示した。その結果，第4条5項の適用は否定され，原則通り第4条2項によりオランダ法が契約準拠法とされた。

(3)　イギリス控訴院2001年12月21日判決

　　　（Samcrete Egypt Engineers and Contractors S.A.E. v Land Rover Exports Ltd）

(a)　事　実　関　係

　1993年5月11日，Land Rover（イギリス企業，以下，X）を供給者とし，Technotrade SAE（エジプト企業，以下，訴外A）をエジプトにおける販売店とする販売店契約が締結された。1997年6月まで，AはエジプトにおけるX指定の販売店（appointed distributor）として，Xの商品（自動車およびその部品）を販売していた。当該販売店契約においては，イギリスを国際裁判管轄地とし，イギリス法を準拠法とすることが合意された。1996年，XA間で売掛期間を90日間とする掛売について合意した。ただし，Aの株式の20%を保有するSamcrete（以下，Y）がAの債務を保証することがその条件とされた。YもAと同様にエジプトにおいて活動するエジプト企業である。Xはイギリス法を準拠法とする契約様式を送ったが，Yは準拠法選択条項の削除をXに求めることなく当該条項を削除し，契約書に署名した。Xは準拠法選択条項が削除

◇第1節◇ ローマⅠ規則第4条3項の「明らかにより密接な関係」の要件

されていることを見落として（この点は証拠上完全には明白ではないとされる）それを受領し，合意が成立した。1996年，BMWによるRover Groupの買収により，BMWの販売店がエジプトにおけるXの商品の独占的販売権を有することとなり，1996年11月29日，XはAに対して六ヶ月後に販売店契約を解消する旨を通知した。

本件において，Xは，646,162.89ポンドの額のインヴォイスがAにより未払いであるとして，Yにその保証債務を履行するよう請求した。

（b）第一審の判旨

XY間の保証契約上，特徴的給付を履行すべき当事者は保証人たるYである。すなわち，ローマ条約第4条2項により，Yの事業所が所在するエジプトが第4条1項所定の最密接関連地として推定される。もっとも，第一審は，第4条5項により当該推定を覆し，本件保証契約がより密接な関係を有する地はイギリスであると判示した。第一審によれば，契約において使用された言語，保証債務の履行地，保証債務の不履行が生じている地，支払通貨，これらはイギリスとの関係を示す。また，保証の対象となる債務はイギリスにおいて生じ，イギリスに主たる管理機関を有するイギリス企業を債権者とすること，保証の対象となる債務を生じさせた販売店契約においてはイギリスを国際裁判管轄地とする条項およびイギリス法を準拠法とする条項が規定されていたこと，これらも第4条5項の適用を肯定するための根拠とされた[11]。

第一審は，イギリスとの関係を示す上記の諸事情の中でも，以下のように，販売店契約中の国際裁判管轄条項および準拠法選択条項を特に重視した。

「……契約が最も密接に結び付けられている国を確定する際，保証の対象となる契約それ自身が，明示的な準拠法選択条項を有し，イギリスの管轄に服するとされているという事実は，非常に本質的な考慮すべき点（a highly material consideration）となることが明白である。……契約に適用されるプロパー・ロー（proper law）が問題となる限り，保証契約は常に主たる契約に服さなければならないと即座に示唆するつもりはない。しかし，本件においては，主たる契約中に準拠法に関する合意が存在したことが相当な重要性を有する。本質

---

(11) Samcrete Egypt Engineers and Contractors S.A.E. v Land Rover Exports Ltd [2001], para. 16.

◆第2章◆　現 行 法

的に，本件において問題となっている契約はAの債務を保証するものであり，
Aの債務はイギリス法に依拠した上で解釈され，イギリスの管轄に服すること
となっている。」(12)

　さらに，第一審は，以下のように述べ，保証債務の履行地はイギリスである
ことを強調した。

　　　「Yにより保証される支払債務はAによりイギリスにおいて履行され，契約
　　違反が生じた場合にはイギリスの管轄内で生じたこととなる。当該保証契約は
　　イギリスと最も密接に関連していると考える。保証人の主たる管理機関が置か
　　れる地は契約との間にわずかな重要性しか有しない。……販売店契約上のAの
　　支払義務および責任に関してYの保証が提供されるまでは，あるいは保証が提
　　供されない限り，Aが与信売買勘定（open account）を利用することできな
　　かったことは明白である。それゆえ，保証を取り付けることが販売店契約に関
　　する合意および支払債務と密接に関連していた。したがって，契約はイギリス
　　法によると結論付ける。」(13)

(c) 控訴院の判旨
　以上のように，第一審は回避条項たるローマ条約第4条5項の適用を肯定し，
イギリスがより密接な関係を有する地であると判示した。控訴院も，第一審と
同様に第4条5項の適用を肯定し，イギリス法を契約準拠法とした。もっとも，
第4条5項の適用を肯定した根拠は第一審のそれとは異なる。以下，第4条5
項の適用基準に関する控訴院の判旨について紹介する。

　まず，控訴院は，Credit Lyonnais v New Hampshire Insurance Company
(1997)(14)，Bank of Baroda v Vysya Bank Limited (1994)(15)，これら二件の裁
判例において引用されたDicey & Morris, Conflict of Laws（第12版）の以下の
見解に触れている。

---

(12) Samcrete Egypt Engineers and Contractors S. A. E. v Land Rover Exports Ltd
　　 [2001]，para. 17.
(13) Samcrete Egypt Engineers and Contractors S. A. E. v Land Rover Exports Ltd
　　 [2001]，para. 17.
(14) Lloyd's Law Reports (1997) Vol 2, pp.1 ff.
(15) Lloyd's Law Reports (1994) Vol 2, pp.87 ff.

◇ 第 1 節 ◇ ローマ I 規則第 4 条 3 項の「明らかにより密接な関係」の要件

「個別の事案をいかに解決するかという点は常に当該事案の諸事実によるが，原則として，特徴的給付を履行すべき当事者の営業所地が履行地とは異なる場合，推定は最も容易に覆される（Dicey & Morris, Conflict of Laws 第 12 版 1137-1138 頁）。」[16]

以上のように，控訴院は，履行地に高い重要性を認める見解を紹介しつつ，第 4 条 5 項により履行地に修正的に連結することの問題点を以下のように説明する。

「裁判所が第 4 条を適用するために必要な判断を行うに際して直面する実際上難しい問題は，当該事案において第 4 条 2 項の推定に与えられるべき重要性の程度の問題である。いいかえれば，第 4 条 2 項所定の推定を排除する際に適切に考慮されるべき，当該事案における連結可能な諸要素の強さについての判断の問題である。Definitely Maybe v Marek Lieberberg において Morison 裁判官が述べるように，『第 2 項の推定が挿入されたのは，適用することが容易な『標準的（normal）』な規則を提供するためであろう。第 5 項に幅広い効力を認めれば，第 2 項の推定を価値のないものに変えることになる。また，特徴的給付の債務者の常居所地により低い重要性しか与えず，履行地および当事者の推定的意思により大きな重要性を与えていた，イギリス法上のプロパー・ローを確定するための基準に回帰することとなる。』
　第 4 条 2 項所定の推定を覆すためには異なる地を指し示す連結可能な要素が優勢であること（a preponderance of contrary connecting factors）が認められなければならないという経験則（a rule of thumb）として第 4 条 2 項をみなさない限り，第 4 条の文言をそのまま読めば，（Hobhouse 控訴院裁判官が Credit Lyonnais v New Hampshire Insurance Company の 5 頁において述べるように）推定を『形式上非常に弱い（formally very weak）』ものとすることとなる。これはローマ条約の意図を覆すことになるだろう。これと同時に，Giuliano/Lagarde 報告書がその 22 頁において認めるように，第 2 項の一般的な規則は幅広い範囲の契約に適用されることを意図されているため，問題となっている特定の契約の性質および諸事情を考慮する裁量の余地を裁判所に残すことが不可欠となる。」[17]

---

(16)　Samcrete Egypt Engineers and Contractors S. A. E. v Land Rover Exports Ltd [2001], para. 37.

(17)　Samcrete Egypt Engineers and Contractors S. A. E. v Land Rover Exports Ltd [2001], paras. 40, 41.

◆ 第2章 ◆ 現 行 法

　上記の控訴院の判旨においては，第4条5項の適用を容易に肯定すれば，履行地および当事者の推定的意思を重視していたイギリス法固有のプロパー・ローの基準に回帰することになるという危惧が表明されている。その上で，控訴院は，第4条5項の適用基準として，原則的連結点とは異なる地を指し示す連結可能な要素が優勢である（a preponderance of contrary connecting factors）場合には，第4条5項を適用することができるとの基準を示した。

　続いて，控訴院は，既述のオランダ最高裁判所1992年9月25日判決が採用したローマ条約第4条5項に関する基準，すなわち非常に制限的な適用基準が保証契約にも適用されるかという点について，オランダのStrucykenの見解を手掛かりとしつつ，以下のように評価している。

　　「各国の判決の中でも第5項を最も例外的な性質を有するものとして解釈するのは，Société Nouvelle des Papéteries de l'Aa（筆者注：既述のオランダ最高裁1992年9月25日判決）である。同判決によれば，『第4条の文言，構造，および，ローマ条約においては加盟国による統一的な法の適用が意図されていること，これらを前提とすれば，主たる規則に対する第5項の例外は以下のように制限的に解釈されなければならない。すなわち，当該事案において特殊な事情が存在し，特徴的給付を履行すべき当事者の営業所が連結点としての価値を一切有しない（has no real significance as a connecting factor）場合にのみ，第2項所定の主たる規則は排除されるべきであるという趣旨に解釈されなければならない。』

　　以上は，Lloyd's Maritime and Commercial Law Quarterly（1996）18頁において T.H.D. Strucyken が上記の判決に対して分析的指摘をするに際して行った翻訳から引用している。Strucyken は，オランダの裁判所のアプローチがイギリスの裁判所のアプローチ，特に Bank of Baroda v Vysya におけるアプローチと異なることを指摘する。オランダの Société Nouvelle des Papéteries de l'Aa，イギリスの Bank of Baroda v Vysya，これらのいずれも，ローマ条約を適用すると見せかけ，それぞれの国における以前の抵触規則を適用している点につき非難されるべきであると Strucyken は指摘する。もっとも，オランダの裁判所の判断は，第5項の適用に関するその指針が保証契約に適用されるかという点について明らかにしていないとも Strucyken は指摘する。この点に関連して，Strucyken は，保証契約に関するフランスのベルサイユ控訴裁判所1991年2月6日判決（Bloch v Lima）について言及している。当該判決は（本判決と同様

◇ 第1節 ◇ ローマⅠ規則第4条3項の「明らかにより密接な関係」の要件

に）保証の対象となる債務に適用される法に決定的な重要性を認め，第4条5項を適用した。この判断は以下のように考える論者の批判の対象とされている。すなわち，問題となっている契約の準拠法は原則としてそれ単独で決定されるべきであり，当該契約がその一部をなすより大きな取引，および，当該契約が関係する契約，これらについて考慮することなく決定されるべきであるとの前提のもと，ある契約がその他の取引，契約に『附従的に位置付けられる（accessory allocation）』（あるいは『感染する（infection）』，Wahda Bank v Arab Bank 参照）可能性を第4条は排除したのであろうと考える論者である。もっとも，こうした考えは一般的には受け入れられていないように思われる。Lagarde は Virginia Journal of International Law Vol 22 1982 の 97-98 頁において，『しかしながら，特徴的給付に基づく推定は絶対的なものではない。……全事情から判断して，特徴的給付を履行すべき当事者の営業所を有する国とは異なる国に契約がより密接に結び付けられていると思われる場合には，推定は覆されるべきである。例えば，下請人は，その営業所が所在する国の法ではなく，むしろ，元請人と注文者間の主たる契約の準拠法と同一の法に従うこととなるかもしれない』と述べている。

さらに，Dicey&Morris 第12版の 1240 頁 32-124 段落は，『……履行地が特徴的給付を履行すべき当事者の営業所地とは異なる場合に推定は最も容易に覆されうる。すでにみたように，特徴的給付を履行すべき当事者の住所または営業所を有する国を連結点として導くことを推定は意図しており，標準的には特徴的給付を履行すべき当事者の営業所において契約は履行されるため，特徴的給付を履行すべき当事者の住所，営業所の所在地は履行地と通常一致する。契約が履行される地が異なるという状況は，（決して必ずというわけではないが）推定を覆すための根拠を提供する』と述べている。

………

第3条所定の明示的または黙示的な準拠法選択がない保証契約が問題となる場合，金銭の支払債務が契約の特徴的給付であり，契約の主たる関心事項であるという状況において第4条2項の推定は適用されなければならないように私には思われる。それゆえ，第4条2項の推定を排除することを正当化する連結可能な諸要素の存在がはっきりと表れている事案においてのみ第4条2項の推定は排除されるべきである。」(18)

控訴院は，以上のように，Strucyken によればオランダ最高裁の 1992 年 9 月 25 日判決はローマ条約第4条5項に関する制限的な適用基準を示したが，

---

(18) Samcrete Egypt Engineers and Contractors S.A.E. v Land Rover Exports Ltd [2001], paras. 41-43, 45.

◆第2章◆ 現 行 法

この基準が保証契約にも当てはまるかという点については明らかにされていないこと，保証契約を主たる契約の準拠法所属国に附従的に連結したフランスのベルサイユ控訴裁判所1991年2月6日判決（Bloch v Lima）は一部の論者により批判の対象とされているが，そのような批判は必ずしも受け入れられていないこと，Lagarde は第4条5項により一方の契約を他方の契約の準拠法所属国に附従的に連結する余地を示唆していること，これらの点を挙げ，保証契約を主たる契約の準拠法所属国に附従的に連結する余地を否定することはできない旨判示している。その上でさらに，Dicey&Morris の見解，すなわち，履行地のみをもって第4条5項の適用を肯定することはできないが，履行地に非常に高い重要性を認めるべきであるとする見解を紹介し，履行地の重要性を肯定している。そして，控訴院は，ローマ条約第4条5項により即座に保証契約の準拠法を主たる契約のそれに一致させることはできないが，第4条5項の適用を正当化するその他の諸事情が存在する場合には，第4条5項を適用すべきであるとの基準を最終的に示した。

　控訴院は以上の判断基準に基づき，本件につき具体的に以下のように判示した。

　「本件において原審は保証契約が英語で作成されたという事実を参照した。国際的な商取引には一般的に英語が用いられることを考慮すれば，契約が英語で作成されたという事実それ自体はわずかな重要性を有するにすぎないように私には思われる。保証契約の一方の当事者たる X はイギリスに本拠を有するという事実にも原審は依拠した。裁判所の判断の対象となる問題（まさに第4条が解決を意図している問題）が生じるのは，それぞれの当事者の住所地の法のいずれかが準拠法であると判断されるべき契約につき両当事者間で紛争が存在する場合であることを踏まえれば，一方の当事者たる X がイギリスに本拠を有するという事実それ自体も重要性を欠く。第4条2項の推定は特徴的給付を履行する当事者に有利なかたちで問題を解決することを意図している。

　原審が注目した事実のなかでも，契約をイギリスに結び付けるためのより高い重要性を有するのは以下の事実であると私には思われる。すなわち，保証金の支払はイギリスにおいて履行されることになっており，それゆえ，有効な催促があったにもかかわらず保証金が支払われないという保証契約違反もイギリスにおいて同様に生じ，保証契約に基づく請求原因もイギリスにおいて生じることになるという事実である。Y の弁護人である Tolley 氏は，この種の国際的

◇ 第1節 ◇ ローマⅠ規則第4条3項の「明らかにより密接な関係」の要件

商業取引においては，履行地は取引上の重要性を有する問題というよりもむしろ会計上の技術的な問題であると主張した。しかしながら，保証契約の実施という観点からすれば，債権者にとって履行地は相当な重要性を有する問題である。

　さらに，保証契約において言及された事項，すなわち，Ａに対しRover Group（筆者注：Ｘが所属する企業グループ）の商品を継続して提供しなければならないという販売契約上のＸの義務は，原審の裁判官の議論の対象とはされなかったが，この事実について考慮することが適切であると私には思われる。Ｘの販売義務が履行される地を明確にするために，販売店契約に関する合意が保証契約において言及されたことは，Ｘによる商品の供給が『イギリスでの引渡による供給（delivery ex UK works）』であり，Ｙが特に指定しない限りポンドにおいて代金が支払われることを示している。それゆえ，相殺および反訴を主張することなく保証金を支払うというＹの保証契約上の債務のみならず，代金が支払われる予定であった当該商品を供給するというＸの商品供給債務も，イギリスにおいて履行されることとなっていた。したがって，保証契約について単独でみれば，保証契約の重心と呼ばれるものはイギリスに直接的に所在していたといえる。以上の諸事情に基づけば，保証契約において言及されたＸの義務に関する規定を除けば，保証契約の前提にある販売店契約に関する諸規定の如何にかかわらず，保証契約を単独でみても，第4条2項の推定を排除するに足る十分な材料が本件には存在するように思われる。保証契約それ自体に第3条所定の黙示的準拠法選択を見出すことができない場合，保証の対象となる契約中に準拠法条項が存在するということが第4条の適用において考慮される要素であるのか，考慮される要素であるとすればどの程度考慮されるのかという点について判断することは不要である。私としては，Credit LyonnaisにおいてHobhouse控訴院裁判官が既に挙げた諸理由により，上記の事情は第4条の適用においては考慮されないと述べたい。もっとも，この点に関する判断は不要であり，この問題が生じる事案および文脈は様々であることを踏まえればこの点に関して本件において判断することは望ましくない。」[19]

　本件においては，ローマ条約第4条2項により，特徴的給付の債務者たるＹ（保証人）の事業所が所在するエジプトが最密接関連地と推定される。しかし，控訴院は，第4条5項により，本件保証契約の最密接関連地はイギリスであると結論づけた。その主たる根拠は，保証契約上のＹの保証債務の履行地，

----

(19)　Samcrete Egypt Engineers and Contractors S.A.E. v Land Rover Exports Ltd [2001], paras. 45-49.

◆第2章◆　現　行　法

および，保証契約において言及された X（販売店）の販売店契約上の商品供給
義務の履行地，これらのいずれもイギリスである点に求められている。本件に
おいては保証契約の準拠法が問題となっているにもかかわらず，販売店契約上
の X の商品供給義務の履行地が重要視される点は必ずしも明確ではないが
（おそらくは保証契約中に X の商品供給義務に関する規定があったという理由による
と思われるが，そうであるとしてもなぜこの点が重要視されるのかは明確ではない），
保証契約上の保証債務の履行地，および，販売店契約上の商品供給債務の履行
地，これらをローマ条約第 4 条 5 項の適用過程において重要視する控訴院の立
場が明らかである。なお，控訴院は，原審の判断とは異なり，契約に使用され
た言語，特徴的給付の債務者とは異なる他方の当事者の常居所地，これらは重
要性を有しないと判断した。また，主たる契約である販売店契約中に準拠法条
項があるという事情に原審は高い重要性を認めたが，控訴院はこの点に関する
判断を回避した。

### (4) 欧州司法裁判所 2009 年 10 月 6 日先決裁定[20]

(Intercontainer Interfrigo SC（ICF）v Balkenende Oosthuizen BV and MIC
Operations BV)

以上のオランダ最高裁 1992 年 9 月 25 日判決およびイギリス控訴院 2001 年
12 月 21 日判決にみられるように，ローマ条約第 4 条 5 項の解釈基準に関する
各国の理解には相違があることが指摘されていた。オランダ最高裁は，それら
の見解のいずれを支持すべきかという点につき，Intercontainer Interfrigo SC
(ICF) v Balkenende Oosthuizen BV and MIC Operations BV において，欧州司
法裁判所に先決裁定を求めた。

#### (a) 事実の概要

Intercontainer Interfrigo SC（以下，X）はベルギーを設立地とする会社であ
り，Balkenende Oosthuizen BV（以下，$Y_1$）および MIC Operations BV（以下，
$Y_2$）はオランダを設立地とする会社である。

---

(20)　C-133/08 [2009] ECR I-9687.

◇ 第 1 節 ◇ ローマ I 規則第 4 条 3 項の「明らかにより密接な関係」の要件

1998 年 8 月, X は Y₁, Y₂ との間に貨物列車のチャーター契約を締結した。契約によれば, X は貨物列車を Y₂ の利用に供し, 鉄道による運送を実施する (carry out the rail transport) こととなっていた。X は, そのために, 機関車を購入し, 運行の実施上必要とされるサービスを手配した。Y₂ は第三者に対して積載スペースを貸し出し, 貨物列車の運行面を監督する (oversee the operational phase of the transport) ことになっていた[21]。貨物列車の運行区間はアムステルダム - フランクフルト間である。なお, 本件契約が書面化されることはなかった。X はベルギー法を準拠法とする契約書原案を Y₂ に対して送付したが, いずれの当事者によっても契約書原案に合意の署名がされることはなかった。

1998 年 10 月 20 日から 11 月 13 日の間, および, 同年 11 月 16 日から 12 月 21 日の間, 契約にしたがい, X により Y₂ に対し当該貨物列車が利用に供された。X は, Y₂ に対し, 前者の期間に提供した役務につき 107,512.50 ユーロの額の支払を 1998 年 11 月 27 日に請求し, 後者の期間に提供した役務につき 67,100 ユーロの額の支払を 1998 年 12 月 22 日に請求した。その後, 後者に対する支払は履行されたものの, 前者に対する支払は履行されなかった。X は, 2001 年 9 月 7 日, Y₁ および Y₂ に対し, 未払いの債務につき支払を行うよう催告したが, Y₁, Y₂ はこれに応じなかった。そこで, X は, 2002 年 12 月 24 日, オランダの地方裁判所 (Rechtbank te Haarlem) において, Y₁ および Y₂ を被告として訴えを提起し, 合計 119,255 ユーロの支払を求めた。

Y₁ および Y₂ の主張によれば, 当該チャーター契約の準拠法はオランダ法であり, X の訴えは出訴期限を経過している。これに対し, X は, 当該契約の準拠法はベルギー法であり, 当該訴えは出訴期限を経過していないと主張した。

オランダ地方裁判所は, まず, 本件チャーター契約をローマ条約第 4 条 4 項所定の物品運送契約に分類した。その上で, 第 4 条 4 項所定の連結点, すなわち, 荷積地, 荷揚地, 荷送人の主たる営業所地のいずれかと共通する運送人の主たる営業所地を本件においては見出すことができないため, 第 4 条 1 項の最密接関連地が改めて探求されなければならないと判断した。そして, Y₁, Y₂

---

(21)　Intercontainer (ICF) (C-133/08) [2009] ECR I-9687, Opinion of AG Bot, para. 18.

◆第2章◆　現　行　法

の営業所はオランダに所在すること，貨物列車の運行区間はオランダ－ドイツ間であったこと，荷積地はオランダであったこと，これらの事情に基づけば，オランダが最密接関連地であるとした。その結果，X の訴えは出訴期限を経過しているとして棄却された。X は控訴裁判所（Gerichtshof te Amsterdam）に上訴したが，控訴裁判所は地方裁判所の判断を支持した。

　最終的に X はオランダ最高裁に上訴した。そして，オランダ最高裁は，ローマ条約第 4 条の解釈に関する複数の争点につき欧州司法裁判所に先決裁定を求めたが，その一つが回避条項たる第 4 条 5 項の解釈に関する争点であった。（オランダ最高裁は，第 4 条 4 項の適用基準の他に，当該チャーター契約の性質決定[22]，および，当該チャーター契約の客観的分割の可否[23]について先決裁定を求

---

(22)　ローマ条約第 4 条 4 項 3 文によれば，ボエッジ・チャーター（single voyage charter party, SVC）以外のチャーター契約も，物品の運送を主たる目的とする限り，物品運送契約とみなされる。仮に，本件チャーター契約が，第 4 条 4 項 3 文により物品運送契約とみなされれば，物品運送契約について規定する第 4 条 4 項 2 文の抵触規則の適用を受け，荷積地，荷揚地，荷送人（Y₁および Y₂）の主たる営業所地のいずれかと一致する運送人（X）の主たる営業所地が最密接関連地として推定される。（もっとも本件ではそのような地が存在しないため，最終的には第 1 項の最密接関連地が改めて探求されることとなる。なお，本件においては，荷積地：オランダ，荷揚地：ドイツ，荷送人の主たる営業所地：オランダ，運送人の主たる営業所地：ベルギー，である。）反対に，当該チャーター契約が運送契約とみなされなければ，一般的な契約について規定する第 4 条 2 項により，特徴的給付を履行すべき当事者 X の主たる営業所地が最密接関連地として推定される。

　なお，ローマ条約の解釈上，チャーター契約の性質決定が問題となったのは，同条約においては物品運送契約につき特別の最密接関連地が推定されているためである。法適用通則法においてはそのような定めはない。法適用通則法上，物品運送契約については，その他の契約と同様に，第 8 条 2 項により，特徴的給付履行者の常居所地，すなわち運送人の常居所地が最密接関連地として推定される。このように，物品運送契約はその他の契約と特に区別されていないため，チャーター契約を物品運送契約とみなすか否かという論点は原則として特に重要な意味を持たない。すなわち，その限りにおいて，法適用通則法上，チャーター契約の性質決定の問題は生じない。

　もっとも，法適用通則法上，運送契約につき特別の最密接関連地を考慮する可能性は完全に否定されてはいない（物品運送契約につき，荷積地，荷揚地，荷送人の営業所地のいずれかと共通する運送人の営業所地という「連結点の集中を要求することによって，

142

◇ 第1節 ◇ ローマⅠ規則第4条3項の「明らかにより密接な関係」の要件

めた。)

　本件において第4条5項の解釈基準が争点となったのは以下の理由による。Xの主張によれば，本件チャーター契約は，第4条4項所定の物品運送契約には分類されず，第4条2項所定の一般的な契約に分類される。それゆえ，特徴的給付の債務者であるXの主たる営業所地の法（ベルギー法）が適用される。これに対し，オランダの地方裁判所および控訴裁判所は，本件チャーター契約を第4条4項所定の物品運送契約に分類した上で，当該チャーター契約においては第4条4項2文で推定される物品運送契約の最密接関連地（荷積地，荷揚地，荷送人の主たる営業所地のいずれかと共通する運送人の主たる営業所地）を見出すことができないとして，第4条1項によりオランダ法を最密接関連地法とした。さらに，両裁判所は，こうした判断に加えて，仮に本件チャーター契約がXの主張するように物品運送契約に分類されず，一般的な契約について規定する第4条2項により，Xの主たる営業所地の法であるベルギー法が最密接関連地法として推定されるとしても，$Y_1$，$Y_2$の営業所地および荷積地がオランダであること，貨物列車の運行区間がオランダ−ドイツ間であること，これらの事情を考慮すれば，第4条5項によりその推定は覆され，オランダ法がより密接な関係を有する地の法として適用されると判断した[24]。

　以上の議論を背景として，オランダ最高裁は，「事案の諸事情を全体として

――――――――――

　　　確かにその法が最密接関連地法である精度は上がるであろうが，物品運送契約について
　　　だけそのような連結点の集中を要件とすることに理由があるのか否かについて，なお検
　　　討を要する」とされる。（法例研究会『法例の見直しに関する諸問題(1)』（商事法務，
　　　2003）45頁）運送契約の最密接関連地についての議論が尽くされたとはいえないとすれ
　　　ば，運送契約に関するそうした論点とともに，チャーター契約の性質決定に関する本件
　　　のような問題がともに論じられることとなろう。

　(23)　ローマ条約第4条1項1文によれば準拠法選択が行われていない契約は最密接関連
　　　地法によるが，第4条1項2文により，契約の分離可能な部分がその他の地との間によ
　　　り密接な関係を有する場合，契約の当該部分は「例外的に」その他の地の法による。本
　　　件においては，客観的分割についてこのように規定する第4条1項2文の解釈が問題と
　　　なった。すなわち，本件チャーター契約を物品の運送に関する部分とその他の部分に分
　　　割した上で，物品の運送に関する事項についてのみ部分的に物品運送契約の準拠法を適
　　　用することができるかという点である。

　(24)　Intercontainer (ICF) (C-133/08) [2009] ECR I-9687, Judgment, para. 17.

◆第2章◆　現　行　法

みると，第4条2項ないし4項の連結基準が，連結するに値する真正の価値
（genuine connecting value）を一切有さないことが明らかである場合にのみ，第
4条2項ないし4項の推定は働かないと解釈されなければならないか，あるい
は，事案の諸事情を全体としてみると，その他の国との間により強い関係を有
することが明白である場合，第4条2項の推定は働かないと解釈されなければ
ならないか」という点につき先決裁定を求めた。なお，オランダ最高裁は欧州
司法裁判所に先決裁定を求めるにあたって「連結するに値する真正の価値
（genuine connecting value）」の文言を使用しているが，これは，既述のオラン
ダ最高裁1992年9月25日判決（Société Nouvelle des Papéteries de Ï Aa S.A. v. B.
V. Machinefabriek BOA）において用いられた「連結点としての実際の重要性
（real significance as a connecting factor）」に該当するものと思われる。

（b）判　旨

オランダ最高裁のローマ条約第4条5項に関する以上の照会に対し，欧州司
法裁判所は以下のように判示した。

　「Giuliano/Lagarde 報告書によれば，『すべての事情から判断して契約が第2
　項ないし第4項所定の推定において言及される国とは異なる国との間により密
　接な関係を示す場合には，その異なる国の法を適用する余地について規定する
　こと』が必要であると条約起草者が考えたことが明らかである。また，同報告
　書によれば，条約の第4条5項は『第2項から第4項の推定を適用しないこと
　を正当化する一連の諸事情がそれぞれの特定の事案において存在するか否かと
　いう点に関する裁量の余地』を裁判官に残しており，第4条5項は『ほぼすべ
　ての契約に適用されることが意図された一般的な抵触規則の必然的な対をなす
　ものである』ことが明らかである。
　　したがって，条約の第4条5項の目的は，第4条2項から4項によって充足
　される法的安定性への需要，および，当該契約が実際に最も密接な関係を有す
　る法を柔軟に決めることができるという意味での一定の柔軟性を規定する必要
　性，これらを調和させることによって，第4条に規定される一連の推定を補強
　しようというものである。
　　条約の第4条の第一の目的は最も密接な関係を有する国の法を契約に適用す
　ることにある。したがって，訴訟が係属している裁判所は，第4条2項から4
　項の推定が，契約が最も密接な関係を有する国を指し示さない場合，第4条5
　項によりそれらの推定を無視することによって，あらゆる場合において，最も

◇ 第 1 節 ◇ ローマ I 規則第 4 条 3 項の「明らかにより密接な関係」の要件

密接な関係の存在の立証にかなう基準を適用することが可能になると解釈されなければならない。

　それゆえ，第 4 条 2 項から 4 項の推定が，連結するに値する真正の価値（genuine connecting value）を一切有さない場合にのみ，推定は無視されるのか，それとも，契約がその他の国との間により密接な関係を有すると裁判所が判断した場合，推定は無視されるのか，という点が確認されなければならない。

　第 4 条 2 項から 4 項の推定は，準拠法の予測可能性に対する一般的な需要を満たし，それゆえ，契約関係における法的安定性を充足する。第 4 条の目的および文言から明らかなように，裁判所は常にこうした推定に基づいて準拠法を決定しなければならない。

　しかし，全体的な事情から判断して，契約が第 4 条 2 項から 4 項に規定される推定に基づいて指し示される国とは異なる国との間により密接な関係を有することが明らかであるときは，裁判所は第 4 条 2 項から 4 項を適用することを差し控えなければならない。

　こうした点を考慮に入れると，第 5 の付託内容（筆者注：オランダ最高裁の第 4 条 5 項の適用基準に関する照会）に対する答えは以下の通りとなる。すなわち，全体的な状況から判断して，契約が，第 4 条 2 項から 4 項に規定される一連の基準の一つに基づいて決定される国とは異なる国との間により密接な関係を有することが明らかである場合，裁判所は第 4 条 2 項から 4 項の推定を無視し，契約が最も密接な関係を有する国の法を適用しなければならない，という意味に第 4 条 5 項は解釈されなければならない。」[25]

　既述のように，本件においてオランダ最高裁は，「事案の諸事情を全体としてみると，第 4 条 2 項ないし 4 項の連結基準が，連結するに値する真正の価値を一切有さないことが明らかである場合にのみ，第 4 条 2 項ないし 4 項の推定は働かないと解釈されなければならないか，あるいは，事案の諸事情を全体としてみると，その他の国との間により強い関係を有することが明白である場合，第 4 条 2 項の推定は働かないと解釈されなければならないか」という点について欧州司法裁判所に先決裁定を求めたが，いずれの基準を採用すべきかという点に関する欧州司法裁判所の上記の判旨は明確ではない[26]。イギリスの Dick-

---

(25)　Intercontainer (ICF) (C-133/08) [2009] ECR I-9687, Judgment, paras. 58-64.

(26)　Remien も欧州司法裁判所の判旨を「あまりにも抽象的である」とする。Remien, Closest Connection and Escape Clauses, in : Leible ed., General Principles of European Private International Law, 2016, p. 221.

◆ 第2章 ◆ 現 行 法

inson は，ローマ条約第4条5項をより柔軟に解釈すべきであり，「連結する
に値する真正の価値」の有無を問題にすべきではないとの立場を欧州司法裁判
所は表明したと理解する[27]。欧州司法裁判所の判旨は明確ではないが，私見
としては，「連結するに値する真正の価値」の有無を重視しないという見解を
支持したようにも思われる。

なお，本件においては，チャーター契約につき，出発地（荷積地），および，
運送手段の利用の提供を受ける当事者（荷送人）の営業所地，これらが一つの
地に集積しているという事情が存在し，これらの事情は回避条項の適用を肯定
しうるかという点が一つの争点となりえた。しかし，オランダ最高裁の付託内
容が回避条項の一般的な適用基準について照会するものであったため，欧州司
法裁判所によりこの点が判断されることはなかった。

なお，以上の欧州司法裁判所の判断とは対照的に，Bot 法務官は以下のよう
に判断した。

> 「第4条5項の適用が当該議論の対象である。この点に関しては，二つのはっ
> きりとした見解があるように思われる。一つ目の見解においては，第4条5項
> は一般および特別の推定規定に従属するものであるとされる。これは少数派の
> 見解であるが，スコットランドおよびオランダの裁判所において採用されてい
> るように思われる。その見解によれば，事案の個別的な事情を考慮すると，契
> 約の特徴的給付を履行すべき者の主たる事業所地が連結点として実際に重要性
> を持たない場合にのみ，第4条5項は適用される。
> それゆえ，第4条2項から4項に規定される推定規定は強力であると理解さ
> れる。
> 二つ目の見解によれば，第4条5項の機能はより流動的で柔軟なものである。
> こうした見解においては，第4条2項から4項の推定規定は厳格なルールに則
> ることなく破棄され，裁判所は第4条2項から4項の推定規定について最初に
> 調べることなく，あるいはそれらの推定規定を排除する理由を述べることなく，
> 第4条5項の適用を選択することができる。」[28]

---

(27) Dickinson, Rebuttable Assumptions, Lloyd's Maritime and Commercial Law
Quarterly, 2010, p. 36.  Remien, Closest Connection and Escape Clauses, in : Leible ed.,
General Principles of European Private International Law, 2016, p. 221 も同旨。

(28) Intercontainer (ICF) (C-133/08) [2009] ECR I-9687, Opinion of AG Bot, paras.
71-73.

## ◇ 第1節 ◇ ローマⅠ規則第4条3項の「明らかにより密接な関係」の要件

「第4条2項から4項所定の推定規定によって指し示される地が契約との真の関連（true connection）を反映しない場合にのみ第4条5項を適用することが適切であると考える。なぜなら、法的安定性の原則を遵守し、ローマ条約がその実現を目的とする予測可能性を確実にするためである。

抵触規則の相違による不便性を解消し、抵触規則の適用に関する予測可能性を高めるためにローマ条約が採択されたことは周知のとおりである。また、ローマⅠ規則もこれらの点を目的としている。ローマⅠ規則前文(16)は『欧州の司法領域における法的安定性の確保という本規則の一般的な目的に資するためには、抵触規則は高い予見可能性を有さなければならない』と規定する。

ローマ条約の起草者は法的安定性を高めるために推定規定を設けることとした。それらの推定規定は、契約が最も強い関係を有すると思われる国の法を指定することを意図している。例えば、第4条3項によれば、不動産の賃貸借契約については目的物が所在する国の法が指定される。

しかし、そのように指定された国の法が契約との間に真正の関連（genuine connections）を有さないと裁判所が判断した場合、それらの推定はもはや推定以上の意味を持たず覆される。このことが第4条5項を正当化する理由であるように思われる。

不動産の賃貸借契約に戻ると、フランス国籍を有する当事者間でイタリアに所在する不動産の数か月間の賃貸借が合意された場合、当該契約はフランスとの間により強い関係を有すると考えることができる。この場合、推定規定により指定される国とは異なる国に多くの要素が集中している。契約の両当事者はフランス国籍を有し、契約は疑いなくフランスで締結されており、演繹的に考えて、フランス法が準拠法となれば両当事者の利益に沿うことになる。というのも、少なくとも両当事者の使用言語がフランス語であるという点からそのように説明することができ、また、両当事者はフランス法の知識を有していると思われるからである。

最終的に契約との間にわずかな真の関連しか有さない国の法を独断的に強制しないという要望が、抵触規則の適用における柔軟性を正当化する。」[29]

Bot 法務官は、第4条2項から4項によって推定される最密接関連地が契約との間に「真の関連（true connection）」、「真正の関連（genuine connections）」を有さない場合にのみ、第4条5項によりその他の地の法が適用されるべきであるとする。その根拠は、ローマ条約の目的、すなわち、準拠法に対する予測可能性を高め、法的安定性を確保することに求められている。さらに、ローマ

---

(29)  Intercontainer (ICF) (C-133/08) [2009] ECR I-9687, Judgment, paras. 74-79.

◆第2章◆　現　行　法

Ⅰ規則の目的も同様であることが同規則の前文(16)を根拠として説明されている。もっとも，前文(16)の第2文においては，「ただし，国内裁判所は，事案と最も密接な関係を有する法を決定することができる程度の裁量を有さなければならない」と規定されるが，その点については触れられていない。

　Bot法務官が使用する「真の関連」，「真正の関連」の文言は，オランダ最高裁が使用する「連結点としての実際の重要性」，「連結するに値する真正の価値」の文言に対応するものであると思われる。そうであるとすれば，Bot法務官は，オランダ最高裁が採用するより厳格な適用基準への支持を表明したこととなる。もっとも，Bot法務官は，契約が第4条2項ないし4項所定の地との間に「真正の関連」を有さない場合の例として，イタリアに所在する不動産の数か月の賃貸借契約がフランス国籍を有する当事者間でフランスにおいて締結されたという事例を挙げる。この場合，第4条3項により不動産の所在地であるイタリアが最密接関連地として推定されるが，契約はイタリアとの間に「真の関連」を有さないため，回避条項たる第4条5項によりフランス法が準拠法として指定されるとBot法務官は指摘する。むろん，Bot法務官が挙げる上記の事例は債権契約ではなく物権契約を対象とするものであるが，その説明から，Bot法務官のいう「真の関連」の概念はオランダ最高裁のいう「連結としての実際の重要性」の概念ほどには第4条5項の適用を厳格に制限するものではないことがうかがわれる。

### (5)　ローマ条約第4条5項の適用基準

　ローマ条約第4条5項の適用基準として，オランダ最高裁がSociété Nouvelle des Papéteries de Ĭ Aa S.A. v. B.V. Machinefabriek BOAにおいて示した基準（原則的連結点が「連結点としての実際の重要性」を一切有しない場合にのみローマ条約第4条5項を適用するという基準），および，イギリス控訴院がSamcrete Egypt Engineers and Contractors S.A.E. v Land Rover Exports Ltdにおいて示した基準（「原則的連結点とは異なる地を指し示す連結可能な要素が優勢である」場合には第4条5項を適用することができるという基準），これらの基準のいずれが適切であるか。この点について判断するためには，オランダ最高裁の示した「連結点としての実際の重要性」の内容について検討しなければな

◇第1節◇　ローマⅠ規則第4条3項の「明らかにより密接な関係」の要件

らない。オランダ最高裁は，売主Xが契約締結の最終的な権限を有していた
こと，XY間において技術的な詳細に関する打ち合わせが行われたこと，これ
らを理由として，特徴的給付の債務者たるXの常居所地は「連結点としての
実際の重要性」を一切有しないわけではないと判示した。しかしながら，契約
当事者の一方である特徴的給付の債務者が契約締結の最終的な権限を有しない
場合などほぼ想定されえないことを踏まえれば，オランダ最高裁の示した適用
基準に依拠した場合，第4条5項の適用を肯定することができる場合は存在し
ないに等しいこととなり，第4条5項の存在意義は完全に失われよう。した
がって，「連結点としての実際の重要性」の概念をオランダ最高裁が示したよ
うな意味で理解することはできないように思われる。この点，Bot法務官は，
契約が第4条2項ないし4項所定の地との間に「真正の関連」を有さない場合
にのみ第4条5項の適用を肯定すべきであるとし，オランダ最高裁が示した厳
格な適用基準を支持しているように思われるが，それと同時にオランダ最高裁
が示した適用基準よりも緩やかな基準を支持しているようにも思われる。オラ
ンダ最高裁が示した厳格な適用基準をBot法務官のように理解すれば，確か
に第4条5項の存在意義が完全に失われることはない。もっとも，オランダ最
高裁の基準をBot法務官のように理解すれば，イギリス控訴院が示したより
緩やかな基準との相違が曖昧となる。Bot法務官は，オランダ最高裁の厳格な
基準と対峙するより緩やかな基準によれば，「裁判所は，最密接関連地に関す
る推定規定について最初に調べることなく，あるいは，それらの推定規定を排
除する理由を述べることなく」回避条項を適用することができると説明し，よ
り緩やかな基準を批判する。しかしながら，少なくともイギリス控訴院が示し
た基準は推定規定の完全な排除を意味するものではない。また，学説上も，イ
ギリスにおいて採用される基準はそのような推定規定の完全な排除を意図して
はいないと指摘される。その指摘によれば，イギリスにおいては原則的な最密
接関連地とは異なる地に契約の要素が複数集積すればよいとされる[30]。

　ローマ条約第4条5項に関する以上の議論のそもそもの問題は，同規定所定

---

(30)　Dickinson, Rebuttable Assumptions, Lloyd's Maritime and Commercial Law
　　　Quarterly, 2010, p. 32.

149

◆ 第 2 章 ◆ 現 行 法

の「より密接な関連」という抽象的で白地的な文言を,「連結点としての実際の重要性」,「原則的連結点とは異なる地を指し示す連結可能な要素が優勢である」といった抽象性においてほとんど差がないその他の文言に置き換えるというその手法にあるように思われる。わが国においては,不法行為に関する回避条項の適用要件として,当該不法行為とある地の単なる地理的な関連の累積ではなく,当該不法行為とある地の「質的に」重要な関連の累積を求める見解がある[31]。これは,米国抵触法における利益分析の手法を手掛かりとして,当該不法行為に関する一般的な実質法上の立法政策(「一般的な」という文言はある一国の実質法上の立法政策ではないことを意味するとされる)を最もよく実現する連結点を「質的に」選択された連結点とする見解である。当該法律関係に関する一般的な実質法上の立法政策があることを前提とし,当事者の正当な期待の保護,法廷地漁りの防止等の抵触法上の立法政策のみならず,そのような実質法上の価値判断を「より密接な関係」の有無の判断において考慮しようとする点にその特徴がある。仮に,「連結点としての実際の重要性」という概念に,上記のような実質法上の立法政策を達成する上での重要性という意味を含有させるのであれば,回避条項の一般的な適用基準をめぐる二つの見解の差異,対立の実質的な意義を見出すことができるのかもしれない。しかし,そうした理解はヨーロッパ国際私法上の学説,判例によっては示されていない。

---

(31)　不破茂「不法行為準拠法における実質法の機能——米国抵触法とローマⅡの対比において」『国際私法年報 13 (2011)』(2012) 131 頁においては,ローマⅡ規則第 4 条 3 項(不法行為に関する回避条項)に関して以下のような説明が行われている。「密接関連性のテストには,地理的関連の存在認識と,その関連の重要性の評価という側面とを含み,関連の重要性の評価は,原則的準拠法よりもその国の法を適用することが適切であるという評価すなわち価値判断である。そこで,密接関連性テストは,関連の単純な累積ではなく,当該不法行為分野における一般的政策と領域的関連との結び付きを考慮して質的に選択するものであるという解釈が可能であるかもしれない。」質的な連結点の選択の例としては,製造物責任における市場地,自動車事故における登録地,が挙げられている。当該法律関係に関する一般的な実質法上の立法政策を最もよく実現する連結点が質的に重要な連結点であるが,「一般的な実質法上の立法政策」とはある特定の国における実質法上の立法政策とは区別されるとされる。例えば,製造物責任に関する一般的な実質法上の立法政策は,ローマⅠ規則第 5 条(製造物責任)の立法趣旨について規定する前文(20)を拠り所として説明されている (127 頁)。

150

◇第1節◇ ローマⅠ規則第4条3項の「明らかにより密接な関係」の要件

## (6) ローマⅠ規則第4条3項に関する議論

以上はローマ条約第4条5項に関する議論であるが，それではローマⅠ規則第4条3項の「明らかに」の文言に，オランダ最高裁が示した厳格な基準，すなわち「連結点としての実際の重要性」の有無を重視する基準を読み込むべきか。

欧州委員会は，ローマⅠ規則に関するグリーン・ペーパーにおいて，以下のようにオランダ最高裁の Société Nouvelle des Papéteries de l'Aa SA v. BV Machinefabriek BOA について言及している[32]。

> 「ローマ条約の文言および精神を踏まえれば，裁判所は第4条2項の推定から始めることを当然期待される。その他の諸事情が第4条2項により指定された法とは異なる法に明確に有利に作用するがゆえに，第4条2項により指定された法が適切ではないことが明らかである場合にのみ，はじめて裁判所は『例外条項（escape clause）』を使用することができる。これはまさにオランダ最高裁の判断において示された規則である。オランダ最高裁は，裁判所はまず第4条2項の推定を適用しなければならず，推定により得られた法を適用することが当該事案には不適切であることが明らかである場合にのみ推定を排除できると判断した。」

欧州委員会がオランダ最高裁の同判決についてこのように言及したことをもって，ローマⅠ規則第4条3項の「明らかに」の文言にオランダ最高裁の基準を読み込むべきことが立法上意図されていたとすべきか否かという点には議論の余地があろう。しかしながら，既に指摘したように，「連結点としての実際の重要性」という概念をオランダ最高裁のいう意味に理解すれば，ローマⅠ規則第4条3項の存在意義は完全に失われてしまうため，そのように理解すべきではないであろう。そして，オランダ最高裁の立場を支持する Bot 法務官のように理解すれば，イギリスにおいて支持されているとされるより緩やかな基準との違いが非常に曖昧になる。したがって，ローマⅠ規則第4条3項の要件たる「明らかにより密接な関連」の「明らかに」の文言に，オランダ最高裁

---

(32) Commission, Green Paper on the conversion of the Rome Convention of 1980 on the law applicable to contractual obligations into a Community instrument and its modernization, COM（2002）654 final.

◆第2章◆　現　行　法

が示した「連結点としての実際の重要性」の有無を重視する基準を読み込むことは適切ではないように思われる。このように，「明らかに」の文言に，オランダ最高裁の採用する基準（「連結するに値する真正の価値」，「現実の重要性」等の概念を重視する基準）を読み込むべきではないとの見解は，イギリス，スコットランドの一部の論者によっても示されている[33]。

## ◆ 第2節 ◆　ローマⅠ規則第4条3項の適用基準

　回避条項たるローマⅠ規則第4条3項は，契約が第1項および第2項の原則的連結によって導かれる国とは異なるその他の国に対して「明らかにより密接な関係」を示す場合に，第1項，第2項の適用に代えて，その他の国の法を準拠法として指定する。それでは，第3項所定の「明らかにより密接な関係」の存在を肯定するためには具体的にいかなる事情が必要か。本節では，この点に関するドイツの Thorn[34] および Martiny[35] の見解を紹介，検討する。

### 1　Thorn の見解

　いかなる事情が存在すれば，当該事情をもって原則的連結（ローマⅠ規則第4条1項，2項）を回避し，契約が「明らかにより密接な関係」を示す地（第4条3項）に連結することができるか。この点について議論する際の検討対象としては，例えば，履行地，契約締結地，当事者の国籍などの事情をまず考えることができる。さらに，こうした事情に加えて，準拠法が争われている当該契約と密接な関係を有するその他の契約が存在するという事情も検討対象とす

---

(33)　Dickinson, Rebuttable Assumptions, Lloyd's Maritime and Commercial Law Quarterly, 2010, p. 36; P. R. Beaumont/P. E. McEleavy, Private International Law A. E. Anton (3rd ed, 2011), pp. 646 f.

(34)　Thorn, in : EuZPR/EuIPR, Art 4 Rom I-VO, 2011.

(35)　Martiny, in : Münchener Kommentar zum Bürgerlichen Gesetzbuch, Art.4 ROM I-VO, Bd 10, 5. Aufl., 2010.

152

◇ 第2節 ◇ ローマ I 規則第4条3項の適用基準

ることができる。仮に，準拠法が争われている当該契約と密接な関係を有する
その他の契約の存在を考慮するとすれば，当該契約はその他の契約の準拠法所
属国との間に「明らかにより密接な関係」を示すとして，その他の契約の準拠
法所属国に附従的に連結されることとなる。Thorn は，以上のように，①履
行地，契約締結地，国籍等の事情のような，その他の契約には関連しない事情，
および，②関連するその他の契約の存在という事情（保証契約にとっての主たる
契約等），これらを区別してローマ I 規則第4条3項の適用基準について論じ
ている。以下では，Thorn の叙述の順序に従い，①，②の順に，第4条3項
の適用基準に関する Thorn の見解を紹介，検討する。

**(1) 履行地，契約締結地，国籍などの事情**

Thorn は，履行地，契約締結地，公的機関の関与等の事情について以下の
ように評価する。

> 「第3項の意味における『より密接な関係』の有無について判断する際に，最
> も重要な決め手となるのは，債務契約に基づいて発生する給付の履行地，特に
> （双務契約においては）給付と反対給付のそれぞれの履行地である。個別具体的
> 事案において当該の給付と反対給付が同一の国にある場合には，全体としてみ
> ると，給付交換の重心，そしてそれゆえ契約の重心がまさしく上記の国にある
> と解釈することを基礎づけるような，『より密接な関係』の存在を肯定するため
> の強い証拠が認められる。このことが当てはまるのは，例えば現金取引（Bar-
> kauf）の場合である。この場合には，売主の常居所地よりも，統一的に示され
> る履行地の方が，給付交換に対してより高い重要性を典型的に示すものと認め
> られる。
> 履行地とは異なり，契約締結地は『明らかにより密接な関係』を基礎づける
> ほどに十分に重要な決め手とはなりえない。契約締結地は，例えば両当事者に
> とって当該場所が距離的に利用可能であったというような，（一般的に）給付交
> 換とは関連のない理由により当事者によって選択される。こうした場所は，時
> として偶然的な要因によって決定され，たいていの場合は一時的な重要性しか
> 有しない地である。これは特に見本市での売買にも当てはまる。それゆえ，契
> 約締結地は『明らかにより密接な関係』の存在を肯定するための証拠であると
> は認められない。………
> 例えば，契約の成立のために公的機関の許可が必要な場合，あるいは，裁判
> 官や公証人のような文書によって公的な証明，記録を行う者が契約の成立に関

153

◆ 第 2 章 ◆　現 行 法

与することが形式的に必要とされる場合においては，契約の成立に際して公的
機関が関与している。このような場合においても，原則として契約締結地は
『明らかにより密接な関係』の存在を裏付けるものとしては認められない。むし
ろ，契約の成立に際して，国家法に定められた申請書類が使用されている場合，
それはローマⅠ規則第3条1項2文後半の黙示的な準拠法選択が存在すること
を示している。管轄裁判所および仲裁裁判所に関する専属的合意が行われた場
合にも同様の指摘が当てはまる。ただし，公的機関の関与が契約締結を制限す
るものではなく，まさに給付交換そのものに関するものであるときに限って，
ローマⅠ規則第4条3項の「明らかにより密接な関係」が考慮される。これは，
例えば貿易に関する規制法や武器輸出に関する規制法に従って許可が下される
ような場合である。

　『明らかにより密接な関係』の有無について判断する際に，もう一つの重要な
決め手となるのは契約締結当事者の常居所地である。確かに，特徴的給付を履
行すべき当事者の常居所地は，通常，第1項および第2項の原則的連結として
すでに考慮されている。しかし，第19条2項によりかかる当事者の従たる営業
所の所在地に連結される余地があり，その結果，当事者の本来的な本拠とは異
なる連結が生じる。原則的連結が行われる場合，特徴的給付を履行すべき当事
者とは異なるもう一方の当事者の常居所地は本来重要とはされない。例えば，
フランスに常居所を有する買主がパリに常居所を有する事業者に商品を注文し，
その商品はメス（フランス北東部の都市）に配送されることとなっているとす
る。この商品はルクセンブルクに所在する当該事業者の従たる営業所によって
その注文処理が行われるとする。この事例においては，第19条2項との関連で，
第4条1項a号により，ルクセンブルク法が準拠法とされることになる。しか
し，このような事例において，回避条項たる第3項の適用によりフランス法を
準拠法とすることがより自然である（näher liegen）か否かが検討されなければ
ならない。

　これに対して，当事者の国籍は，『明らかにより密接な関係』の有無について
判断する際の適切な決め手とはならない。というのも，国籍は給付義務といか
なる関連も有さないからである。ただし，例えば，婚約者間で男性側から女性
側に供される贈り物（Brautgeschenke）のように，当事者の文化的アイデン
ティティ（die kulturelle Identität）が重要な意味を持つ場合には，場合によっ
ては異なった考慮が働く。

　物権契約に関しては，第4条1項c号により，不動産の所在地法が準拠法と
なる。不動産を契約の対象物とするにもかかわらず，この第4条1項c号の規
律対象に含まれない契約に関しては契約の対象物の所在地が特別な意味を持つ。
これは，例えば建築設計委任契約，不動産業者が関係する契約，および，建設

◇ 第 2 節 ◇ ローマ I 規則第 4 条 3 項の適用基準

の管理監督に関する契約である。請負契約，特に工場建設に関する国際的な請
負契約においては，工事現場が契約対象物の所在地となる。これらの事例にお
いては，契約対象物の所在地が，第 4 条 3 項を適用するために必要とされるそ
の他の手掛かりと相まって，原則的連結の排除を導く決め手となる。

　以上とは異なり，動産に関する契約に関しては，物の所在地はそれほど重要
な意味を持たない。ただし，海上船舶に関する債務負担行為（Verpflichtung-
sgeschäfte）が問題となる場合には，旗国が——不動産契約における物の所在地
と同一視され——重要な意味を持つ可能性がある。

　保険契約においては，リスクの所在地が物の所在地と同様の意味を有する。

　契約に使用された言語は，契約の重心がどこに所在するか判断するための手
掛かりとはならない。というのも，契約に使用された言語は，給付といかなる
関連も有さず，たいていの場合，契約とは関係のない理由によって選択される
からである。

　取引において使用される通貨が契約上合意されている場合，確かに，ここに
給付との関連性を見出すことができる。しかし，これは，その他の手掛かりと
一緒になってはじめて『明らかにより密接な関係』の存在を肯定することが適
切に思われるような脆弱な手掛かりでしかない。ただし，銀行取引契約におい
ては，いかなる国の通貨が使用されているかという点はより重要な意味を持つ
可能性がある。

　私法的債務関係において，国家が契約当事者として関与しているとしても，
このことは，当該国家法と契約との間の『明らかにより密接な関係』を肯定す
るための手掛かりとはならない。なぜならば，国家が私法的取引に参加する場
合については，当該国家と私人を平等に取り扱わなければならないという厳し
い原則があるからである。」(36)

　Thorn によれば，「明らかにより密接な関係」の存在を示す手掛かりとして
高い重要性を有するものは以下の七点である。すなわち，①履行地，②当事者
の常居所地，③給付交換そのものに関するような公的機関の関与（例えば，貿
易，武器輸出に関する規制法にしたがって許可が下される場合），④当事者の文化
的アイデンティティが重要な意味を持つ場合（例えば，婚約者間の贈与契約）に
おける国籍，⑤建築設計委任契約，不動産業者が関係する契約，建設の管理監
督に関する契約，これらの契約における不動産所在地，⑥海上船舶に関する債
務負担設定行為における旗国，⑦銀行取引における通貨，これらである。特に，

――――――――――
(36)　Thorn, a.a.O. (Anm. 34), RdNr. 139-147.

◆第2章◆　現　行　法

双務契約における共通の履行地については，「第3項の意味における『より密
接な関係』の有無について判断する際に，最も重要な決め手となる」として，
その重要性が高く評価されている。Thorn は，上記引用部において，保険契
約におけるリスクの所在地は「物の所在地と同様な意味を有する」と説明し，
さらに上記引用部とは異なる箇所において，再保険契約におけるリスクの所在
地は重要な意味を有しうると評価している[37]。すなわち，Thorn は，⑧再保
険契約におけるリスクの所在地についてもその重要性を高く評価している。

　他方，重要性が低い事情として以下の七点が挙げられている。すなわち，①
契約締結地，②給付交換そのものに関わらないような公的機関の関与，③当事
者の文化的一体性が重要な意味を持たない場合の国籍，④動産の所在地，⑤使
用言語，⑥使用通貨，⑦契約当事者としての国家，これらである。

　それでは，上記の Thorn の見解をどのように評価することができるか。
Thorn の見解に対しては，以下の点が指摘されよう。

　第一に，ローマⅠ規則第4条3項所定の「明らかにより密接な関係」の存在
を示す手掛かりとして重要性の高い事情，および，重要性の低い事情，これら
の線引きを行う際に用いられる基準がいかなる基準か極めて不明瞭なまま残さ
れている点について指摘しなければならない。推測するに，Thorn の見解に
おいては，当該事情が「給付と関係を有する」か否かが基準とされているよう
に思われる。というのも，Thorn は，例えば，契約締結地に関しては「給付
交換とは関連のない理由により当事者によって選択される」と述べ，国籍につ
いても「給付義務といかなる関連も有さない」と述べている。さらに，使用言
語についても「給付といかなる関連も有さ」ないと述べ，その上でこれらの事
情はわずかな重要性を有するに過ぎないと評価している。もっとも，当該事情
が「給付と関係を有するか」否かという点は，第3項所定の「明らかにより密
接な関係」の概念と同程度に非常に抽象的である。それゆえ，「給付と関係を
有する」か否かをいかに判断するのか，「給付と関係を有する」か否かをなぜ
論点とするのか，これらに対する説明が求められよう。

　なお，重要性の高い事情，および，重要性の低い事情，これらの線引きを行

---

(37)　Thorn, a.a.O. (Anm. 34), RdNr. 133.

◇ 第2節 ◇ ローマI規則第4条3項の適用基準

う際の基準として，当該事情が「給付と関係を有する」か否かという基準とは
異なる基準も Thorn は考慮していることがうかがわれる。というのも，
Thorn は，使用通貨に関しては「給付との関連性を見出すことができる」と
評価しながらも，「脆弱な手掛かりでしかない」という結論を下しているから
である。こうした結論からは，ある事情が「給付との関連性」を有するにせよ，
必ずしも当該事情が「より密接な関係」を裏付けるものとなるわけではないこ
とがうかがわれる。そうであるとすれば，ある事情が「より密接な関係」の存
在を示す手掛かりとして高い重要性を有するためには，「給付との関連性」以
外のいかなる要件が必要とされるのかという点についても説明が求められよう。

　さらに，Thorn が挙げた各事情が相互にいかなる関連性を有するかという
点も問題として残される。ここで便宜上，ローマI規則第4条3項に関する適
用基準として，「～の事情があるとき（要件），『明らかにより密接な関係』が
ある（効果）」という適用基準 $a$ を考えることとする。Thorn は，「明らかによ
り密接な関係」の存在を肯定するために高い重要性を有する事情をいくつか挙
げているが，これは適用基準 $a$ に即していえば，それらの事情が適用基準 $a$ の
要件に含まれることを意味する。それでは，それらの事情は適用基準 $a$ の要件
に選択的に含まれるのか，あるいは累積的に含まれるのか。例えば，「明らか
により密接な関係」の存在が肯定されるためには，履行地，当事者の共通常居
所地のいずれかが一つの地に示される必要があるのか（選択的要件として適用
基準 $a$ に含まれるのか），それとも，両者がともに一つの地に集中する必要があ
るのか（累積的要件として適用基準 $a$ に含まれるのか）。また，仮に，各事情が選
択的要件となる場合には，各事情間の優先順位が問題となる。例えば，履行地，
当事者の共通常居地が選択的要件として適用基準 $a$ の要件に含まれるとすれば，
両者が異なる地を示す場合には，いずれかが優先されなければならないからで
ある。以上の点は，第3項を実際に適用するにあたって重要な問題として残さ
れよう。

　第二に指摘すべき点は，回避条項たるローマI規則第4条3項，および，黙
示的準拠法選択について規定する同規則第3条1項，これらの関係性である。

　Thorn は，公的機関の関与という事情が重要性を有しない理由として，当
該事情は黙示的準拠法選択の有無において考慮されるべき事情であることを挙

157

◆第2章◆　現　行　法

げている。ある事情が黙示的準拠法選択の有無において考慮されるべきことは，当該事情が「明らかにより密接な関係」の有無において考慮されない理由として成り立つか。この点について判断するためには，黙示的準拠法選択の有無（第3条1項）に関連して考慮される事情，および，「明らかにより密接な関係」の有無（第4条3項）に関連して考慮される事情，これらの関係性が明らかにされなければならない。すなわち，両者は重複するのか，それとも完全に相容れないのかという問題である。公的機関の関与という事情に関するThornの見解，すなわち，公的機関の関与は黙示的準拠法選択の存在を裏付ける事情として評価すべきであり，それゆえ，「明らかにより密接な関係」の存在を裏付ける事情としては評価すべきではないという見解を前提とすれば，両者は完全に相容れないとThornは考えているように思われる。

　しかしながら，そもそも，黙示的準拠法選択の有無という論点は主観的連結に関する論点であり，「明らかにより密接な関係」の有無という論点は客観的連結に関する論点である。その意味において両者は別々の論点であり，ある事情が一方の争点において考慮されると同時に，他方の争点においても考慮されるとしても問題はないように思われる。もっとも，両事情の内容を完全に重複させれば，両争点を別個に設ける意義が失われ，黙示的準拠法選択の有無を問題とする第3条とは別個に，「明らかにより密接な関係」の有無を問題とする第4条3項を規定する必要はなくなる。すなわち，黙示的準拠法選択の存在が認められる場合には必ず「明らかにより密接な関係」の存在が認められることとなり，黙示的準拠法選択の有無につき結論が出れば，「明らかにより密接な関係」の有無についてわざわざ結論を出す必要はなくなる。このように，黙示的準拠法選択の存在を裏付ける事情，および，「明らかにより密接な関係」の存在を裏付ける事情，これらの事情が完全に重複することにより，黙示的準拠法選択の有無，および，「明らかにより密接な関係」の有無，これら二つの争点を別個に設ける必要が失われることをThornは危惧したのかもしれない。もっとも，両事情が完全に重複するだけでは，両争点を別個に設ける意義は完全には失われない。両事情が完全に重複するのみならず，両事情が重複することによって両争点の判断基準の要件が完全に一致しなければ，両争点を別個に設ける必要性は失われない。例えば，黙示的準拠法選択の有無，「明らかによ

158

◇ 第2節 ◇ ローマⅠ規則第4条3項の適用基準

り密接な関係」の有無，これら両者の争点において，当事者の共通常居所地が
重複して考慮されるとしても，一方の争点においては選択的要件として位置付
けられ，他方の争点においては累積的要件として位置付けられるということが
ありうる。こうした場合には，黙示的準拠法選択の有無，「明らかにより密接
な関係」の有無，これらのいずれにおいてもある事情が考慮されるにせよ，当
該事情がそれぞれの判断基準に組み込まれる方法には差異があり，両者の争点
に関する判断基準が完全に同一となることはない。

### (2) 関連するその他の契約に関する事情

Thorn は，ローマⅠ規則第4条3項の「明らかにより密接な関係」の有無
について判断する際に，準拠法が争われている当該契約と密接な関係を有する
その他の契約の存在についても考慮すべきであるとする。すなわち，準拠法の
如何が争われている当該契約，および，当該契約と密接な関係を有するその他
の契約，これらの間の密接な関係性を考慮し，第4条3項により，当該契約を
その他の契約の準拠法所属国に附従的に連結するという理解である。例えば，
主たる契約の債務を保証するために締結された保証契約の準拠法が争われてい
るとする。この場合，保証契約が主たる契約との間に有する関連性を重視すれ
ば，保証契約は主たる契約の準拠法所属国との間に「明らかにより密接な関
係」を示し，主たる契約の準拠法所属国に附従的に連結されることとなる。

それでは，いかなる関連性を有するその他の契約が存在すれば，第4条3項
の「明らかにより密接な関係」の存在を肯定することができるか。以下はこの
点に関する Thorn の見解である。

> 「判例および学説は，法的安定性の創出を目的として，第4条3項の『明らか
> により密接な関係』が規則的に認められるような事例類型の整理を行ってきた。
> このような事例類型に該当するのは，既に言及した現金取引の場合と並んで，
> 附従的連結（akzessorische Anknüpfung）が問題となる場合である。複数の契
> 約が，その内容から判断して相互に関係し，それゆえ大きなまとまりを構成し
> ていると認められるほどに相互に結びついている場合，一定の条件のもとで，
> 主たる法律関係の準拠法にその他の契約は服す。したがって，附従的連結は複
> 数の契約間の準拠法の実質的な調和（materille Harmonie）に貢献することにな
> る。上記の附従的連結が認められるためには，まず，問題となる複数の契約間

159

◆ 第2章 ◆　現 行 法

において，経済的および法的に密接な関連性が存在することが求められる。こうした関連性は，例えば，消費貸借契約とその債権担保のために締結される担保契約との間，および，販売店契約とその実施のために締結される物品供給契約との間に見出される。企業買収契約あるいは事業協力契約（Kooperationsvertrag）のような複雑な取引についても，これらの取引のために締結される複数の契約，例えばライセンス契約のような契約との間に密接な関係が示される。

　複数の契約が外見上完全に一つの文書にまとめられているという事情だけでは，それらの契約を附従的に連結するために必要とされる関連性を裏付けることはできない。

　附従的連結が認められる前提として，さらに，以下のことが必ず必要とされる。すなわち，附従的連結の対象となる複数の契約が同一の当事者間で締結されたものであること，あるいは，主たる契約の効力に主たる契約の締結当事者ではない第三者が拘束されていること，これらの点である。第三者が主たる契約の効力に拘束されていないにもかかわらず，第三者が関与している当該契約を主たる契約の法律関係に附従的に連結すれば，その第三者の抵触法的利益は最初から考慮の外におかれてしまうこととなる。それゆえ，附従的連結が認められるための条件として，複数の契約が同一の当事者間で締結されていることを要求することは，第三者に負担を課す契約は認められないという規則を抵触法のレベルにおいて考慮し，契約に関与する複数の当事者間における機会の平等（Chancengleichheit）を保護するために役立つ。それゆえ，下請契約を元請契約の準拠法に附従的に連結することができるのは，下請人が元請契約の効力に服している場合に限られる。保証人債務と主債務との間における法律関係，および，仲立契約・代理商契約とこれらの契約を媒介として締結される契約との間における法律関係にも，以上の点が当てはまる。

　つまり，契約が第4条1項および第2項の原則的連結によって指定される国とは異なる国に『明らかにより密接な関係』を示し，それゆえ統一的に連結を行うことが要求されていると思われるような場合にのみ，同条第3項によって原則的連結は排除され，附従的連結が行われるべきである。したがって，附従的連結は，複数の契約間の準拠法の実質的調和という特別な秩序利益が存在することを必要としている。この秩序利益は統一的に連結が行われなければ損なわれるものである。」[38]

いかなる場合に，第4条3項により，準拠法が争われている当該契約をその他の契約の準拠法所属国に附従的に連結することが肯定されるか。この点に関

---

(38)　Thorn, a.a.O. (Anm. 34), RdNr. 148-151.

◇ 第2節 ◇ ローマⅠ規則第4条3項の適用基準

連すると思われるのは、「複数の契約が、その内容からして相互に関連し、そ
れゆえ大きなまとまりを構成していると認められるほどに、相互に結びついて
いる場合、一定の条件のもとで、主たる法律関係の準拠法にその他の契約は服
す」という説明、および、「附従的連結が認められるためには、まず、問題と
なる複数の契約間において、経済的および法的に密接な関連性が存在すること
が求められる」という説明である（上記引用部第1段落）。もっとも、「大きな
まとまり」、「経済的および法的に密接な関連性」等の概念は第3項所定の「明
らかにより密接な関係」とその抽象性においてほとんど変わりがなく、単なる
言い換えに過ぎないようにも思われる。したがって、「大きなまとまり」、「経
済的および法的に密接な関連性」、これらの有無について判断するための具体
的な基準が必要となる。この点、Thorn は、①複数の契約が一つの文書にま
とめられているという事情しか存在しない場合、および、②複数の契約が同一
の当事者間で締結されておらず、かつ、主たる契約の効力に主たる契約の当事
者ではない第三者が「拘束」されていない場合、これらの場合には附従的連結
は認められない、というより具体的な基準を提示している。Thorn のこうし
た説明を踏まえれば、これらの場合には、「大きなまとまり」、「経済的および
法的に密接な関連性」の存在は否定されるという理解がうかがわれる。（なお、
Thorn は、後述するように、販売店契約およびその実施のために締結される個別的
物品供給契約については、両者の間に「経済的な関連性」が存在することを認めつ
つも、附従的連結を否定している。このことから、第4条3項により複数の契約に
つき附従的連結を行うための要件として、「経済的な関連性」以外の要件が存在する
ことがうかがわれる。そうであるとすればその他の要件が何であるか問われよう。）

　Thorn は、第4条3項に関する以上の一般的な適用基準を提示した上で、
続いて以下のように具体的な契約類型を挙げ、その具体的な適用基準を示して
いる。

　　　「販売店契約を履行するために物品供給契約が締結され、当該販売店契約が
　　個々の物品供給契約につき普通取引約款あるいは割引率等の具体的内容につい
　　て規定していない場合には、附従的連結は認められない。確かに、販売店契約
　　と物品供給契約との間には経済的な関連性および同一の当事者間で契約が締結

◆ 第 2 章 ◆ 　現 行 法

されていることが認められる。しかし，そこでは，複数の契約の準拠法間の実
質的な調和を損ない，それゆえ統一的な連結が行われることを要求するような，
克服しがたい価値矛盾（Wertungswidersprüche）が生じるわけではない。販売
店契約および物品供給契約に関し附従的な連結を行うことは第 4 条の目的に反す
る。したがって，販売店契約に基づき締結される物品供給契約は，第 4 条 1 項 a
号に基づき，特徴的給付の債務者たる物品供給者の常居所地に連結されるにと
どまる。

　ただし，販売店契約が基本契約として，後に締結される個々の物品供給契約
につき，すでに予定納期について規定している場合は，上記の指摘は当てはま
らない。ここでは，複数の契約間における準拠法の調和の原則は個々の物品供
給契約を基本契約としての販売店契約に附従的に連結することを要求している。
同じことが担保契約およびこれによって保証される主たる契約との間にも当て
はまる。複雑な法律行為に付随する契約も主たる契約に附従的に連結される。
というのも，主たる契約に付随する契約は単に補助的な性質しか有していない
からである。例えば，企業買収においてライセンス契約のような付随的合意が
存在する場合である。

　例えば，仮契約のような，主たる契約と依存関係にある契約（angelehnte
Verträge）は，上記の契約と同様に補助的な性質を示す。仮契約も，附従的な連
結に基づき主たる契約，すなわち成立が見込まれ，さもなければ仮契約の基礎
となる法律関係の準拠法に服す。

　第 3 項の意味における明らかにより密接な関係が規則的に考慮されるさらな
る契約類型は，狭義の共同債務の履行（gemeinschaftliche Schulderfullung）が
行われる場合である。ここでは，複数の債務者が，合有的共同体（Gesam-
thandsgemeinschaft）を構成することなく，単一の給付を義務づけられており，
当該給付はそれら複数の債務者が共同しなければ履行できない。連帯債務の場
合を除き，すべての債務者が共同するかたちでのみ，債権者は給付の提供を請
求することができる。そのような例は，複数の音楽家が共同してコンサートを
開催するという共同の義務（gemeinschaftliche Verpflichtung）を負っている場
合，ならびに，合議制の仲裁裁判所における仲裁裁判官契約である。このよう
な状況において第 1 項 b 号により連結を行えば，国際的取引において債務者が
多数存在する場合には，多数の法秩序が潜在的に適用可能になり，それら複数
の給付義務が異なる複数の法秩序に服すという結果になるであろう。これを回
避するためには，当然，第 3 項により連結を行わなければならない。したがっ
て，音楽家に関しては共同の劇場（Auftritt）が所在する地の法秩序，仲裁裁判
官に関しては仲裁法（lex arbitri），すなわち仲裁地（Schiedsort）の法が適用さ
れる。

◇ 第2節 ◇ ローマⅠ規則第4条3項の適用基準

　狭義の意味における共同債務（gemeinschaftliche Schuld）ではないが，借款
（Anleihe）に関する統一的連結の場合においても同様の配慮がなされる。」[39]

　Thorn は，第4条3項によりその他の契約の準拠法所属国に附従的に連結
される契約として以下の八つを挙げている。すなわち，①担保契約（主たる契
約の準拠法所属国に附従的に連結される），②販売店契約の実施のために締結さ
れる個別的物品供給契約（販売店契約の準拠法所属国に附従的に連結される），③
企業買収契約あるいは事業協力契約の実施のために締結される契約（例えばラ
イセンス契約）（企業買収契約，事業協力契約の準拠法所属国に附従的に連結され
る），④仮契約（本契約の準拠法所属国に附従的に連結される），⑤下請契約（元
請契約の準拠法所属国に附従的に連結される），⑥仲立契約，代理商契約（仲立人，
代理商が第三者と締結する契約の準拠法所属国に附従的に連結される），⑦複数の
債務者が共同して債務を履行する契約（履行地に附従的に連結される），⑧借款
を内容とする契約，これらの契約である。ただし，①担保契約については，主
たる契約において担保契約の詳細が規定されていること，および，担保契約が
主たる契約の「効力に服している」こと，これらが附従的連結の条件とされて
いる。②販売店契約の実施のために締結される個別的物品供給契約についても，
販売店契約において個別的物品供給契約の詳細が規定されていることが条件と
されている。さらに，⑤下請契約を元請契約の準拠法所属国に附従的に連結す
るためには，下請契約の当事者が元請契約の「効力に服している」ことが条件
とされている。下請契約の当事者が元請契約の「効力に服している」場合とは，
下請負人が元請契約の特約の効力等につき合意している場合を意味すると解さ
れる。⑥仲立契約・代理商契約を，仲立人，代理商が第三者と締結する契約の
準拠法所属国に附従的に連結する際にも同一の条件が付されている。⑦複数の
債務者が共同して債務を履行する契約，⑧借款を内容とする契約，これらの契
約に関しては，おそらくは複数の契約のいずれが主たる契約であるか判断が難
しいという理由から，一方の契約を他方の契約の準拠法所属国に附従的に連結
するという構成は採用されていない。

　なお，Thorn は，⑦すべての債務者が共同して債務を履行しなければなら

_____

(39)　Thorn, a.a.O.（Anm. 34），RdNr. 151-152.

◆第2章◆　現　行　法

ない場合として，複数の音楽家が共同してコンサートを開催する場合，および，複数の仲裁裁判官が合議形式において仲裁する場合，これらを挙げるが，複数の当事者間でこうした契約関係を成立させる法的構成は以下の二通りある。第一の法的構成は，それぞれの債務者が債権者と個別に契約を締結しており，当該契約関係を支える複数の契約が成立しているという構成である。第二の法的構成は，すべての債務者がひとまとまりとなって債権者と契約関係を結んでおり，当該契約関係を支える一つの契約が成立しているという構成である。もっとも，第二の法的構成を前提とした場合，一つの契約しか存在しないのであって，複数の契約の統一的連結は問題とならない。合有的共同体（Gesamthand-sgemeinschaft）とは組合のように合有債務を負う団体のことであると思われるが，複数の債務者が合有的共同体を構成した上で債権者と契約を締結する場合には一つの契約しか存在しないため，回避条項により複数の契約を統一的にに連結することは不可能である。Thorn が合有的共同体を議論の対象から外しているのは以上の理由による。


## 2　Martiny の見解

Martiny も，Thorn と同様に，いかなる事情をもって第4条3項の「明らかにより密接な関係」の存在を肯定しうるか論じるにあたり，①履行地，契約締結地，国籍などの事情，②関連するその他の契約に関する事情，これら二つを区別している。以下では，第4条3項の「明らかにより密接な関係」の有無に関する Martiny の判断基準について，①，②の順に紹介，検討する。


### （1）履行地，契約締結地，国籍などの事情

履行地，契約締結地，国籍などの事情に関する Martiny の見解を紹介，検討するにあたり，まず触れなければならないのは以下の点である。Martiny は，「第3項の『より密接な関係』の有無について判断するにあたっては，第4項の『最も密接な関係』の有無に関して適用される基準と同じ基準に依拠するべきである」と述べ，本書の考察対象である第3項の適用基準は第4項の適用基準と共通するという前提に立っている[40]。第3項は，既述のように，第1項，

164

◇ 第 2 節 ◇ ローマ I 規則第 4 条 3 項の適用基準

第 2 項所定の原則的連結点よりも，契約との間に「明らかにより密接な関係」を有するその他の国がある場合に，その他の国の法の適用を命じる回避条項である。これに対し，第 4 項は，第 1 項，第 2 項によっては契約準拠法を決定することができない場合につき，契約が「最も密接な関係」を示す国の法を準拠法として指定する規定である。

Martiny は，第 3 項および第 4 項の適用基準が共通することに関して，以下のように説明している。

> 「本来重要とはされない事情は，それらが蓄積し，個別具体的な法律関係にとって重要な意味を有する場合，原則的連結を最終的に退けるほどの重要性を獲得する。事案の全体，つまり，個々の法律関係において契約との関連性を示す具体的な兆候の数々（Indizien）が重要となる。その際，第 4 項の最も密接な関係の有無に関連して用いられるのと同じ基準に依拠することができる。それは，例えば，当事者の共通常居所地あるいは国籍である。
>
> 　個々の事案においていかなる事情が重要となるかという点については制定法上規定されていない。この点について答えるにあたっては，第 3 項にいかなる機能が付与されているか考慮しなければならない。第 3 項に規定される『より密接な関係』と第 4 項に規定される『最も密接な関係』とは明らかに異なるというように，第 3 項を第 4 項から独立させることも可能であろう。しかし，『より密接な関係』の有無と『最も密接な関係』の有無という二つの類似した問題に対して，異なる手法を適用することは，矛盾を生じさせる可能性がある。それにもかかわらず，第 3 項の『より密接な関係』の有無について判断するにあ

---

(40)　Martiny は，第 3 項および第 4 項の規律対象の違いについて以下のように説明する。
　　「一般条項たる第 4 条 4 項は二重の機能を有する。第 4 条 4 項は，第 3 条以下において法的に特に規定されていない契約を規律対象とする。これが第 4 項の規律対象の『第一の範囲』である。この範囲においては，第 4 条 1 項および第 2 項は介入しない。そこでは，例えば，交換契約のような法律関係は，最初から第 4 項に服する。その限りにおいて，第 4 項は，第 1 項，第 2 項には含まれない事実関係の受け皿となる法律要件（Auffangtatabestand）としての機能を有する。このことは，とりわけ，第 1 項および第 2 項が規律対象とする給付の交換が存在しない事案において当てはまる。
　　一方，契約が第 1 項および第 2 項の規律対象に属するときは，これらの規定によって指定される法秩序とは異なる法秩序との間により密接な関係が存在する場合に限って，契約は第 3 項の適用を受ける。ここに，第 4 項の『最も密接な関係』の『第二の範囲』が見出される。……」(Martiny, a.a.O. (Anm. 35), RdNr. 270 f.)

165

◆第2章◆　現 行 法

たって，第2項の意味での『客観的な給付交換（objective Leistungsaus-tausch）』に関連する基準のみが援用されるべきであると考える解釈がある。この解釈によれば，当事者に関する『主観的な（subjektiv）』基準は排除されるべきである。こうした解釈は第3項の『より密接な関係』の有無について判断するにあたって考慮される事情の範囲を狭めてしまう。それゆえ，第3項の『より密接な関係』の有無について判断する際には，第4項の『最も密接な関係』の有無に関して適用される基準と同じ基準に依拠するべきである。」[41]

　Martiny は，上記のように，第3項および第4項の判断基準は共通すると考え，両者の判断基準に関する見解の大部分を「最も密接な関係の原則（第4項）」と題した箇所において展開している。したがって，以下では，第3項の「明らかにより密接な関係」の有無に関する Martiny の判断基準を紹介，検討するにあたり，第4項の「最も密接な関係」の有無に関する説明を主な拠り所としている。（ただし，当事者の共通常居所地，国籍，契約がインターネット上で締結されたという事情，これらの事情は「より密接な関係の原則（第3項）」と題する箇所において論じられている。また，関連するその他の契約が存在するという事情も第3項に関する説明として論じられている。）

　それでは，以下，第3項の「明らかにより密接な関係」の有無に関する Martiny の判断基準について紹介，検討するが，Martiny は「明らかにより密接な関係」の存在を示す手掛かりとして非常に多くの事情をその検討対象に挙げている。そこで，説明の便宜上，それらの事情をいくつかの区分に分けて Martiny の見解を紹介することとする。まず，Martiny が「より密接な関係の原則（第3項）」と題する箇所において論じている，(a)契約がインターネット上で締結されたという事情への評価を紹介，検討する。その後，Martiny が「最も密接な関係の原則（第4項）」と題した箇所において論じている各事情への評価を，(b)国際裁判管轄に関する条項，仲裁に関する条項，申請書類・普通取引約款等における特定の法秩序の機関の関与，使用言語，訴訟手続，(c)契約締結地，履行地，契約書式および契約内容における公的機関の関与（公正証書形式の契約，和解契約），仲買人の仲介，当事者の国籍，当事者の共通常居所地，(d)契約当事者としての国家および公的機関の関与，使用通貨，不動

──────────
(41)　Martiny, a.a.O. (Anm. 35), RdNr.249.

166

◇第2節◇ ローマⅠ規則第4条3項の適用基準

産・動産の所在地，旗国，取引の保護，推定的当事者意思，(e)契約が交換契約であること，契約が賭博，博打に関すること，これらの順に紹介，検討する。なお，(b)から(d)の事情は，分量の観点から筆者が四つに区切ったものであり，それぞれのグループに何らかの共通点があるわけではない。

(a) インターネット上で締結された契約

Martinyは，「より密接な関係の原則（第3項）」と題した箇所において，当事者の共通常居所地，国籍，契約がインターネット上で締結されたという事情，これらの事情が「明らかにより密接な関係」の有無の判断にいかに影響するか論じている。以下はこの点に関するMartinyの説明である。なお，当事者の共通常居所地，国籍，これら二つの事情については，それらが「より密接な関係」の有無を判断する際に考慮されるべきか否かという点につき議論があり，Martiny自身は考慮されうるという見解に立っている。Martinyは，後述の「最も密接な関係の原則（第4項）」と題した箇所においてこれら二つの事情に対する詳しい評価を行っているため，これらの事情に対するMartinyの評価については，第4項の適用基準に関するMartinyの見解について触れる際に詳述する。

　「………第3項の『より密接な関係』の有無について判断するにあたっては，第4項の『最も密接な関係』の有無に関して適用される基準と同じ基準に依拠すべきである。当然，こうした基準は，原則的連結において推定される最も密接な関係を排除するほどの重要性を有していなければならない。もっとも，第3項所定のより密接な関係の有無に関する基準に何が含まれるかという点については争いがある。例えば，当事者の共通常居所地あるいは国籍が含まれるかという点については争いがある。筆者とは異なる見解によれば，これらは主観的な基準（subjective Kriterien）となるので，より密接な関係の有無に関する基準に含まれるべきではない。
　インターネット上締結された契約についても，より密接な関係の有無が調べられるべきである。もっとも，契約の締結形式あるいは販売方式のみをもって原則的連結からの回避を正当化することはできない。例えば，外国に常居所を有する売主が，ある商品またはサービスを，ドイツ国内のインターネットアドレスを用いてドイツの市場を対象に販売しているとする。商品説明等はドイツ語で行われており，価格もドイツ通貨で表示されている。こうした場合，これらの事情のみによって第3項の『より密接な関係』を肯定することはできない。

◆第2章◆　現行法

　　　この場合，原則的連結が行われるか，場合によっては，ローマⅠ規則第6条な
　　　らびにドイツ民法施行法第46条b号が適用されるにとどまる。」(42)

　Martinyは，契約がインターネットを介して締結されたという事情は，第3
項の「より密接な関係」の有無を判断する際に考慮されうるとする。ただし，
そうした事情によって即座に「より密接な関係」の存在が肯定されるわけでは
ない。引用部分で例示されているように，インターネットアドレス，対象とさ
れる市場国，商品説明に用いられる言語，価格の表示に用いられる通貨，これ
らすべてがドイツとの関係を示すとしても，インターネットサイトを使用する
売主の常居所地が外国に所在すれば，ドイツとの間の「より密接な関係」は認
められないとされている。つまり，契約がインターネット上で締結されたとい
う事情によって「より密接な関係」の有無が左右される場合は相当に限られる
ことがうかがわれる。

　なお，対象とされる市場国，使用言語，使用通貨，これら以外のいかなる事
情が加われば，契約がインターネットを介して締結されたとの事情が重要な意
義を有するのかという点は明らかではない。また，契約がインターネットを介
して締結されたという事情が「より密接な関係」の存在を示す手掛かりとなる
としても，当該事情は具体的にいかなる地を「より密接な関係」を有する地と
して指し示すのかという点も問題として残される。というのも，インターネッ
トを介して締結されたという事情が指し示す地としては，インターネットアド
レスのドメインが表す地（「jp」「us」など），インターネットサイトにおいて
使用された言語の属する地，インターネットを介して買主が商品の購入を申し
込んだ地など，複数の地が考えられるからである。

　（b）国際裁判管轄に関する条項，仲裁に関する条項，申請書類・普通取引
約款等における特定の法秩序の機関の関与，使用言語，訴訟手続

　以上のように，Martinyは，「より密接な関係の原則（第3項）」と題した箇
所において，当事者の共通常居所地，国籍，契約がインターネット上締結され
たこと，これら三つの事情について言及している。既述のように，その他の事
情については，第3項および第4項の適用基準は共通するという前提のもと，

───────────────
　(42)　Martiny, a.a.O.（Anm. 35）, RdNr. 249-250.

168

◇第2節◇　ローマⅠ規則第4条3項の適用基準

「最も密接な関係の原則（第4項）」と題した，第4項の適用基準に関する説明
において論じている。第3項および第4項の関係性に関するこうしたMartiny
の理解があるため，本書の検討対象は回避条項たる第3項であるが，以下では
第4項の適用基準に関するMartinyの見解について紹介，検討する。

　Martinyは，いかなる事情があれば，第4項の「最も密接な関係」の存在が
肯定されるか論じるにあたり，多くの事情を検討対象としている。以下では，
まず，①国際裁判管轄に関する条項，②仲裁に関する条項，③申請書類・普通
取引約款等における特定の法秩序の機関の関与，④使用言語，⑤訴訟手続，こ
れらの事情に関するMartinyの見解を紹介，検討する。

　　「国際裁判管轄に関する条項は，以前は客観的連結を行うために援用されてい
　た。しかし，現在は，最も密接な関係の有無について判断する際には用いられ
　ておらず，黙示的準拠法選択の有無について判断する際に考慮されている。
　　仲裁に関する条項は，以前は客観的連結を行うにあたって度々利用されてい
　た。しかし，現在は黙示的準拠法選択の有無という争点においてのみ重要性を
　有している。
　　個々の契約に関連して利用された申請書類または普通取引約款に特定の法秩
　序の機関あるいは法的主体が関与している場合，確かにそのことは客観的連結
　において引き合いに出される。しかし，それはむしろ黙示的準拠法選択の有無
　について判断するための基準として用いられるものである。
　　契約交渉，契約締結においてある言語が使用された場合，当該言語は，それ
　単体では契約義務の内容および範囲を表すわけではない。契約締結に際して用
　いられた言語は，その言語が取引に使用されている国の法秩序に関する脆弱な
　手掛かりしか示していない。しかし，判例は，繰り返し，当該契約に特定の言
　語が使用されているという事情を持ち出している。このことは黙示的準拠法選
　択の有無についても当てはまる。
　　客観的連結を行う場合，当事者の訴訟手続を考慮に入れてはならない。第3
　項あるいは第4項の適用に際して客観的連結を行う場合，契約が締結された後
　に行われる訴訟手続に依拠することはできない。訴訟手続が真の当事者意思を
　指し示しているときは，それはすでに（事後的）黙示的準拠法選択の有無とい
　う争点においてすでに援用されているべきであり，さもなければ考慮されない。
　訴訟手続は，契約とある法秩序との関連性を何ら生み出さず，また当事者の利
　害関係を表すものでもない。」[43]

---

(43)　Martiny, a.a.O.（Anm. 35），RdNr. 284-288.

◆第2章◆　現　行　法

　Martinyの説明によれば，上記で挙げられた，①国際裁判管轄に関する条項，②仲裁に関する条項，③申請書類，普通取引約款等における特定の法秩序の機関の関与，④使用言語，⑤訴訟手続，これらの事情はすべて，概して，第4項の「最も密接な関係」の有無について判断するにあたって考慮されない。つまり，上記の諸事情は，第3項の「より密接な関係」の有無について判断するにあたっても考慮されない。

　なお，Martinyは，第4項の「最も密接な関係」の有無を判断するにあたってある事情を考慮すべきか否か論じる際に，たびたび，当該事情が黙示的準拠法選択の有無において考慮されるか否かという争点を持ち出している。こうした説明を前提とすれば，Martinyは，黙示的準拠法選択の有無（第3条）において考慮されるべき事情，および，客観的連結（第4条3項，4項）において考慮されるべき事情，これらは重複しないとの立場に立っているようにも思われる。しかしながら，Martinyは，上記引用部とは別の箇所において，Thornとは対照的に，両者は重複するとの考えを明らかにしている[(44)]。

　(c)　契約締結地，履行地，契約書式および契約内容における公的機関の関与（公正証書形式の契約，和解契約），仲買人の仲介，当事者の共通国籍，当事者の共通常居所地

　Martinyは，①契約締結地，②履行地，③契約書式および契約内容における公的機関の関与（公正証書形式の契約，和解契約），④仲買人の仲介，⑤当事者の共通国籍，⑥当事者の共通常居所地，これらの事情につき，以下のように評価している。

　　「契約締結地はわずかな重要性しか有していない。なぜなら，契約が締結された地および契約交渉が行われた地は，一時的で，容易に変更可能であり，また多くの場合完全に偶発的であるからである。契約締結地の法を指し示す手掛かりが重要性を有さないのと同様に，市場や見本市が開かれた地の法を指し示す手掛かりも重要性を有さない。ただし，契約が株式市場で締結された場合，および，競売によって売買契約が締結された場合，以上の点は当てはまらない。判例は，多くの場合，他の事情を考慮するついでに契約締結地および契約交渉地に触れるに過ぎない。いくつかの判例は契約締結地を全く考慮に入れていな

──────────
(44)　Martiny, a.a.O. (Anm. 35), RdNr. 249.

170

◇ 第2節 ◇ ローマⅠ規則第4条3項の適用基準

いが，他の非常に多くの判例は，——契約締結地とは異なる他の事情と関連付けて——契約締結地および契約交渉地について言及している。一般的に，外国に所在する契約締結地によって，特徴的給付を履行すべき当事者の常居所地の法の重要性が損なわれることはない。

双務契約においては各当事者が義務を履行しなければならないが，この場合，義務履行地がどこに所在するか検討されなければならない。しかし，義務履行地はそれのみで独立の連結点として機能するわけではない。なぜならば，双務契約において各当事者の義務履行地を独立の連結点とすれば，二つの法が導かれてしまう危険があるからである。第1項および第2項の連結が妥当しない場合，個々の義務は義務履行地に連結されるわけではなく，契約の全体が示す『最も密接な関係』が探求されなければならない。もちろん，義務履行地も，『最も密接な関係』の存在を裏付けるような事情に属する。両当事者の義務履行地がある一つの法秩序を指し示すときは，特に義務履行地の重要性が高くなる。しかし，義務履行地のそのような機能は些細なものでしかない。義務履行地に上記の法的概念が認められるのは，法廷地の法秩序が引き合いに出される場合に限られ，それゆえ，法の適用に関する問題に偏見を持ち込む。また，第4項は，一般的に，他の要素（例えば，当事者の常居所地）に義務履行地よりもより高い重要性が認められることを示している。もちろん，『より密接な関係』の有無について判断する際に，原則的連結によって指定される国とは異なる他の国において契約が完全に遂行されたか否かについて検討するために，義務履行地は重要な役割を果たす。

公的機関が契約書式あるいは契約内容に影響を及ぼし，契約に関与している場合，そのことは公的な性格を有する当該機関がその基礎を置く法を指し示す手掛かりとなる。これは，特に，裁判官の眼前で締結される契約，あるいは，公証人によって記録される契約に当てはまる。

仲買人の仲介が，仲介された契約の準拠法に対して何らかの意味を有するということには疑問がある。仲買人の活動は，それ自体，主たる契約の内容および主たる契約から生じる義務を特徴付けるものではない。

以前は，債務契約を当事者の国籍の法に服させるために，当事者が共通の国籍を有するか否かという点が度々考慮されていた。契約債務の準拠法に関するローマ条約のもとでも，当事者が共通の国籍を有するという事情は『より密接な関係』の兆しとして何度も考慮されていた。しかし，現在では当事者に共通する国籍を考慮するという基準は完全に排除されているという考えもある。こうした考え方は，以下の点，すなわち，国際債権法においては，全体として，当事者の共通国籍を考慮するという基準からの離脱が行われていること（例えば，ローマⅡ規則第4条において定められている債務関係），および，当事者と

171

◆第2章◆　現　行　法

その国籍との結び付きを考慮に入れることが制限されていること，これらの点によって裏付けられる。しかし，他の見解によれば，当事者が共通の国籍を有するという事情はいまだに考慮に入れられる。

　重要となるのは，当事者の共通常居所地である。これは，第1項および第2項の原則的連結に反して，第3項の『より密接な関係』を裏付けることができる。当事者の共通常居所地，あるいは，当事者の共通国籍は，時折，黙示的準拠法選択の有無という争点においても持ち出されている。当事者の国籍は，とりわけ，私人が行う取引に関して引き合いに出される。それは，例えば，委任，消費貸借，不動産売買，外国に所在する別荘の賃貸，または，例えば雇用契約，代理商契約のように，ある人的な結び付き，人的な要素が存在するような取引である。しかし，以上の取引の他においては，当事者の共通国籍は，より低い重要性しか有さず，『最も密接な関係』の有無について判断するにあたってせいぜい補助的に考慮されるに過ぎない。相当の重要性を有するその他の事情が存在する場合には，当事者が共通の国籍を有するという事情は配慮されない。このことは，特に，外国籍を有する者（例えば外国籍の労働者）が1年前からドイツに常居所を有する場合に当てはまる。当事者が外国に住所を有する場合に，その者の国籍の法の効力が認められなければならないという考えは，現在においては時代遅れである。

　ドイツに駐屯する外国軍隊の構成員に対して役務あるいは物品が頻繁に提供される場合，それらの役務，物品は，その関係の特殊性に即して区別される。特に，外国軍隊の構成員に対して，当該外国の企業が役務あるいは物品を提供している場合には，『より密接な関係』は当該外国の法秩序に対して存在しうる。」[45]

　契約が仲買人に仲介されているという事情については，第4項の「最も密接な関係」の存在を示す手掛かりとなる可能性が否定されている。それ以外の事情についてはその可能性は完全には否定されていない。ただし，それぞれの事情が「最も密接な関係」の存在を肯定するための手掛かりとして有する重要性には相違がある。その程度の違いは必ずしも明確でないが，以下ではこの点について整理する。

　まず，「公的機関が契約書式あるいは契約内容に影響を及ぼし，契約に関与している」という事情は，その公的機関が所属する法秩序と契約との間の密接な関連性を示す「手掛かりとなる」ことが明確に主張されている。また，当事

---

(45)　Martiny, a.a.O. (Anm. 35), RdNr. 289-295.

者の共通常居所地は「重要となる」と評価されている。すなわち，Martiny は，これら二つの事情は第4項の「最も密接な関係」の存在を肯定する上で相当な重要性を有すると考えている。そうであるとすれば，これらの事情は第3項の「より密接な関係」の有無に関しても重要な手掛かりとなると Martiny は考えていることとなる。なお，「公的機関が契約書式あるいは契約内容に影響を及ぼ」している契約の例として，「裁判官の眼前で締結される契約，あるいは，公証人によって記録される契約」が挙げられている。具体的には裁判上の和解契約および公正証書形式の契約がこれに該当しよう。

　これら二つの事情とは違い，契約締結地は「わずかな重要性しか有していない」と評価され，契約との関係性は完全には否定されていないものの，その関連性は弱いと評価されている。判例も多くの場合，契約締結地に言及するが，それはその他の事情に言及する「ついでに」触れられるに過ぎないとされる。ただし，「契約が株式市場で締結された場合，および，競売によって売買契約が締結された場合」については，契約締結地が重要な意味を持ちうることが指摘されている。これは，第4条1項g号，h号の規律対象たる，競売における動産売買契約，および，金融商品の売買契約である。これら二つの契約は，第4条1項で規律されるその他の契約類型（不動産契約を除く）が当事者のいずれかの常居所地を原則的連結点とするのに対し，競売が実施される地，当該金融商品に関する多数の第三者の利益について規律する法が属する地，これらの地を原則的連結点としている点において異なる。これらの契約類型について特に契約締結地を重要視する Martiny の考えの前提には，これらの契約は，契約締結地の公序，強行規定と特に密接に関連しているという理解があるのではないかと思われる。

　義務履行地に関しては，まず「両当事者の義務履行地がある一つの法秩序を指し示すときは，特に義務履行地の重要性が高くなる」と説明されている。他方，「一般的に，他の要素（例えば，当事者の常居所地）に義務履行地よりもより高い重要性が認められる」とも説明されている。こうした説明を前提とすれば，Martiny は，両当事者の共通義務履行地には高い重要性を認めるが，いずれか一方の当事者の義務履行地にはわずかな重要性しか認めないと推測される。

　なお，Martiny が義務履行地よりも当事者の常居所地の重要性を高く評価す

◆第2章◆　現 行 法

る理由は明らかではない。むろん，ローマⅠ規則第４条１項，２項においては，
原則として，特徴的給付を履行すべき当事者の常居所地が債権契約の原則的連
結点とされている（競売における動産売買契約，金融商品の売買契約を除く）。す
なわち，特徴的給付の理論が採用されている。ローマⅠ規則の前身たるローマ
条約においても，債権契約に関しては特徴的給付を履行すべき当事者の常居所
地が原則的連結点とされていた（貨物運送契約を除く）。このように，ヨーロッ
パ国際私法上，特徴的給付の理論が積極的に導入され，特徴的給付を履行すべ
き当事者に関する様々な要素のうち，特にその常居所地が高く評価されている。
特に常居所地が高く評価される理由の一つは，事業者たる特徴的給付の債務者
の常居所地を連結点とすることにより，同一の契約類型に属するすべての契約
を同一の地に連結し，抵触法上統一的な処理を図ることにあるとされる。この
ように，確かに，現行法においては履行地よりも当事者の常居所地に高い重要
性が認められている。しかしながら，特徴的給付に注目しながらも，債務者の
常居所地ではなく履行地を連結点とすべき立場もヨーロッパ国際私法上有力に
主張されてきたとされる[46]。また，イギリスの判例においては，履行地に非

---

[46]　ヨーロッパ国際私法における特徴的給付の履行地の意義をめぐる議論については，
　　長田真里「国際契約の法律的規律における履行地の意義（一・二）」(2000) 阪大法学第
　　49巻５号105-134頁，第49巻６号923-952頁参照。
　　　フランスの判例においては，1910年12月５日破毀院判決（American Trading判決）
　　以降，契約締結地が重視されてきたが，1959年７月６日破毀院判決により契約締結地法
　　主義に終止符が打たれた。その後，1989年10月25日破毀院判決において，特徴的給付
　　の債務者の営業所所在地たるスイスではなく，特徴的給付の履行地たるアルジェリアの
　　法が適用された。また，ベルギーの判例においても，例えば1985年２月22日ブリュッ
　　セル商事裁判所判決におけるように，特徴的給付の債務者の常居所地を最密接関連地と
　　するシュニッツァー型の特徴的給付論が示されながらも，特徴的給付の履行地も重要視
　　されていた。このように，フランス，ベルギーにおいては，特徴的給付の履行地の意義
　　が高く評価されていた。
　　　長田教授は，こうした議論を踏まえた上で，法適用通則法施行前の法例第７条の解釈
　　に関する指摘として，履行地の意義について再考が必要であると主張する。長田教授に
　　よれば，わが国においては履行地法主義に関する議論はほとんど行われていない。履行
　　地の意義を高く評価するにあたっては，履行地をいかに確定すべきかという問題がある
　　が，この点は，履行地が契約で合意されている場合には合意された地とし，合意されて

◇ 第 2 節 ◇ ローマ I 規則第 4 条 3 項の適用基準

常に高い重要性が認められてきたとされる[47]。そのような議論を前提とすれば，第 4 条 3 項の適用上，履行地は重要性において常居所地に当然劣るとすることはできず，その根拠が求められよう。

当事者が共通の国籍を有するという事情については，その評価が論者によって分かれていることが指摘されている。Martiny 自身は，そのような事情が「最も密接な関係」の存在を肯定する手掛かりとなる可能性を完全には否定していない。Martiny によれば，特に，「委任，消費貸借，不動産売買，外国に所在する別荘の賃貸，または，例えば雇用契約，代理商契約のように，ある人的な結び付き，人的な要素が存在するような取引」に関しては，当事者に共通する国籍が考慮される可能性がある。他方，それ以外の契約においては考慮される可能性は少ない。ただし，外国軍隊の構成員を買主とし，売主もその外国の国籍を有する売買契約については，契約は当該構成員の国籍との間に「より密接な関係」を示すと評価されており，当事者に共通の国籍に高い重要性が認められている。

(d) 契約当事者としての国家および公的機関の関与，使用通貨，物の所在地，旗国，取引の保護，推定的当事者意思

Martiny は，①契約当事者としての国家および公的機関の関与，②使用通貨，③物の所在地，④旗国，⑤取引の保護，⑥推定的当事者意思，これらの事情については以下のように評価している。

> 「国家およびその他の公的機関（特に公的施設および公的団体）が関与している契約は，それらの主体に権利能力を付与している法秩序との関連性を指し示していると以前はしばしば考えられてきた。しかし，純粋な私法上の取引においては，国家およびその他の公的機関が契約に関与していることは，必ずしもその国家の法秩序を指し示すわけではなく，各事案において，契約関係に関す

---

いない場合には契約の類型化により具体的な基準をたてるべきである，とする。

(47) Bank of Baroda v Vysya Bank Ltd (1994)；Definitely Maybe (Touring) Ltd v Marek Lieberberg Konzertagentur (2001)；Kenburn Waste Management Ltd v Berman (2002)；Samcrete Egypt Engineers and Contractors SAE v Land Rover Exports Ltd (2002)；Marconi Communications International Ltd v PT Pan Indonesia Bank Ltd (2005).これらのイギリス裁判例においては，履行地の重要性が高く評価されている。P. R.Beaumont/P.E.McEleavy, Private International Law A.E.Anton (3rd ed, 2011), p. 476.

175

◆ 第2章 ◆ 現 行 法

るその他の事情とともに考慮されなければならない。国家の行為と私人の行為を同等に扱うことが厳しく要請されているという見解もある一方，そうした契約は原則として当該国家の法に服すという見解もある。……現在では，国家あるいは公的企業が契約に関与しているという事情は，第3項の『より密接な関係』を意味するものではないという考えが認められ始めている。これまでの判例は，おそらく，『最も密接な関係』は当事者たる国家の法に示されるという見解にむしろ立っていたが，各事案によってはこれとは異なる判断を下してきた。

　契約上いかなる使用通貨が合意されたかということは，特別の事情がない限り，準拠法が何であるかという問題に対し，結論を付与するものではない。なぜならば，通貨は，契約にとって重要となる法秩序とは関連のない事由に基づき選択されるからである。それゆえ，通貨は，通貨が属する国の法を示す非常に脆弱な手掛かりでしかない。やはり，ドイツの銀行口座に手数料を支払うためにドイツ通貨が選択されている場合にも，使用通貨は何の意味も有さないと以前は考えられていた。しかし，現在はそのような場合において使用通貨はしばしば（補助的に）考慮される。少なくとも，契約当事者の一方が使用する通貨につき事後的に合意を行ったことをもって，準拠法選択に関する黙示的合意が存在するとまで結論付けることには疑問がある。

　契約の対象物の所在地は，物権は物の所在地法（lex rei sitae）によるという原則によって指し示され，第1項c号の連結において考慮されている。契約の対象物の所在地は，第3項の『より密接な関係』をも裏付けることができる。もちろん，各契約の性質および契約類型が重要となる。動産に関する契約に関しては，通常，契約対象物の所在地は問題とならない。

　契約が船舶の譲渡あるいは船舶に対する物権の設定行為を内容とする場合，旗国法は手掛かりとなる。しかし，船舶のチャーター契約および船舶による貨物運送契約については，旗国法は手掛かりとならない。航空機のチャーター契約および航空運送契約に関しても同様に，旗国法は適切な手掛かりとはならない。ただし，海運労働法においては旗国法は重要となる。

　一部の見解によれば，取引の保護が考慮されるべきであるとされる。すなわち，当該法律行為を有効とする法秩序が適用されるべきであるとされる。判例は，売買契約をいかなる地に連結するか判断するにあたって，例えば，契約が外国の貿易法あるいは自国の貿易規制法に適合するか否かという点を考慮に入れてきた。こうした考え方には疑問がある。というのも，準拠法は原則として当該契約がその法によれば有効であるか否かには関係なく決定されるべきであるからである。また，強行法規への連結は独自の原則に基づいて行われるからである。

　推定的当事者意思はもはや連結点であるとは認められないと現在は考えられ

176

### ◇ 第 2 節 ◇ ローマ I 規則第 4 条 3 項の適用基準

ている。特に，特徴的給付の重要性は，それが当事者の推定的意思に合致するか否かによって左右されることはない。当事者の主観的で推定的な意思は，第3項の『より密接な関係』を基礎づけることもない。もちろん，『最も密接な関係』あるいは『より密接な関係』を確定するにあたって，当事者の利害関係 (Intressenlage) を考慮に入れてよい。」[48]

　不動産の所在地については，第3項および第4項の適用過程において考慮される可能性が肯定されている。旗国についてもその重要性が評価されているが，契約が船舶，航空機の譲渡，物権の設定行為を内容とする場合，すなわち物権契約に関する場合に限られている。これら以外の事情（契約当事者としての国家および公的機関の関与，使用通貨，取引の保護，推定的当事者意思）については，概して，第3項および第4項の適用過程において考慮される可能性が否定されている。ただし，契約当事者としての国家および公的機関の関与，および，取引の保護（当該法律行為を有効とする法秩序が存在すること），これらの事情は判例においては考慮されているとされる。

　なお，Martiny は，「より密接な関係」の存在を裏付けうる事情として不動産の所在地を挙げているが，それでは債権契約のいかなる契約類型につきその重要性が高く評価されるか[49]。この点，Thorn は建築設計委任契約や建築の管理監督に関する契約を挙げていた。これに対し，Martiny は「各契約の性質および契約類型が重要となる」と述べるにとどまっている。

　(e) 交換契約，賭博契約，見返り貿易に関する契約

---

(48)　Martiny, a.a.O. (Anm. 35), RdNr. 296-301.

(49)　物権契約は第1項c号により物権の所在地に原則として連結されることが規定されている。そのため，あえて回避条項たる第3項により物権の所在地に連結する必要はない。第1項d号に規定される，「最大で6か月に渡って継続的に行われる，一時的かつ個人的な利用を目的とする不動産の使用賃貸借または用益賃貸借」に関する契約については，不動産の所在地とは異なる地が原則の連結点として規定されている（前者は特徴的給付を履行すべき者の常居所地に，後者は使用賃貸人または用益賃貸人の常居所地に連結される）。そのため，回避条項たる第3項により，これらの契約を不動産の所在地に連結する余地がある。もっとも，第1項d号所定の契約は，不動産の所在地を原則的連結点とする通常の物権契約の例外として規定された契約である。不動産の所在地とは異なる地が例外的に連結点とされたこれらの契約を，第3項により再度不動産の所在地に連結するためには特別な事情が存在することが必要とされよう。

177

◆第2章◆　現 行 法

　最後に，Martinyは，交換契約，賭博契約，見返り貿易に関する契約，これらが第4項の適用対象となるかという点につき以下のように論じている。

> 「交換契約に関しては統一法がヨーロッパ共同体指令の形式において存在する。交換契約においては，二つの同等の給付債務が対立しており，それゆえ最初からいずれかの当事者の債務が勝っているということはない。しかし，契約をそれぞれの債務に即して分裂させるべきではない。すなわち，一方の給付を主要な給付ととらえ，他方の給付を単なるその対価ととらえれば，主要な給付を生じさせる地の法が適用されることとなる。その際，第4項の一般的な基準にしたがって『最も密接な関係』が探求されるべきである。不動産の交換契約においては，それぞれの不動産の所在地法を示す手掛かりが互いにその効果を打ち消し合っている。しかし，ここでも，可能であれば，統一的な連結が行われなければならない。その際，交換契約が記録，証明された地を考慮に入れ，その地の法を適用することができる。
> 　反対売買の形式をとる見返り貿易が行われる際には，輸出契約および輸入契約それ自体は，それぞれ異なる法，すなわち，その都度の売買における売主の法（Verkäuferrecht）を指し示す。しかし，輸入契約が付随的取引に過ぎない場合（外貨獲得を目的とし，あるいは，ヘッジ取引の一環として行われる場合），（基本の契約となる）輸出契約の法が優先される。
> 　私的な賭博および博打に関する契約につき準拠法選択が行われていない場合，当該契約は賭博，博打が実施された地，あるいは，当該契約が締結された地の法に服す。なぜならば，通常，そのような地で，契約に特徴的な活動が行われ，両当事者は原則として同等のリスクを引き受けるからである。カジノにおいて締結された賭博契約はカジノの運営会社の常居所地法に服す。カジノの運営会社の常居所地法は，例えば，賞金の支払に関する問題の準拠法となる。」[50]

　Martinyは，第4項により，交換契約は「主要な給付を生じさせる地」に連結すべきであるとする。「主要な給付」を基準とする場合，いずれの給付を「主要な給付」とすべきか問題となるが，この点は触れられていない。なお，不動産の交換契約については，交換契約が記録，証明された地に連結すべきであるとする。もっとも，いずれの不動産の所在地においても記録，証明されている場合もありえよう。

　見返り貿易については，本来，輸出契約，輸入契約，それぞれの契約におけ

---

(50)　Martiny, a.a.O. (Anm. 35), RdNr. 302-304.

◇ 第2節 ◇ ローマⅠ規則第4条3項の適用基準

る売主の常居所地法が適用される（動産売買契約は，ローマⅠ規則4条1項a号により，売主の常居所地に連結される）が，輸出契約を基本契約として輸入契約が付随的に締結されている場合には，輸出契約における売主の常居所地法が適用されると説明されている。すなわち，輸入契約における売主の常居所地法は適用されないこととなる。

賭博契約に関しては，賭博，博打が実施された地，または，契約締結地がその最密接関連地であるとされる。その根拠は，これらの地において「契約に特徴的な活動が行われ，両当事者は原則として同等のリスクを引き受ける」ことに求められている。なお，Martiny は，カジノにおいて締結された賭博契約はカジノ運営会社の常居所地法によるとする。その根拠は示されていないが，カジノにおいて締結された契約をすべてカジノ運営会社の常居所地に連結することにより，同一のカジノにおいて締結された契約を統一的に処理することにあると思われる。

Martiny は，交換契約，賭博契約，見返り貿易に関する契約，これらの契約につき以上のように評価しているが，これらの契約は回避条項たる第3項の適用対象たりえるか。第3項の規律対象は，「全事情から判断して，契約が第1項または前項に規定される国よりもその他の国に明らかにより密接な関係を示す」場合である。他方，第4項の規律対象は「第1項または第2項によって契約準拠法を決定することができない」場合である。この「第1項または第2項によって契約準拠法を決定することができない」契約とは具体的にはいかなる契約か。既述のように，第1項は動産売買契約，役務提供契約など各種の契約類型を規律対象とし，第2項は，第1項の各契約類型に該当しない契約，および，その要素が第1項の契約類型の二つ以上を満たす契約を規律対象としている。すなわち，すべての契約は第1項，第2項の規律対象に包摂されることとなる。もっとも，第1項，第2項の規律対象に包摂されるものの，第1項，第2項で規定された連結点を具体的に確定することができない場合も存在する。このような場合が第4項所定の「第1項または第2項によって契約準拠法を決定することができない」場合であり，交換契約はまさにこうした契約に該当する。交換契約は，第1項の各契約類型に該当せず，それゆえ第2項の規律対象に内包されるが，第2項所定の原則的連結点，すなわち特徴的給付を履行すべ

179

◆第2章◆　現 行 法

き当事者の常居所地を確定することができないため，第2項によりその準拠法を確定することができない。

　以上のように考えれば，交換契約は回避条項たる第3項の規律対象から外れることが明らかである。というのも，回避条項は，あくまで具体的に連結されるべき地が確定された後に，その具体的な地への連結を回避することを目的としており，具体的に連結されるべき地が確定されない限り，適用することはできないからである。賭博契約，見返り貿易についても，特徴的給付を確定することができない契約ととらえるならば，第3項の適用対象から外れることとなる。もっとも，Martinyは，交換契約については「主要な給付」が履行される地，賭博契約については「契約に特徴的な活動が行われ」る地，これらを最密接関連地とすべきであるとする。「主要な給付」，「契約に特徴的な活動」といった文言は特徴的給付の理論における「特徴的な給付」と同様の趣旨であるようにも思われる。Martinyは，交換契約，賭博契約は第4項の規律対象たる特徴的給付を確定できない契約類型に属すると考えているように思われるが，そうであるとすれば，「主要な給付」，「契約に特徴的な活動」が特徴的な給付とは異なることを示す必要があろう[51]。仮に，交換契約，賭博契約について特徴的給付を確定することが可能であるとすれば，回避条項たる第3項の適用対象に含まれることとなる。

## (2)　関連するその他の契約に関する事情

　Martinyも，Thornと同様に，準拠法の如何が争われている当該契約がその他の契約との間に密接な関係を有する場合，第4条3項により，当該契約をその他の契約の準拠法所属国に附従的に連結することが可能であるとする。

---

(51)　そもそも，イギリスのDickinsonは，第4条2項の存在意義について疑問を呈している。というのも，特徴的給付の概念が当てはまるのは多くの場合役務提供契約であり，役務提供契約については第1項b号により役務提供者（すなわち特徴的給付の債務者）の常居所地が連結点とされていることを踏まえれば，第2項はそもそも無用の産物となるからである。Dickinson, The Law Applicable to Contracts - Uncertainty on the Horizon?, Butterworths Journal of International Banking and Financial Law, April 2006, p. 172.

180

◇ 第2節 ◇ ローマⅠ規則第4条3項の適用基準

Martinyは，第3項により附従的連結を行う制定法上の根拠をローマⅠ規則前文(20)に求めた上で，附従的連結を行うための一般的な条件について以下のように論じている。

「ローマⅠ規則は契約に関する附従的連結については何ら規定していない。それゆえ，特に，ある契約につき附従的連結を行う際には，ローマⅠ規則第4条3項が用いられる（前文(20)）。……

……複数の契約がその内容から判断して関連を有し，それらが一体となってより大きな全体像を構成しているといえるほどに，それら複数の契約が互いに結び付けられているときは，ある一つの契約類型にとって重要な原則的連結を回避し，附従的連結を行う可能性が生じる。特徴的給付の原則に基づいて行われる連結は，原則として，個別的な一つの契約類型のみを念頭に置いている。しかし，二当事者の間に成立する法律関係が問題となる際に，特徴的給付の原則に基づいて連結を行うと複数の法秩序の適用が導かれることがある。例えば，現代の契約関係および融資形式（工場建設，リース，ファクタリング，保証）において見られるように，三人あるいはそれ以上の当事者が複数の契約を締結し，それらの当事者が商業上統一的な目的によって結び付けられている際に，各契約に応じて個別的に連結を行えば，ほとんど必然的に，複数の準拠法間の対立（Spannungen）および適応問題が生じることになる。それゆえ，ここでも，すべての法律関係が同一の法秩序に服しうるか否かという点が調べられるべきである。

しかし，附従的連結が認められる範囲は狭く設定されている。複数の契約から生じるすべての義務が一つの契約準拠法のもとに分類されるときにのみ，統一的な連結が認められる可能性が生じる。複数の契約がそれぞれ独立している際，それぞれの個別的契約から生じる義務を連結することが優先される。附従的連結を行う際には，契約の重心がどこに所在するかという点，および，原則的連結において規定されているものとは異なる新たな密接関連性がどこに見出されるかという点，これらの点が再び探求されることになる。二当事者間の法律関係においても統一的に連結を行うことが個別的連結を行うべき適切性に反することがある。

さらに，附従的連結は，原則として，同一の当事者が当該契約関係に関与していることを要求する。原則として，第三者が関与する契約関係を，その第三者に負担を強いることによって，主たる契約の準拠法に服させることはできない。これを許容すれば，主たる契約関係について知らない第三者が，主たる契約の準拠法によって支配されることになる。したがって，下請契約，第三者が関与する担保契約，販売店契約の実施のために行われる取引，これらについて

◆第2章◆　現 行 法

附従的連結は認められない。

　複数の契約が単に表面的に結び付けられているに過ぎない場合，契約準拠法は原則として各契約に応じて決定される。複数の契約が単に同時期に一つの文書において締結されたに過ぎないような場合，特にこのことが当てはまる。複数の契約をただ一つの法秩序に服させるという内容の当事者間の合意を確定できない場合には，複数の契約が外見上同時に存在している（例：反対取引（Gegengeschäft））ということだけをもって，国際私法の観点からそれらの契約を統一的に処理することはできない。」(52)

　Martiny は，第3項による附従的連結の制定法上の根拠をローマⅠ規則前文(20)に求めている。既述のように，前文(20)では，第3項の「より密接な関係」の有無について判断する際には，当該契約がその他の契約と「非常に密接な関係」を有するか考慮しなければならないとされている。

　Martiny は，第3項による附従的連結の可否の基準として，「複数の契約がその内容から判断して関連を有し，それらが一体となってより大きな全体像を構成しているといえるほどに，それら複数の契約が互いに結び付けられているときは，ある一つの契約類型にとって重要な原則的連結を回避し，附従的連結を行う可能性が生じる」（引用部第2段落）と述べている。また，「複数の契約から生じるすべての義務が一つの契約準拠法のもとに分類されるときにのみ，統一的な連結が認められる可能性が生じる」（引用部第3段落）とも説明している。こうした説明は，例えば，前者に関していえば「複数の契約が…大きな全体像を構成」するということの意味，そして，後者に関していえば「すべての義務が一つの契約準拠法のもとに分類される」ということの意味，これらの具体的な内容が明らかにされない限り，結論の同語反復となり，実質的には機能しないであろう。

　もっとも，Martiny は，第3項による附従的連結の可否に関する判断基準としてより具体的な基準も提示している。Martiny によれば，第3項による附従的連結が認められるためには，「原則として，同一の当事者が当該契約関係に関与していること」（引用部第4段落）が要求されるが，複数の契約が「同時期に一つの文書において締結された」こと（引用部第5段落）は必ずしも要求さ

---

(52)　Martiny, a.a.O.（Anm. 35），RdNr. 252-256.

◇ 第2節 ◇ ローマⅠ規則第4条3項の適用基準

れない。

Martiny は以上の基準に基づき，第4条3項によりその他の契約の準拠法所属国に附従的に連結すべき契約を大きく以下のように分類する。すなわち，①複合的契約（Zusammengesetzte Verträge），②主たる契約と依存関係にある契約（Angelehnte Verträge），③担保契約（Sicherungsverträge），④基本契約の実施のために締結される契約（Ausfüllung von Rahmenverträgen），⑤本契約の準備のために締結される契約（Vorbereitung des Hauptvertrages），⑥混合契約（Gemischte Verträge），これら六つに分類する。

以下では上記の六つの区分に沿って，第3項による附従的連結が認められる具体的な契約に関する Martiny の見解を紹介，検討する。

① 複合的契約

Maritny は，「いくつかの契約が確かに法的にはそれぞれ独立性を有しているが，当事者からすればそれらが統一的な全体像を構成しているといえるほどに互いに結びついている場合，それらの諸契約は一つの統一的な目的を指し示しているといえる」として，複合的契約をローマⅠ規則第4条3項による附従的連結の対象とする[53]。その理由は適応問題の回避に求められている。複合的契約の具体例は挙げられていないが，工場建設，共同事業等に付随して複数の契約が締結される場合等が該当しよう。

② 主たる契約と依存関係にある契約

「主たる契約と依存関係にある契約」の具体例としては，委任契約，企業年金に関する取り決め（主たる契約は雇用契約），および，問屋，代理商，仲介人によって締結される契約，これらが挙げられている[54]。Martiny によれば，原則として「主たる契約と依存関係にある契約」は，主たる契約の準拠法所属国に「より密接な関係」を示し，同国に附従的に連結される。しかし，同一当事者間で締結されていない複数の契約についてはそれぞれ独立して準拠法を決定すべきであるとして，問屋，代理商，仲介人が委託者との間で締結する契約については，主たる契約（問屋，代理商，仲介人が委託者のために第三者との間に

---

(53)　Martiny, a.a.O. (Anm. 35), RdNr. 257.

(54)　Martiny, a.a.O. (Anm. 35), RdNr. 258.

◆第2章◆　現 行 法

締結する契約）の準拠法所属国への附従的連結を否定する。また，例えば，旅行業者が旅行のために別荘の賃貸借契約を仲介したとしても，当該賃貸借契約を旅行契約の準拠法所属国に附従的に連結してはならないとする。

③ 担 保 契 約

Martiny は担保契約について以下のように評価する。

「担保契約とは，主たる契約の債務の履行を保証するために締結され，主たる契約と密接な関係を有するような契約であるが，これは原則として主たる契約の準拠法に服す。これは，例えば，銀行保証（Bankgarantie）をとりつける義務に関する付随的合意が行われた場合，あるいは，（有因の）債務引受が行われた場合について当てはまる。しかし，保証（Bürgschaft および Garantie）の場合のように，第三者が関与している場合には，主たる契約のために締結された担保契約は，もはや主たる契約の準拠法には服さない。再保険契約が元受保険契約の準拠法に服すか否かについては争いがある。」[55]

Martiny は，担保契約と主たる契約の当事者が同一である場合に限って，第3項により，担保契約を主たる契約の準拠法所属国に附従的に連結すべきであると主張する。こうした主張は，附従的連結に関する Martiny の基本的な考え方，すなわち，複数の契約につき第3項により附従的連結を行う際には，それらの契約は同一当事者間で締結されていなければならない，という考え方と整合している。主たる契約の当事者と同一の当事者間で締結される担保契約の例としては，銀行保証の取付債務を内容とする付随的合意，および，有因の債務引受契約，これらが挙げられている。もっとも，銀行保証の取付債務を内容とする付随的合意を一つの独立した契約とみなすことの適否は問題となろう。保証契約については，主たる契約の当事者ではない第三者が主たる契約の準拠法に服することになるため，附従的連結は否定されている。

④ 基本契約の実施のために締結される契約

Martiny は「基本契約の実施のために締結される契約」に関して以下のように述べている。

「基本契約において当事者間の関係に関する原則的規定が存在し，一方，基本契約とは異なる複数の個別的契約によって当該法律関係が実現される場合，統

---

(55)　Martiny, a.a.O.（Anm. 35），RdNr. 259.

◇ 第2節 ◇ ローマⅠ規則第4条3項の適用基準

一的な連結を行うために，原則として，基本契約の準拠法が後に締結される複数の個別的契約に関してもその基準となる。ただし，販売店に対して行われる商品の個別的供給は基本契約たる販売店契約の準拠法に依拠すべきであるという解釈は，当事者のいずれがリスクを負い，いずれが利益を享受するかという点につき異なる状況が存在するため，貫徹（durchsetzen）されない。」[56]

「確かに，供給者および販売店の間の個別の供給契約（つまり，本来的には買主，売主の関係）は，販売店契約との間に密接な関係を有するゆえに，原則として販売店契約の法に服すべきであると主張される。しかし，このような考え方を貫徹することはできない。個別の供給契約は販売店契約から独立して連結されるべきである。確かに，個別の供給契約は，販売店契約つまり別個の基本契約の上に成り立っている。基本契約が個別の供給契約の内容について既に定めている場合にのみ，両契約間に十分に密接な関係が存在する。しかし，その他の事例においては，当事者のいずれが利益を享受し，いずれが危険を負担するかという点に関する状況は両契約間において異なる。」[57]

当事者間で継続的取引関係を成立させる場合，最初に基本契約が締結され，その後，具体的取引の度に個別的契約が締結される。「基本契約の実施のために締結される契約」とはこうした個別的契約を意味する。その具体例としては，販売店契約（基本契約）の実施のために締結される個別的な物品供給契約が挙げられている。ただし，販売店契約において後に締結される個別の物品供給契約に関する規定が既に定められている場合を除き，両契約間においては，「当事者のいずれがリスクを負い，いずれが利益を享受するかという点につき異なる状況が存在する」ため，附従的連結は認められないとされている。

⑤ 本契約の準備のために締結される契約

Martiny は，「本契約の準備のために締結される契約」に関して，以下のように評価している。

「本契約を後に締結する準備のためにある契約が締結される場合，その契約は本契約との間に密接な関係を有するか，それとも本契約とは独立して考慮されるべきかという問題が生じる。土地の売買のために仮契約が締結されたが，結局当該売買は実現されなかったという場合，予定されていた土地の売買に関して適用される準拠法が当該仮契約に関して引き合いに出されることはない。し

---

(56)  Martiny, a.a.O. (Anm. 35), RdNr. 260.

(57)  Martiny, a.a.O. (Anm. 35), RdNr. 152.

◆ 第2章 ◆  現 行 法

かし，原則として，仮契約は締結が意図された本契約と同じ法秩序に連結されるべきである。ただし，仮契約が，予定されていた取引から本質的に逸脱し（Abweichung），あるいは，他の契約との間に密接な関係を示すときはこの限りではない。」(58)

「本契約の準備のために締結される契約」とは具体的には仮契約である。Martiny によれば，原則として，仮契約は本契約の準拠法に附従的に連結される。ただし，仮契約が「予定されていた取引から本質的に逸脱し，あるいは，他の契約との間に密接な関係を示すときは」，附従的連結は認められない。Martiny は，附従的連結が認められない具体例として，債権契約ではなく物権契約に関する例ではあるが，不動産売買に関する仮契約が締結されたが最終的に当該売買が実現されなかったという場合を挙げている。ここから，仮契約が「予定されていた取引から本質的に逸脱し」ている場合の一例として，仮契約において合意されていた取引内容が実現されなかった場合が想定されていると推測される。

Martiny は，第3項による附従的連結の可否に関する一般的な判断基準として，複数の契約が同一当事者間において締結されていることを要求する。Martiny のこうした考えを前提とすれば，仮契約および本契約の当事者は同一であるため，附従的連結が肯定される可能性は他の契約類型と比較して高く評価されているはずである。

⑥ 混 合 契 約

Martiny は，混合契約に関し，「第2項により特徴的給付の原則に依拠することが不可能であるときは，これとは異なる基準にしたがって最も密接な関連がどこに所在するか確定されるべきである。この際，第3項にしたがって，より密接な関連がどこに所在するかが考慮されうる」と述べる(59)。すなわち，Martiny によれば，混合契約についても第3項により附従的連結が行われる。混合契約について附従的連結を行うという構成自体に無理があると思われるが，この点については後で指摘することとし，まず，Martiny の具体的な見解について紹介する。

---

(58) Martiny, a.a.O. (Anm. 35), RdNr. 261.

(59) Martiny, a.a.O. (Anm. 35), RdNr. 262.

◇ 第 2 節 ◇ ローマ I 規則第 4 条 3 項の適用基準

　Martiny は，混合契約を以下の四つに細分化する。すなわち，① 従たる給付の属する契約類型が主たる給付のそれとは異なる典型（交換）契約（Typische（austausch-）Verträge mit andersartiger Nebenleistung），②典型契約が結合された契約（(Typen-) Kombinationsvertrag)<sup>(60)</sup>，③典型契約が接続された契約（Gekoppelter (doppeltypischer) Vertrag)<sup>(61)</sup>，④典型契約が融合された契約（Typenverschmelzungsvertrag)<sup>(62)</sup>，これら四つである。具体的にいかなる契約がこれらの四つに該当するかという点について，以下，紹介する。

　Martiny は，①「従たる給付の属する契約類型が主たる給付のそれとは異なる典型（交換）契約」の具体例として特許ライセンス契約を挙げている<sup>(63)</sup>。特許ライセンス契約においては，主たる給付がライセンスの実施許諾であり，従たる給付がノウハウの移転であるとされている。こうした契約は「主たる給付の準拠法」に依拠すべきであると Martiny は主張する。

　次に，②「典型契約が結合された契約」とは，「一方の当事者が複数の給付を履行すべき債務を負っており，これらの債務が，複数の契約類型に対応し，

---

(60)　Typenkombinations Vertrag とは，「混合契約（の一種）。数種の典型契約上の義務が混合契約上の義務としてみとめられるが，いずれもが主たる義務でないような契約。たとえば，宿泊契約においては，使用貸借にみられる部屋を貸す義務と売買にみられる飲食物を提供する義務とはいずれが主たる義務だともいえない」と説明される。（山田晟『ドイツ法律用語辞典改訂増補版』（大学書林，2001）632 頁）

(61)　Doppeltypischer Vertrag とは，「二つの典型契約の混合契約。他の典型契約の反対給付との給付交換契約。たとえば，部屋を使用賃貸し，使用賃貸料を払ってもらう契約は使用賃貸借契約であり，賃料を支払って労務の提供を受ける契約は雇用契約であるが，部屋を使用賃貸して，他の典型契約（雇用契約）の対価である労務の提供を受ける契約は Doppeltypischer Vertrag である」と説明される。（山田，前掲注(60)，167 頁）

(62)　Typenverschmelzungsvertrag とは，「典型契約の融合した混合契約。狭義の混合契約。一契約当事者の統一的給付義務が二つ以上の典型契約上の義務を含む混合契約。たとえば，事務の処理を目的とする雇用契約または請負契約においては，事務を処理するという統一的義務は委任契約上の義務と雇用契約または請負契約上の義務の混合したものである。また，混合贈与の場合には，贈与者の安く物の所有権を譲渡すべき義務は統一的な給付義務であるが，価格の割合からみれば売買の部分と贈与の部分にわかれる」と説明される。（山田，前掲注(60)，632 頁）

(63)　Martiny, a.a.O. (Anm. 35), RdNr. 263.

187

◆第2章◆　現 行 法

かつ，本質的に互いに同等の価値を有する」契約として説明されている[64]。Martiny によれば，こうした契約においては，「債務者（Schuldner）によって提供されるべき給付が特徴的給付となり，これによりただ一つの法秩序が指し示される。例えば，アメリカ法に基づいて設立された信託は債務法的な混合契約とみなされる。（信託には，信託財産の所有権の譲渡と並び，贈与，事務管理，第三者のためにする契約の要素が含まれている。）そして，信託は債務者の法に一貫して服することになる」とされる[65]。

　③「典型契約が接続された契約」については，「交換すべき当初の給付と反対給付がそれぞれ異なる契約類型に適合するような契約」と説明されている。Martiny によれば，こうした契約が問題となる場合には，「より支配的である（überwiegen）債務が基準とされ」，「もともと対価としての性質を有し，金銭債務によっても履行可能な債務が支配的でない方の債務である」[66]。例えば，特許ライセンス契約においてライセンシーが，金銭債務の代わりに，取得したライセンスによって生産した商品をライセンサーに供給することを約束した場合，ライセンサーの給付は特許ライセンス契約に属し，ライセンシーの給付は物品供給契約に属することになる。こうした場合，特許ライセンス契約の準拠法が当該契約の準拠法となるとする。さらに，Martiny はもう一つ具体例を挙げている。それは，自動車の売買契約において中古車の下取りが行われる場合である。この場合，下取り契約ではなく，売買契約の準拠法が基準となる。

　最後に，④「典型契約が融合された契約」については，「一つの債務において複数の契約類型の要素が相互に結び付いており，少なくとも一方の当事者がこうした債務を負っている」契約と説明されている[67]。その具体例は，混合贈与（gemischte Schenkung）である[68]。Martiny は，こうした契約について

---

(64)　Martiny, a.a.O.（Anm. 35），RdNr. 264.

(65)　Martiny, a.a.O.（Anm. 35），RdNr. 264.

(66)　Martiny, a.a.O.（Anm. 35），RdNr. 265.

(67)　Martiny, a.a.O.（Anm. 35），RdNr. 266.

(68)　Gemischte Schenkung とは，「混合贈与。他の法律行為と一緒になった贈与。たとえば，友人に非常に安く物を売ったときは，売買と贈与が一緒になっている。売買の部分と贈与の部分とを分けて両者の法を適用すべきことになる」と説明される（山田，前掲注(60)，266頁）。

◇ 第2節 ◇ ローマⅠ規則第4条3項の適用基準

は，「いずれの当事者が契約関係を特徴づけるような給付を履行し，いずれの当事者が非特徴的な金銭債務のみを履行するのかという点が調べられるべきである」とする[69]。

Martiny は以上のように混合契約を第3項による附従的連結の対象とするが，そうした理解には問題があると思われる。ある契約をその他の契約の準拠法所属国に附従的に連結するためには，「ある契約」および「その他の契約」，これらが別個の単位法律関係に内包される必要がある。しかるに，混合契約についてみると，そこには一つの契約しか存在しないのであって，附従的連結の対象となるような二つの独立した契約は存在しない。確かに，混合契約の中には複数の契約類型の要素が存在するが，それらは単に要素に過ぎず，それぞれにつき個別的に準拠法が確定されるような独立した法律関係ではない。以上のように考えれば，混合契約を附従的連結の対象とすること自体に問題があろう。むしろ，混合契約については，第2項所定の原則的連結点（特徴的給付の債務者の常居所地）を確定できない契約類型として，第4項によりその最密接関連地が探求されなければならないはずである。

## 3　両者の見解の整理，比較

### (1) Thorn の見解

Thorn は，ローマⅠ規則第4条3項の「明らかにより密接な関係」の存在を示す手掛かりとして以下の事情は高い重要性を有すると主張する。その事情とは，①履行地，②当事者の常居所地，③給付交換そのものに関するような公的機関の関与（例えば，貿易，武器輸出に関する規制法にしたがって許可が下される場合），④当事者の文化的アイデンティティが重要な意味を持つ場合（例えば，婚約者間で男性側から女性側に贈り物が供される場合）における国籍，⑤建築設計委任契約，不動産業者が関係する契約，建設の管理監督に関する契約，これらの契約における不動産所在地，⑥海上船舶に関する債務負担設定行為における旗国，⑦銀行取引における通貨，⑧再保険契約におけるリスクの所在地，こ

---

(69)　Martiny, a.a.O. (Anm. 35), RdNr. 266.

◆ 第 2 章 ◆　現 行 法

れらの事情である。もっとも，上記の各事情は，単体で「明らかにより密接な
関係」の存在を肯定するわけではなく，他の事情と相まって「明らかにより密
接な関係」の存在を肯定する。①契約締結地，②公的機関の関与，③国籍，④
動産の所在地，⑤使用言語，⑥使用通貨，⑦契約当事者としての国家，これら
の事情については高い重要性は認められていない。

　次に，Thorn は，ローマⅠ規則第 4 条 3 項の「明らかにより密接な関係」
の有無について判断する際に，準拠法が争われている当該契約と密接な関係を
有するその他の契約の存在も考慮すべきであるとする。すなわち，準拠法の如
何が争われている当該契約，および，当該契約と密接な関係を有するその他の
契約，これらの間の密接な関係性を考慮し，第 4 条 3 項により，当該契約をそ
の他の契約の準拠法所属国に附従的に連結するという理解である。このように，
第 3 項によりその他の契約の準拠法所属国に附従的に連結される契約として挙
げられているのは，①担保契約（主たる契約の準拠法所属国に附従的に連結され
る），②販売店契約の実施のために締結される個別的物品供給契約（販売店契約
の準拠法所属国に附従的に連結される），③ 企業買収契約あるいは事業協力契約
の実施のために締結される複数の契約（例えばライセンス契約）（企業買収契約，
事業協力契約の準拠法所属国に附従的に連結される），④ 仮契約（本契約の準拠法
所属国に附従的に連結される），⑤下請契約（元請契約の準拠法所属国に附従的に
連結される），⑥仲立契約，代理商契約（仲立人，代理商が第三者と締結する契約
の準拠法所属国に附従的に連結される），⑦複数の債務者が共同して債務を履行
する契約（履行地に附従的に連結される），⑧借款を内容とする契約，これらの
契約である。ただし，第 3 項により附従的連結を行う際の条件として，①につ
いては，主たる契約において担保契約の詳細が規定されていること，および，
担保契約が主たる契約の効力に服していること，②については，販売店契約に
おいて個別的物品供給契約の詳細が規定されていること，⑤については，下請
契約の当事者が元請契約の効力に服していること，⑥については，委任者が，
仲立人，代理商が第三者と締結する契約の効力に服していること，これらの制
限が付されている。

190

◇ 第2節 ◇ ローマⅠ規則第4条3項の適用基準

## (2) Martiny の見解

Martiny によれば，以下の事情はローマⅠ規則第4条3項の「明らかにより密接な関係」の存在を示す重要な手掛かりとなる。その事情とは，①当事者の共通義務履行地，②当事者の共通常居所地，③「委任，消費貸借，不動産売買，外国に所在する別荘の賃貸」および「雇用契約，代理商契約のように，ある人的な結び付き，人的な要素が存在するような取引」における当事者の共通国籍，④競売契約，株式市場で締結された契約における契約締結地，⑤不動産の所在地，⑥旗国（ただし，船舶，航空機のチャーター契約および貨物運送契約においてはその限りではない），⑦契約が公正証書形式の契約あるいは裁判上の和解契約であること，⑧契約が見返り貿易を内容とし，かつ，輸入契約が輸出契約の付随的取引として締結されているに過ぎないこと（これは複数の契約間における附従的連結に関する争点であるように思われる），これらの事情である。Martiny も，これらの事情は単体で第3項の「明らかにより密接な関係」の存在を肯定するわけではなく，複数の事情が集積することで「明らかにより密接な関係」の存在が肯定されると考えている。

以下の事情については，「明らかにより密接な関係」の存在を示す手掛かりとしてわずかな重要性しか認められていない。その事情とは，①国際裁判管轄条項，②仲裁条項，③使用言語，④使用通貨，⑤訴訟手続，⑥取引の保護，⑦推定的当事者意思，⑧契約当事者としての国家，公的機関の関与，⑨特定の法秩序が定める形式にしたがった普通取引約款，申請書類の存在，これらの事情である。なお，契約がインターネット上で締結されたという事情に関しては，第3項の適用過程において考慮される旨が述べられているが，Martiny の説明から判断すれば，そうした事情によって「明らかにより密接な関係」の存在が肯定される場合は非常に限られている。

次に，Martiny は，Thorn と同様に，準拠法を決定すべき契約がその他の契約との間に密接な関係を有する場合，「明らかにより密接な関係」はその他の契約の準拠法所属国に示され，当該契約はその他の契約の準拠法所属国に附従的に連結される旨を主張する。そうした附従的連結の対象となるのは，①委任契約（受任者が第三者と締結した契約の準拠法所属国に附従的に連結される），②企業年金に関する付随的合意（雇用契約の準拠法所属国に附従的に連結される），

191

◆第2章◆　現 行 法

③販売店契約の実施のために締結される個別的物品供給契約（販売店契約の準拠法所属国に附従的に連結される），④仮契約（本契約の準拠法所属国に附従的に連結される），⑤担保契約（主たる契約の準拠法所属国に附従的に連結される），⑥混合契約（混合契約には複数の契約類型の要素が内在するが，それらのいずれかの契約類型の準拠法が混合契約の準拠法となる），これらの契約である。もっとも，③については，販売店契約にあらかじめ個別的物品供給契約に関する規定が定められていることが条件とされている。また，⑤については，担保契約および主たる契約の当事者が同一であることが条件とされている。

（3）両者の見解の比較

両者とも，第3項の「明らかにより密接な関係」の手掛かりとして種々の事情を挙げているが，両者が共に「明らかにより密接な関係」の存在を示す手掛かりとして認めるのは，①当事者の共通義務履行地，②当事者の共通常居所地，③不動産の所在地，④旗国である。なお，②不動産の所在地が「明らかにより密接な関係」を裏付ける事情となるような契約とは，Thorn によれば，建築設計の委任契約や建築の管理監督に関する契約である。

他方，両者が共に，第3項の適用過程において考慮される可能性が低い事情として挙げるのは，①契約締結地，②国際裁判管轄条項，③仲裁条項，④使用言語，⑤使用通貨，⑥契約当事者としての国家，公的機関の関与，⑦特定の法秩序が定める形式にしたがった普通取引約款，申請書類，である。

Thorn および Martiny は，以上の事情の他に，以下の二つの事情に共通して言及するが，その評価は異なっている。まず，当事者が共通の国籍を有するという事情について，Thorn は第3項において考慮される可能性を否定する（当該法律行為において「当事者の文化的アイデンティティが重要な意味を持つ場合」を除く）。他方，Martiny は「委任，消費貸借，不動産売買，外国に所在する別荘の賃貸」および「雇用契約，代理商契約のように，ある人的な結び付き，人的な要素が存在するような取引」においては当事者共通の国籍は考慮される述べ，Thorn と比較すればその重要性をより高く評価しているように思われる。公正証書形式の契約および裁判上の和解契約については，Thorn はその重要性を否定するが，Martiny はこの点を肯定する。

◇ 第2節 ◇ ローマI規則第4条3項の適用基準

　Thorn および Martiny の両者とも，準拠法が争われている当該契約と密接に関係するその他の契約が存在する場合，第3項により，当該契約をその他の契約の準拠法所属国に附従的に連結すべきであるとする。

　両者は，共通して，第3項により複数の契約について附従的連結を行う際の条件として，複数の契約が同一の当事者間で締結されていることを原則として求めている。さらに，両者は共通して，複数の契約が単に同一の文書において締結されたことのみをもって第3項による附従的連結を肯定することはできないとする。

　両者が，第3項による附従的連結の可否を論じるにあたって，共にその検討対象として挙げている契約類型は，①問屋，代理商，仲介人が委託者との間で締結する契約（問屋，代理商，仲介人が委託者のために第三者との間に締結する契約の準拠法所属国に附従的に連結される），②個別的物品供給契約（基本契約としての販売店契約の準拠法所属国に連結される），③仮契約（本契約の準拠法所属国に連結される），④担保契約（主たる契約の準拠法所属国に連結される），これら四つである。

　問屋，代理商，仲介人が委託者との間で締結する契約については，Martiny は附従的連結を否定する。他方，Thorn は，問屋，代理商，仲介人が委託者のために第三者との間に締結する契約の効力に，委託者が服している場合に限って，附従的連結を肯定すべきであるとする。

　個別的物品供給契約については，Martiny は，基本契約としての販売店契約への附従的連結を否定する。その理由は，個別的物品供給契約と販売店契約の両者において，「当事者のいずれがリスクを負い，いずれが利益を享受するかという点につき異なる状況が存在する」点に求められている。ただし，販売店契約の中にあらかじめ個別的物品供給契約に関する規定が定められている場合には，附従的連結を認めるとする。Thorn も同様に，原則として附従的連結を否定しながらも，販売店契約において予定納期に関する規定があれば，個別的物品供給契約を販売店契約の準拠法所属国に附従的に連結することができるとする。

　仮契約については，Martiny および Thorn の両者ともに本契約の準拠法所属国への附従的連結を肯定する。

◆第2章◆　現 行 法

　最後に，担保契約については，Martiny および Thorn の両者ともに，主た
る契約の準拠法所属国への附従的連結の条件として，両契約の当事者が同一で
あるという条件を付している。さらに，Thorn は，主たる契約において担保
契約の詳細が規定されているという条件も加えている。

　なお，第4条3項の「明らかにより密接な関係」の存在を示す手掛かりとな
る事情，および，第3条1項の黙示的準拠法選択の存在を示す手掛かりとなる
事情，これらの事情の関係性をいかに理解すべきかという問題がある。Thorn
も Martiny も，ある事情が「より密接な関係」の存在を示す手掛かりとなる
かという点について論じる際，その事情が黙示的準拠法選択の存在を示す手掛
かりとなるかという点について度々言及している。Thorn は両事情は重複し
ないという立場に立っている。他方，Martiny は両事情は重複するとする。


## 4　検　討

### (1) 判断基準の不明瞭性

　Thorn および Martiny の説明においては，回避条項たるローマI規則第4
条3項の適用過程において高い重要性を有する事情および重要性を有しない事
情，これらの線引きを行う際の判断基準は必ずしも示されていない[70]。例え
ば，Martiny は，当事者の共通常居所地は第3項の「より密接な関係」の存在
を示す手掛かりとして高い重要性を有するが，履行地はそれほど高い重要性を
有さないとする。しかし，履行地よりも当事者の共通常居所地により高い重要
性が認められる理由は必ずしも明確ではない。既述のように，ローマ条約，
ローマI規則においては特徴的給付の理論が採用されているが，特徴的給付に

---

(70)　Thorn および Martiny の説明をみる限り，「より密接な関係」の存在の手掛かりと
なる各事情が第3項の適用要件に選択的要件あるいは累積的要件のいずれの形式で組み
込まれるかという点にまで踏み込んだ議論はされていないことも指摘しなければならな
い。例えば，Thorn によれば，当事者の共通常居所地，および，履行地は，「より密接
な関係」の存在を示す手掛かりとして重要となる。しかし，両者が共に同じ地を指し示
す必要があるのか（累積的要件か），それとも，いずれか一方が特定の地を指し示せば
よいのか（選択的要件か）。仮に，いずれか一方が特定の地を指し示せばよいとする場
合において，両者がそれぞれ異なる地を指し示す場合，いずれが優先されるのか。

194

◇ 第2節 ◇ ローマⅠ規則第4条3項の適用基準

注目しながらも，その債務者の常居所地ではなく，その履行地を連結点とすべき考えもヨーロッパ国際私法上有力に主張されている。したがって，共通常居所地，履行地の重要性に相違を見出すにあたっていかなる判断基準が前提とされるのか説明が求められよう。Thorn は，契約締結地，国籍，使用言語が第3項の「より密接な関係」の存在を示す手掛かりとしてわずかな重要性しか有しない理由として，「給付との関連性」の欠如を挙げている。しかしながら，「給付との関連性」という文言の抽象性は「より密接な関係」の文言の抽象性とほとんど変わらないことを踏まえれば，「より密接な関係」の存在を裏付ける事情およびそうではない事情の線引きに関しては極めて抽象的な議論に終始していることとなる。

　第3項の適用を肯定するに際して提示すべきは，こうした抽象的な概念よりも，原則的連結がもたらす具体的な不都合であろう。例えば，既述のように，すべての債務者が共同して債務を履行しなければならない場合，第3項による附従的連結が必要となると Thorn は主張する。確かに，Thorn が指摘するように，そのような場合にはまさに複数の契約の準拠法間において具体的な問題が生じるように思われる。音楽家のような非代替的債務を負う債務者 A，B の二人がそれぞれ個別に債権者と契約を締結しており，それぞれの常居所地が異なる場合，それぞれの契約は異なる地に連結されることとなる。そして，仮に，契約の成否をめぐる争いが生じ，それぞれの契約債務の有無が問題となった場合，債務者 A はその契約準拠法によれば債務を負わないのに対し，債務者 B はその契約準拠法によれば債務を負うとする。この場合，債務者 B は本来債務者 A と共同して非代替的債務を果たすべきとされているところ，その債務を果たすことができないこととなる。むろん，実質法的判断においては，債務者 B はその帰責性を否定され，最終的には債務不履行責任を負わないとされることが多いであろう。しかしながら，自らの意思に反して債務を履行することができず，契約準拠法の内容によっては債務不履行責任を負う可能性を完全には否定できない不安定な状況に債務者 B を置くことの適否については議論の余地があろう。また，仲裁裁判官契約に関しては，オーストリア判例上回避条項が適用された事例があるが，その判断においては，複数の仲裁官の契約責任につきそれぞれの常居所地法を適用すれば仲裁手続の準拠法との矛盾を生じ

195

◆第2章◆　現 行 法

させるおそれがあるという具体的な問題が指摘されている[71]。第3項の適用
基準について論じるにあたってはこうした具体的な当事者の不利益，複数の準
拠法間の不調和こそが中心的に議論されるべきであると思われる。

### (2) 予見可能性の保護

(a) 複数の契約が同一当事者間で締結される場合

Thorn, Martiny の両者は，ローマⅠ規則第4条3項による附従的連結は原
則として同一当事者間で締結される複数の契約に限定されるべきであるとする。
その根拠は当事者の予見可能性の保護に求められている。しかしながら，当事
者の予見可能性の保護を根拠として，附従的連結の対象を同一当事者間で締結
される複数の契約に限定することには必ずしも理由はないように思われる。そ
れは以下の理由による。

Thorn, Martiny はともに，同一当事者間では締結されていないという理由
により，保証契約を主たる契約の準拠法所属国に附従的に連結することを否定
する[72]。主たる契約の当事者ではない保証人の予見可能性が害されることを
考慮すれば，保証契約を主たる契約の準拠法所属国に附従的に連結することは
確かに否定されなければならない。

他方，Martiny は，債務引受契約につき回避条項による附従的連結を肯定す
る。すなわち，債務引受契約を，債務引受を生じさせる原因となった原因契約
の準拠法所属国に附従的に連結すべきであるとする。確かに，両契約は同一当
事者間で締結されるため，附従的連結によって第三者の予見可能性が害される
ことはない。しかし，第4条3項による附従的連結が行われなければ，債務引
受契約については債務引受人の常居所地法が適用されたはずであり，債務引受
人の予見可能性は害されることとなる。

第三者の予見可能性は保護されるにもかかわらず，契約当事者の予見可能性

---

(71)　オーストリア上級地方裁判所（Austrian Oberster Gerichtshof）1998 年 4 月 28 日判
　　　決は，結論として，仲裁裁判官契約の準拠法を回避条項により仲裁手続の法に一致させ
　　　た。

(72)　横山潤『国際私法』（三省堂，2012）197 頁も，主たる契約と保証契約の準拠法を一
　　　致させる必要は必ずしもないと指摘する。

196

◇ 第 2 節 ◇ ローマ I 規則第 4 条 3 項の適用基準

は保護されない理由はいかなる点に求められるか。第三者が関与する場合に限って特に附従的連結を否定する見解の前提には，第三者の予見可能性を奪う場合，契約当事者の予見可能性を奪う場合よりも予見可能性の侵害の程度が深刻であるという考えがあるように思われる。確かに，附従的連結により，第三者を全く内容について知らないその他の契約の準拠法に拘束する場合，同一当事者間で締結される契約につき附従的連結を行う場合に比べて，予見可能性が害される程度はより深刻であるといえる。

　しかし，保証契約と債務引受契約を比較すれば，保証契約における保証人も，債務引受契約における債務引受人も，関連する他方の契約（前者については主たる契約，後者については原因契約）の存在，内容について全く知らないわけではないという点において共通する。また，保証契約と主たる契約，債務引受契約と原因契約，これらはそれぞれ互いに独立した別個の契約であり，かつ，両契約において合意される債権債務の内容は異なるという点でも共通する。以上を前提とすれば，債務引受契約が原因契約の準拠法の適用を受けることを債務引受人は一般的に予見しうるとしながら，保証契約が主たる契約の準拠法の適用を受けることを保証人は予見しえないとすることには必ずしも理由がないように思われる。

　(b) 一方の契約当事者が他方の契約の優先的効力について合意している場合

　以上のように，少なくとも当事者の予見可能性の保護を問題とする場合，複数の契約が同一当事者間で締結されているか否かという点は必ずしも重要ではない。もっとも，一方の契約当事者が他方の契約の優先的効力について合意している場合には，ローマ I 規則第 4 条 3 項により一方の契約を他方の契約の準拠法所属国に附従的に連結するとしても，当事者の一般的な予見可能性が侵害される程度は通常の場合に比べ低いといえよう。例えば，Thorn は，下請契約の当事者が元請契約の「効力に服している」場合には，下請契約を元請契約の準拠法所属国に附従的に連結すべきであるとする。下請契約の当事者が元請契約の「効力に服している」場合とは，下請負人が元請契約の特約の効力等につき合意している場合を意味すると解される。このように，一方の契約の当事者が他方の契約の優先的効力について合意している場合をその他の場合から区別し，それら両者の間には，附従的連結により当事者の予見可能性が害される

◆第2章◆　現 行 法

程度に差があると理解することができよう。

(c) 一方の契約が包括的性質を有する場合

また，当事者の予見可能性の保護を問題とするのであれば，Martiny の指摘するように，一方の契約が包括的性質を有する場合をその他の場合とは区別して議論することも考えられよう。販売店契約およびその実施のために締結される個別的物品供給契約において合意される内容は，販売店契約が包括的性質を有するがゆえに，部分的に重複する。このように，両契約において合意される債権債務の内容が重複することをもって，当事者は両契約が同一の法に規律されることを予見しうるとする余地もあるように思われる。


(3) 経済的弱者の保護

ローマ I 規則においては，フランチャイズ契約，販売店契約につき，フランチャイジー，販売店の常居所地が原則的な連結点として規定される（第4条1項 e 号，f 号）。ヨーロッパ国際私法上，販売店契約，フランチャイズ契約における特徴的給付の債務者がいずれの当事者であるかという点については争いがあるものの，経済的により弱い立場にある販売店，フランチャイジーの保護を理由として，両契約につき上記のような連結点が規定されたとされる[73]。(ここでいう「保護」とは実質法的保護ではなく，当事者にとってなじみのある法を適用するという意味での抵触法的保護である。) つまり，ローマ I 規則上，販売店契約，フランチャイズ契約の最密接関連地の概念には，経済的弱者の保護に資する地という要素が内包されていると考えることができる。

販売店契約は，以上のような政策的観点から，ローマ I 規則上，原則として，販売店の常居所地法によることとされている。他方，販売店契約の実施のために締結される個別的物品供給契約は，原則として，売主たる供給者の常居所地法によることとなる（第4条1項 a 号）。このように両契約の準拠法は本来異なるが，Thorn は，販売店契約において個別的物品供給契約の詳細が規定されている場合には，第4条3項により，両者の準拠法を販売店の常居所地法に統

---

(73) Commission, Proposal for a Regulation of the European Parliament and the Council on the law applicable to contractual obligations (Rome I), COM (2005) 650 final., para 4.2.

198

◇ 第2節 ◇ ローマⅠ規則第4条3項の適用基準

一すべきであるとする。また，Martiny も，販売店契約にあらかじめ個別的物品供給契約に関する規定が定められている場合には，附従的連結を肯定する。Thorn および Martiny が，販売店契約，個別的物品供給契約についてそのような主張を行う際に，経済的弱者の保護に対する政策的配慮をその念頭に置いていたかという点は定かではない。しかし，第4条3項により，販売店契約および個別的物品供給契約の準拠法を販売店の常居所地法に統一することは，結果として，ローマⅠ規則が意図した販売店の保護という目的に資することとなる。このように，ローマⅠ規則上の販売店契約，フランチャイズ契約に関する政策目的を前提とすれば，関連する複数の契約を販売店，フランチャイジーの常居所地に統一的に連結する際には，経済的弱者の抵触的保護に対する政策的配慮をその根拠として持ち出すことができる[74]。

　もっとも，弱者保護の政策的配慮に基づいて回避条項による附従的連結を肯定する見解に対しては，以下のような批判が提起されうる。

　経済的弱者に対する抵触法上の保護は，その保護の必要性に応じて，主観的連結のレベル，あるいは，これに劣後する客観的連結のレベルにおいて実現されうる。ローマⅠ規則上，消費者契約（第6条），労働契約（第8条）については，当事者が選択した法にかかわらず，消費者，労働者の常居所地における強行規定の適用が担保されている点で，主観的連結のレベルにおいて弱者保護が図られている。他方，旅客運送契約（第5条2項）においては，準拠法選択がない場合にのみ，出発地，到着地のいずれかと共通する旅客の常居所地の法が適用されるに過ぎない。つまり，客観的連結のレベルにおいて弱者保護が図られている。販売店契約，フランチャイズ契約についても，準拠法選択がない場合に初めて，販売店，フランチャイジーの常居所地法が適用され，客観的連結のレベルにおいて弱者保護が図られているに過ぎない。

　このように客観的連結のレベルにおいて弱者たる当事者の常居所地を連結点とすることが，果たして実際の弱者保護につながるか。この点に関しては否定的な見解もありえよう。そのような見解は，販売店，フランチャイジーに対す

----

(74) 弱者保護の政策的判断に基づいて規定された連結点が，市場の変化によりもはや妥当しなくなった場合についても，立法政策と市場変化のずれを回避条項により解消することが可能であろう。

199

◆ 第2章 ◆ 現 行 法

る抵触法上の保護を真に実現しようとするのであれば，それは当事者自治の制限によって実現すべきであるとする[75]。そのような立場を前提とすれば，ローマⅠ規則上の立法政策には反することになるが，経済的弱者の保護を理由として，関連する複数の契約を販売店，フランチャイジーの常居所地法のもとに統一することは否定されることとなる。

なお，強者弱者の関係が見られるのは販売店契約，フランチャイズ契約に限られるわけではなく，その他の例として下請契約などがある。販売店契約，フランチャイズ契約を除くその他の契約についても，経済的弱者の保護を単に理由として回避条項の適用を肯定することができるか。この点は以下の理由から否定されよう。

販売店契約，フランチャイズ契約に関して，販売店，フランチャイジーの常居所地が連結点として規定されたのは既述のように弱者保護の観点からである。しかし，そのことをもって弱者保護の価値基準が特徴的給付の原則に優先することが明らかにされたと理解することは適切ではない。販売店契約，フランチャイズ契約に関して弱者保護の政策的配慮が持ち出されたのは，それらの契約についてはいずれの当事者が特徴的給付の債務者であるか明らかではなく，特徴的給付の原則に依拠することができなかったためであるとされる[76]。そうであるとすれば，弱者保護を理由として回避条項による附従的連結を肯定することができるのは，特徴的給付の原則に代えて弱者保護の価値基準に依拠することが予定されている契約，すなわち販売店契約，フランチャイズ契約に限られる[77]。

----

(75) 高橋宏司「契約債務の準拠法に関する欧州議会及び理事会規則（ローマⅠ規則）」国際私法年報第13号（2011）8頁は，フランチャイズ契約，販売店契約に関して弱者保護を徹底するのであれば，当事者自治の制限によってその保護を図るべきであるとする。

(76) 高橋，前掲注(75)，8頁。

(77) 例えば混合契約についても，特徴的給付を確定することが困難であると判断すれば，ローマⅠ規則第4条4項により，最も密接な関係を有する地を探求することとなる。販売店契約，フランチャイズ契約に関する弱者保護の立法政策との一貫性を考慮するのであれば，そのような場合にも弱者保護の価値基準が持ち出されることとなろう。

第 **3** 章
# 回避条項による複数の
# 契約間の附従的連結

◇ 第1節 ◇ 販売店契約の実施のために締結される売買契約

　ローマⅠ規則の前文（20）によれば，同規則第4条3項の「明らかにより密接な関係」を有する地の決定にあたっては，「特に，問題の契約がその他の単一あるいは複数の契約と非常に密接な関係を有するかという点が考慮に入れられなければならない」とされる。つまり，ある契約と「非常に密接な関係」を有するその他の契約がある場合，当該契約はその他の契約の準拠法所属国に対して「明らかにより密接な関係」を示すと判断され，当該契約はその他の契約の準拠法所属国に附従的に連結されることとなる。

　本章においては，まず，準拠法決定過程において複数の契約の関連性が問題となったドイツ国際私法上の事例として，販売店契約の実施のために締結された売買契約の準拠法が争点とされた事例（連邦通常裁判所 1971 年 9 月 22 日判決およびデュッセルドルフ上級地方裁判所 1996 年 7 月 11 日判決），仲立の補助を内容とする契約の準拠法が争点とされた事例（デュッセルドルフ上級地方裁判所 1997 年 6 月 20 日判決）を紹介，検討する。続いて，下請契約を元請契約の準拠法所属国に附従的に連結すべきであると主張する Seipen の見解について考察する。本章においては，ドイツ国際私法上のこれらの議論の検討を通して，回避条項による複数の契約間の附従的連結の適否について考察する。

## ◆ 第1節 ◆ 販売店契約の実施のために締結される売買契約

　販売店契約に関する国際私法上の論点として，特徴的給付を履行すべき当事者は供給者および販売店のいずれであるかという問題がある。ヨーロッパ国際私法上，この点について従来積極的な議論が展開され，特徴的給付を履行すべき当事者を販売店とする立場（オランダ，ドイツ，オーストリア，スペイン），および，供給者とする立場（イタリア，フランス）に分かれていた。もっとも，現在は契約債務に関するローマⅠ規則第4条1項f号において販売店契約の連結点は販売店の常居所地として明文化されたため，この点について問う意義は薄れたといえる[1]。

---

(1)　ローマⅠ規則第4条1項f号において販売店の営業所所在地が連結点として採用され

◆第3章◆　回避条項による複数の契約間の附従的連結

このように，ヨーロッパ国際私法上，ローマⅠ規則の制定により，販売店契約における特徴的給付をめぐる議論は落ち着いたが，販売店契約の準拠法に関しては以下のもう一つの重要な論点がある。販売店契約の実施のためにその後売買契約が締結された場合，売買契約の連結点を売主の常居所地とする第4条1項a号により，原則として供給者の常居所地法が準拠法となる。しかしながら，基本契約（枠契約）たる販売店契約との間の密接な関連性を重視すれば，契約が「明らかにより密接な関連」を有する地への修正的連結を命じる同条3項（回避条項）により，原則的連結点である供給者の常居所地（同条1項a号）を回避し，販売店契約の連結点として定められた販売店の常居所地（同条1項f号）に連結することとなる。このように，販売店契約の実施のために売買契約が締結された場合，その準拠法を原則通り供給者の常居所地法とすべきか，あるいは，回避条項により販売店契約の準拠法たる販売店の常居所地法とすべきか。この点について検討するために，以下では，販売店契約の実施のために締結された売買契約の準拠法が争点とされた二件の裁判例を紹介，検討する。


# 1　連邦通常裁判所 1971 年 9 月 22 日判決[2]

## (1) 事 実 関 係

Xは，台所用家具の製造メーカー（Küchenmöbel-Herstellerin）であり，ドイツに営業所を有する。Yおよび訴外Aはフランスに営業所を有する。XおよびAは1965年に交渉を開始し，Aにより設立される予定のYがフランスにおけるXの製品の独占的販売権を取得することにつき合意した。XはYに対

---

たのは，販売店が特徴的給付を履行すべき当事者であるとの理由によるものか。この点については争いがある。欧州委員会の提案においては，販売店の営業所所在地を連結点とする理由として販売店の保護が挙げられている（Commission, Proposal for a Regulation of the European Parliament and the Council on the law applicable to contractual obligations (Rome I), COM (2005) 650 final., para 4.2.）。もっとも，ローマⅠ規則上そのような販売店の保護の視点は含まれていないとする立場もある。Ancel, The Rome I Regulation and Distribution Contracts, Yearbook of Private International Law Vol.10, 2008, p. 226.

(2)　BGH Urt. vom 22.9.1971-VIII ZR 259/69 (KG) ; NJW 1972 Heft 9, S. 391 ff.

◇ 第 1 節 ◇ 販売店契約の実施のために締結される売買契約

して 1967 年まで台所用家具を供給し，その間 Y は X に対してその都度商品を注文していた。Y からの注文に対し，X は注文請書を送付して受諾を通知していたが，その注文請書の裏面には販売条件（Verkaufsbedingungen）が記載されていた。当該販売条件の第 13 条は，履行地および裁判管轄地をドイツとする旨定めていた。

Y は X に対して，1966 年 10 月 3 日および同年 12 月 27 日付の書簡により，X はフランスのその他の会社に製品を供給しており，Y との独占的販売店契約に違反している旨連絡した。他方，X は 1967 年 6 月に訴訟を提起し，1966年 9 月から 1967 年 5 月までの間に供給した製品の代金である 19,321.90 ドイツマルクの支払を Y に求めた。控訴審は X の請求をほぼ認容し，Y に 17,389.71ドイツマルクの支払を命じた。これに対し Y は上告し，連邦通常裁判所は本判決において原審判決を破棄し，差し戻した。

(2) 判　旨

本件の主たる争点は，ドイツに国際裁判管轄権が認められるか否かという点であった。X は Y に対し，供給した製品の代金支払請求を行っているが，当該請求が認容されるためにはドイツが国際裁判管轄権を有することが前提として必要となる。Y は上告理由において，ドイツの国際裁判管轄権を肯定した控訴審の判断には誤りがあると主張した。Y の主張するように，Y はフランスに事業所を有するため，一般管轄原因によってはドイツの国際裁判管轄権を肯定することができない。他方，X の注文請書に記載された販売条件が両者の合意内容として契約に有効に組み込まれているとすれば，ドイツの国際裁判管轄権は肯定される。というのも，X の販売条件の第 13 条は，ドイツを国際裁判管轄地，履行地とする旨を規定しており，これが有効であるとすれば，国際裁判管轄に関する両者の合意あるいは特別管轄原因としての履行地，これらを根拠としてドイツの国際裁判管轄権を肯定することができるからである。

このように，ドイツの国際裁判管轄を肯定するためには，X の注文請書に記載された販売条件が有効であるとの判断が必要となる。そして連邦通常裁判所は，当該販売条件の有効性は当該売買契約の準拠法により判断するとして，売買契約の準拠法について判断した。本件において，販売店契約の実施のため

205

◆ 第3章 ◆ 回避条項による複数の契約間の附従的連結

に締結された個別的売買契約の準拠法が問題となったのは，以上の理由による。
それでは，連邦通常裁判所は本件売買契約の準拠法についてどのように判断し
たか。以下はその判旨である。

なお，本件判決当時，明文のドイツ国際私法規定は存在せず，準拠法に関す
る当事者の明示または黙示の合意がない場合には推定的当事者意思が連結点と
され，その判断の過程においては「契約の重心」の探求が行われている。

「ドイツ国際私法上，債権契約の領域において，契約当事者は原則として契約
関係に適用される法秩序を合意により決定する自由を有する。本件当事者が明
示あるいは黙示の意思表示によりそのような準拠法選択を行ったことは，控訴
審において確認されておらず，また当事者によっても主張されていない。した
がって，連邦通常裁判所の確定した裁判例によれば，契約準拠法について判断
する際には，いわゆる推定的当事者意思が重要となる。そのような推定的当事
者意思を確定することができない場合，個々の債務の準拠法につきその履行地
が重要となる。その際，推定的当事者意思は，当事者の主観的な考え（die sub-
jektiven Vorstellungen）に基づいては確定されない。むしろ，客観的な根拠に
基づき当事者の利益が何であるか検討し，全体的な契約関係からみて契約関係
の重心がある特定の法秩序を指し示しているかという点を探求することが重要
である。渉外取引における売買契約においては，これまでの裁判例が繰り返し
述べてきたように，売主の現物給付債務が買主の金銭債務に比べてより複雑で
ありかつ法的紛争のきっかけとなりやすいという事実によっては，売主の事業
所を有する国の法（Heimatrecht）が契約全体にとっての契約準拠法となるとい
う結論は正当化されない。むしろ，売買契約において，問題となっている契約
関係が複数の地との間に空間的な関連性を示し，その一つが他に比べて明らか
に決定的であるといえるほどにそれら複数の関連性が有する重要性が異なる場
合，推定的当事者意思に基づいて一つの統一的な契約準拠法が探求されるべき
である。そのような事例として，連邦通常裁判所 1960 年 10 月 19 日判決および
連邦通常裁判所 1969 年 5 月 7 日判決がある。
本件と比較できるような事案は存在しない。本事案の明確な特徴は，X が Y
に対してフランスにおける独占的販売権を付与していたという点にある。この
ことは，むしろ，契約の重心がフランスにあることを示すであろう。この点に
関連して，本件において当事者間で実施されていた販売店契約が代理商契約と
どの程度同一視されるべきかということが重要となる。連邦通常裁判所民事判
例集第 53 巻 332 頁によれば，少なくとも一定の条件が満たされれば，代理商契
約においては，代理商が活動を行うべき領域に契約の重心が存在するとされる。

◇ 第1節 ◇ 販売店契約の実施のために締結される売買契約

　　それゆえ，本件においては，推定的当事者意思に基づいてドイツ法を適用され
　るべき契約準拠法とすることはできない。したがって，判例上の原則，すなわ
　ち，推定的当事者意思を確定できない場合には，ドイツ法により決定される履
　行地，つまり問題となっている義務が履行されるべき地が，契約債務の準拠法
　にとって重要となるという原則に依拠するにとどまる。民法第269条によれば，
　Ｙの義務の履行地はパリであり，それゆえ本件契約債務の準拠法はフランス法
　となる。」(3)

　連邦通常裁判所は，まず，明示あるいは黙示の準拠法選択が行われていない
場合には推定的当事者意思に依拠し，その解釈においては「契約の重心」が探
求されるべきであるとした。「契約の重心」の確定にあたっては，判決当時，
ドイツ国際私法上，特徴的給付理論はまだ採用されておらず，「売主の現物給
付債務が買主の金銭債務に比べてより複雑であり，かつ，法的紛争のきっかけ
となりやすいという事実」は考慮されなかった。

　連邦通常裁判所が「契約の重心」の確定にあたって考慮したのは，ＸがＹ
にフランスにおける独占的販売権を付与していたという事情であり，このよう
な事情は「むしろ，契約の重心がフランスにあることを示すであろう」と評価
している。(その際，代理商契約における「契約の重心」も代理商の活動領域にある
ことについて言及している。)

　もっとも，連邦通常裁判所は，このように「契約の重心」はフランスにある
としながらも，続く判旨において，推定的当事者意思を確定することはできな
いとした。そして最終的には，推定的当事者意思を確定することができない場
合の連結点たる履行地に依拠した。すなわち，Ｙの義務履行地はフランスで
あるとし，フランスが義務履行地であることを最終的な根拠としてフランス法
の適用を導き出した。連邦通常裁判所は，このように最終的にはＹの義務履
行地がフランスであることを直接の根拠として，契約準拠法たるフランス法の
適用を導き出しているため，Ｙがフランスにおける独占的販売権を有すると
いう事情の重要性をどの程度高く評価しているか必ずしも明らかではない。し
かしながら，その判旨からは，Ｙがフランスにおける独占的販売権を有する
という事情は「契約の重心」を即座に肯定するものではないにせよ，一定の重

(3)　NJW 1972 Heft 9, S. 393 f.

◆ 第3章 ◆ 回避条項による複数の契約間の附従的連結

要性を有するものとして評価されていることがうかがわれる。

このように，XY 間の売買契約の準拠法の判断過程において，販売店たる Y がフランスにおける独占的販売権を有するという事情が触れられているが，販売店契約の準拠法については直接言及されていない。したがって，本件をもって，売買契約の準拠法を販売店契約の準拠法と一致させた事案とまではいえない。しかしながら，販売店契約の実施のために締結された売買契約の最密接関連地について判断する際に，販売店契約に関する要素が考慮された事案といえよう。

## 2　デュッセルドルフ上級地方裁判所 1996 年 7 月 11 日判決[4]

### (1) 事 実 関 係

X はドイツに営業所を有する，芝刈り機のエンジンの製造メーカーである。Y はイタリアに営業所を有する企業である。1992 年 6 月，X を供給者，Y を販売店とする独占的販売店契約が締結された。当該契約により，Y は自身の名，計算において X のエンジンを販売し，イタリアにおけるその独占的販売権を有するとされた。なお，X が直接自ら販売を行うことは禁止されず，X が直接販売を行う場合には，その代金の 5 パーセントを Y が受け取るとされた。さらに，契約を終了する場合には，終了する年度の前年の六月中に通知が必要とされた。契約は英語で文書化され，「商品の供給および支払」に関しては X が差し入れた普通取引約款を適用することが合意された。

X は Y に，1993 年 1 月 19 日から 1 月 29 日までの間に商品を供給し，7 枚のインヴォイスを発行した（総額 36,013.00 ドイツマルク）。また，同年 1 月 29 日から 4 月 2 日までの間においても商品を供給し，8 枚のインヴォイスを発行した（総額 362,12.88 ドイツマルク）。Y が期限までに支払を行わなかったため，X は数回催告し，その結果前者のインヴォイスに対する支払はされたが，後者のインヴォイスに対する支払はされなかった。そのため，本件において X は Y に未払代金の支払を求めた。

---

(4)　OLG Düsseldorf, Urt. vom 11.7.1996-6U152/95

◇ 第 1 節 ◇ 販売店契約の実施のために締結される売買契約

なお，X は訴外 A に当該エンジンの製造ラインを売却し，1993 年 4 月以降
Y への商品供給を中止している。A は X と同様の条件のもと Y に商品を供給
することを Y に提案したが実現しなかった。Y の主張によれば，X が Y に認
めていたのと同様の独占的販売権を A は Y に認めようとしなかったとされる
が，X はこの点を否定した。

第一審においては，X が勝訴し，これに対して Y は控訴した。控訴審にお
いては，Y は代金支払債務の存在そのものについては争わず，X の債務不履
行により生じた損害賠償請求権を自働債権として相殺を主張した。（Y は，X
が A に当該エンジンの製造ラインを売却し，1993 年 4 月以降 Y への商品の供給を中
止したことは，販売店契約に違反し，債務不履行にあたる旨主張している。）

## (2) 判　旨

X の代金支払請求に対して，Y は X の債務不履行により生じた損害賠償請
求権を自働債権として相殺を主張したため，相殺の可否に関する準拠法が争点
となった。この点，本件においては受働債権である XY 間の売買契約の準拠
法によるとされた。本件において当該売買契約が締結されたのは，両当事者間
で締結された販売店契約を実施するためであったため，売買契約の準拠法につ
いて判断する際に販売店契約の準拠法を考慮すべきか否かが一つの争点となっ
た。以下の判旨においては，販売店契約の準拠法如何，売買契約の準拠法決定
過程において販売店契約の準拠法を考慮することの適否，これらの順に判断が
行われている。

　「当事者により準拠法選択が行われていない場合，1992 年 6 月締結の当該販売
　店契約の準拠法はドイツ民法施行法第 28 条により決定されるべきである。同条
　によれば，契約はそれが最も密接な関係を示す国の法による。同条 2 項により，
　特徴的給付を履行すべき当事者の契約締結時における常居所，あるいは（本件
　のように）会社（Gesellschaft）が問題となっている場合にはその主たる営業所
　（Hauptniederlassung），これらを有する国との間に契約は密接な関係を示すと
　推定される。
　　1992 年 6 月に行われた当事者間の合意はいわゆる独占的販売店契約（Allein-
　vertriebsvertrag）である。この契約は枠契約（Rahmenvertrag）であり，Y を
　独立の商人あるいは販売店（Eigen-bzw. Vertragshändlerin）として，X の製品

◆ 第3章 ◆ 回避条項による複数の契約間の附従的連結

をY自身の名，Y自身の計算においてイタリアで販売することを権利づけ，義
務づける。そのような枠契約においては，実際上，販売店は製造者の販売組織
に組み込まれ，原則として代理商の権利に関する要素（例えば市場での活動，
市場戦略）が重要となる。したがって，枠契約における特徴的給付は販売店に
よって履行されることとなり，その結果，販売店の主たる営業所地の法が準拠
法となる。これを本件についてみると，販売店たるYはイタリアに本拠（Sitz）
を有するため，1992年6月に当事者間で締結された当該独占的販売店契約には
イタリア法が適用されることとなる。

　これに対して，枠契約の実施の過程において合意された個別的な商品の供給
にはイタリア法は適用されない。枠契約にはあらかじめ諸条件が定められてい
るが，個別的な商品の供給を基礎づける売買契約は法的に独立の契約である。
これらの個々の契約は法的に独立していることを考慮すれば，個別的な商品の
供給に関する売買契約に関しては独立にその準拠法が探求されるべきである。

　したがって，個別の売買契約には，それが1980年4月11日の国際動産売買
契約に関する国連条約（CISG）の適用対象に含まれる限りにおいて，CISGが
適用され，CISGの適用対象に含まれない事項に関しては，ドイツ民法施行法第
28条2項2文により別個に準拠法が決定されなければならない。学説において
主張されている見解に反し，個別の売買契約は，原則として枠契約の準拠法に
よるべきではなく，むしろ個別の売買契約における特徴的給付は何であるかと
いう考慮に基づき適用される法によるべきである。枠契約と個別的契約の両者
の間には密接な関係が存在するが，個別的契約の性質は枠契約のそれとは本質
的な点において異なる。それゆえ，両者の契約につき別個の連結が必要になる
ように思われる。ドイツ国際私法上，同様の事案に関して，特別な連結の制度
がないわけではない。契約の一部がその他の部分から切り離され，その一部が
その他の国との間により密接な関係を示す場合につき，その一部に例外的にそ
の他の国の法が適用されうることを，ドイツ民法施行法第28条1項2文は明示
的に規定している。単一のひとまとまりの契約についてさえ，上記のような事
情がある場合には異なる法を適用する余地を法は認めている。そうであるとす
れば，（本件のように）互いに関係を有するが法的には独立している二つの契約
については，なおさら異なる法を適用する余地が存在する。したがって，個別
の売買契約につきCISGの適用範囲に含まれない事項に関しては，原則として
売主の本拠地の法が適用される。なぜなら，個別の売買契約においては売主が
特徴的給付を履行するからである。」[5]

　連邦通常裁判所は，準拠法に関する合意を欠く本件契約につき，当時の現行

---

(5)　NJW-RR 1997, S. 822 f.

◇ 第1節 ◇ 販売店契約の実施のために締結される売買契約

法たるドイツ民法施行法旧第 28 条により最密接関連地法を探求している。同
条 1 項は，契約は最も密接な関係を示す地の法によるとする。そして，同条 2
項によれば，特徴的給付を履行すべき当事者の主たる営業所地が最密接関連地
と推定される。もっとも，販売店，供給者のいずれが特徴的給付を履行すべき
当事者であるかという点は必ずしも明白ではない。この点，本判決においては，
販売店が特徴的給付の債務者とされている。その根拠は，販売店契約において
は「実際上，販売店は製造者の販売組織に組み込まれ，原則として代理商の権
利に関する要素（例えば市場での活動，市場戦略）が重要となる」ことに求めら
れている。販売店契約における特徴的給付が何であるかという点は本書のテー
マから逸脱するため，その検討は控えるが，本件においては以上の理由により，
XY 間の販売店契約の準拠法は販売店 Y の営業所地の法であるイタリア法で
あると判示された。

　このように販売店契約の準拠法はイタリア法であると結論付けられたが，個
別的売買契約の準拠法の判断過程においてこの点を考慮すべきか。ドイツ，イ
タリアは CISG の締約国であるため，本件における XY 間の売買契約には原則
として CISG が適用されることとなる。もっとも，Y は相殺を主張しており，
CISG は相殺をその規律事項としていない。そのため，Y による相殺の可否に
ついては，受働債権の準拠法たる売買契約の準拠法が適用される。売買契約に
おける特徴的給付は売主により履行されるため，ドイツ民法施行法第 28 条 2
項によれば，本件売買契約の準拠法は原則として売主 X の営業所地の法であ
るドイツ法となる。しかしながら，同条 5 項によれば，同条 1 項ないし 4 項に
より推定される最密接関連地よりも契約との間により密接な関係を示すその他
の地がある場合には，その他の地の法によるとされる。仮に，売買契約は販売
店契約の実施のために締結されたとして，売買契約は販売店契約との間により
密接な関係を示すと考えれば，ドイツ民法施行法第 28 条 5 項により，売買契
約は販売店契約の準拠法たるイタリア法によることとなる。

　この点につき本件では，売買契約が販売店契約の実施のために締結された場
合であっても，売買契約の準拠法決定過程において，販売店契約の準拠法が何
であるかという事情を考慮しないことが明示されている。すなわち，個別の売
買契約を販売店契約の準拠法所属国に附従的に連結することは明示的に否定さ

◆第3章◆　回避条項による複数の契約間の附従的連結

れている。その根拠は，販売店契約とその実施のために締結された売買契約は
枠契約と個別的契約の関係にあり，前者において後者に関する諸条件があらか
じめ定められているが，両者は法的にあくまで独立した別個の契約であり，両
者の性質は「本質的な点」において異なることに求められている。またその他
の理由として，ドイツ民法施行法第28条1項2文において，ある一つの契約
を複数に分割してそれぞれに異なる法を適用する余地が認められており，一つ
の契約につき異なる複数の法を適用することができるのであれば，密接に関連
する複数の契約についてもそれぞれ異なる複数の法を適用することが認められ
るべきであることが挙げられている。


## 3　検　討

　連邦通常裁判所1971年9月22日判決，および，デュッセルドルフ上級地方
裁判所1996年7月11日判決，これらのいずれも，供給者が販売店に対し，供
給した製品の代金の支払を求めたという事例である。いずれにおいても，販売
店契約の実施のためにその後締結された売買契約の準拠法が争点とされている。
連邦通常裁判所1971年9月22日判決は，販売店の義務履行地がフランスであ
ることを最終的な理由として売買契約の準拠法をフランス法としたものの，売
買契約の準拠法をフランス法とする判断過程において販売店がフランスにおけ
る独占的販売権を有するという事情についても言及している。もっとも，販売
店契約の準拠法については一切触れていないため，売買契約を販売店契約の準
拠法所属国に附従的に連結したものとまではいえないが，売買契約の準拠法決
定過程において販売店契約に関する要素について触れた判決といえる。他方，
デュッセルドルフ上級地方裁判所1996年7月11日判決は，売買契約の準拠法
決定過程において販売店契約の準拠法について考慮すべきではない旨を明確に
示した。
　デュッセルドルフ上級地方裁判所1996年7月11日判決は，売買契約の準拠
法決定過程において販売店契約の準拠法を考慮しない理由の一つとして，販売
店契約およびその後締結される個々の売買契約はそれぞれ独立した契約である
ことを挙げている。確かに，複数の契約が密接な関係を有することは珍しくな

◇ 第 1 節 ◇ 販売店契約の実施のために締結される売買契約

く，何をもって統一的連結を正当化するほどの「密接な関連性」を認めるか否かという点は明らかではない。当事者の予見可能性を考慮すれば，売買契約の準拠法を販売店契約のそれに一致させるためには客観的な根拠が求められよう。それでは，ある契約をその他の契約の準拠法所属国に附従的に連結すべき理由はいかなる点に求められるか。そのような理由として最も説得的なものは，そうした附従的連結を行われなければ，両契約の準拠法の適用結果間に矛盾あるいは何らかの問題が生じるというものであろう。

　販売店契約およびその実施のために締結される個々の売買契約，これらの準拠法の適用結果間で何らかの問題は生じうるか。例えば，販売店契約の準拠法たる A 国法によれば，販売店契約の解約に伴い，販売店は既に締結した売買契約を解除することができる（あるいは販売店は在庫の引取請求権を有する）とする[6]。他方，売買契約の準拠法たる B 国法によれば，販売店契約が解約された場合においても，販売店は既に締結された売買契約を解除することはできない（あるいは在庫引取請求権を有しない）とする。この場合，販売店契約の準拠法たる A 国法，および，売買契約の準拠法たる B 国法，これらを同時に適用すれば，複数の準拠法の適用結果間で矛盾が生じることとなる。しかしながら，こうした場面において両契約の準拠法を同時に適用しなければならないわけではない。確かに上記の問題は販売店契約，売買契約の両者に関わる問題であるが，販売店契約の効力の問題として性質決定すれば，単に販売店契約の準拠法たる A 国法を適用すればよいこととなり，複数の準拠法の適用結果間の矛盾，問題は生じえない。このように，性質決定の段階でいずれかの契約の問題として処理すれば問題は生じない。実質的に単一の問題を販売店契約の効力の問題として性質決定すると同時に売買契約の効力の問題としても性質決定しなければならないような場面は通常生じないとすれば，両契約の準拠法の適用

---

(6)　髙田淳「特約店契約およびフランチャイズ契約の特徴とその解消について（二）」法学新報第 105 巻 10・11 号（1999）137 頁以下によれば，ドイツ裁判例上，販売店契約が適法に終了した場合，販売店は在庫引取請求権を有する。もっとも，販売店の在庫引取請求権は，あくまで販売店契約の効力により生じるものであり，売買契約の解除の問題としては理解されていないとされる。髙田教授はこうした問題を売買契約の解除の効力として理解することを提案されている。

213

◆ 第3章 ◆ 回避条項による複数の契約間の附従的連結

結果間における矛盾を根拠として附従的連結を行うことは困難であろう。

　また，販売店契約および売買契約の関係性をめぐる問題として，基本契約たる販売店契約の中に，後に締結される個々の売買契約に関する詳細な規定がある場合，当事者間の紛争に販売店契約，売買契約のいずれの準拠法を適用すべきかという問題がある。第3章において紹介したように，Thorn および Martiny は，原則として両契約は独立に連結されるべきであるとしながらも，販売店契約中に売買契約に関する詳細な規定が設けられている場合にのみ，売買契約を販売店契約の準拠法所属国に附従的に連結すべきであるとする。確かに，販売店契約の中に個々の売買契約に関する詳細な規定が前もって定められたが，例えば瑕疵担保責任等につき，その後に実際に締結された売買契約において異なる内容の規定が設けられたという場合，販売店契約および売買契約の二つの契約が同一の問題につきそれぞれ異なる内容を定めており，それゆえ当該問題は販売店契約の問題であると同時に売買契約の問題でもあると性質決定すれば，両契約の準拠法を同時に適用しなければならないという場面が生じよう。そして，両契約の準拠法の内容が相反する場合，複数の準拠法の適用結果間の矛盾，問題が生じうるようにも思われる。しかしながら，両契約が同一の事項につき異なる内容を定めている場合においても，いずれかの契約の問題として性質決定すれば足り，同一当事者間の実質的には単一の問題を販売店契約および売買契約の二重に性質決定する必要はない。そうであるとすれば，ここにおいても両契約の準拠法の適用結果間において矛盾，問題は生じえないこととなる。

　また，他の契約類型と比較すれば，例えば主たる契約および保証契約が同一文書内に作成されている場合，そのことをもって保証契約の準拠法を主たる契約のそれに一致させるという連結手法は通常とられない（むろん，当事者の黙示的意思の探求という主観的連結の段階において考慮されることはありえる）。このように，同一文書において契約が締結されたか否かという形式的な点は，通常，客観的連結において重要視されないにもかかわらず，販売店契約およびその実施のために締結された売買契約についてのみこの点を重視することは一貫性を欠くように思われる。

　私見としては，両契約の準拠法の適用結果間の矛盾，問題を理由としては，売買契約の準拠法決定過程において販売店契約の準拠法を考慮することはでき

ないと考える。売買契約の準拠法を販売店契約のそれに一致させる根拠としては，両者の準拠法の適用結果間において矛盾，何らかの問題が生じるという理由が最も説得的であるように思われる。しかしながら，販売店契約の解除に伴う売買契約の解除の可否というような，一見両契約の準拠法が問題となるように思われる場面においても，販売店契約の効力の問題として販売店契約の準拠法を決定すれば足り，両契約の準拠法を同時に適用しなければならない場合は生じない。また，販売店契約の中に売買契約に関する詳細な規定が設けられている場合にも，そのことをもって売買契約を販売店契約の準拠法所属国に附従的に連結することは否定されるべきである。仮に，両契約の附従的連結を肯定しようとすれば，当事者の予見可能性を犠牲にした上でも優先されるべき政策的目的（例えば，弱者たる販売店の保護等）の提示が求められる。

## ◆ 第2節 ◆ 仲立の補助を内容とする契約

### 1 デュッセルドルフ上級地方裁判所1997年6月20日判決[7]

#### (1) 事 実 関 係

　Y（ドイツ企業）は，商業用不動産の購入を希望する訴外A（ドイツ企業）との間で仲立契約を締結した。当該契約により，YはAのために不動産取引の仲立をすることを約した。X（オランダを設立準拠地とする企業）の主張によれば，XがYの当該仲立業務を補助し，Yはそれに対し報酬を支払う旨の合意がXY間で成立したとされる。Xは，両者のこのような合意を根拠として，Yに未払いの報酬の支払請求を行った。これに対し，Yはそのような合意の成立を否定した。そこで本件においては，そのような合意を内容とする契約の成否が争われた。

---

(7)　OLG Düsseldorf, Urt. vom 20.6.1997-7U196/95 ; RIW1997, S. 780 ff ; IPRspr.1997 Nr.40, S. 75 ff.

◆ 第 3 章 ◆　回避条項による複数の契約間の附従的連結

## (2) 判　旨

　XY 間の契約の成否はいかなる法によるべきか。ドイツ民法施行法第 31 条
1 項によれば，契約の成否は，契約が有効である場合に適用される法による。
ドイツ民法施行法第 27 条は，準拠法が選択されている場合にはその選択され
た法による旨を規定するが，本件では両当事者ともにそのような準拠法に関す
る合意がないことを認めており，同規定の適用は否定された。したがって，準
拠法選択がない場合の契約準拠法について規定するドイツ民法施行法第 28 条
が適用されることとなった。既述のように，同条 1 項は最密接関連地法による
べき旨を規定するが，最密接関連地の具体的内容は特徴的給付を履行すべき当
事者の常居所地（職務上，営業上の活動において契約が締結された場合にはその主
たる営業所の所在地）として推定される。これらの規定によれば，本件では Y
の仲立業務を補助する X が特徴的給付を履行すべき当事者となり，X はオラ
ンダに営業所を有するため，オランダが最密接関連地として推定されることと
なる。もっとも，回避条項たる同条 5 項により，XY 間の当該契約と AY 間の
仲立契約との関係性を考慮し，XY 間の契約は AY 間の仲立契約の準拠法所属
国との間により密接な関係を示すと考えれば，この推定は覆される余地がある。
それでは，推定を覆した上で XY 間の契約を AY 間の契約の準拠法所属国に
附従的に連結すべきか。以下はこの点に関する判旨である。

　なお，判決文中において，Y は Hauptmakler，X は Untermakler と説明さ
れており，その訳にあたっては原語に忠実に，前者を「主たる仲立人」，後者
を「従たる仲立人」としている。また，AY 間の契約は Hauptmaklervertrag，
XY 間の契約は Untermaklervertrag として説明されているが，これについて
も同様に，前者を「主たる仲立契約」，後者を「従たる仲立契約」としている。
もっとも，Y は A と第三者の間の取引を仲立するという意味でまさに仲立人
であり，両当事者間の契約は仲立契約そのものであるが，X は委託者 A と直
接契約関係にはなく，また Y と仲立契約を締結しているわけではなく（Y と第
三者の間の取引を仲立するわけではない），その意味で X は厳密には仲立人では
ない。

　　「従たる仲立契約（Untermaklervertrag）は仲立契約（Maklervertrag）の補

◇ 第 2 節 ◇ 仲立の補助を内容とする契約

助的な契約（Hilfsvertrag）である。従たる仲立契約により，主たる仲立人
（Hauptmakler）は，個々の取引から生じる仲介手数料を従たる仲立人（Unter-
makler）と分配することを約し，共同で個々の仲介行為を行うことを目的とし
て従たる仲立人と手を組む。委託者（Auftraggeber）と契約関係にあるのは主
たる仲立人のみである。主たる仲立契約（Hauptmaklervertrag）の目的を達成
するための補助的な契約である，という従たる仲立契約の性質を考慮すると，
主たる仲立契約の存在は従たる仲立契約が締結されるための前提であることが
うかがわれる。従たる仲立人の活動は仲介されるべき取引に限定されている。
一般的に，従たる仲立人は，仲立人（Makler）の取引を成立させるために恒常
的に活動しなければならないわけではなく，またそのような義務を仲立人に対
して負っているわけではない。当然，従たる仲立人は主たる仲立人の履行補助
者（Erfüllungsgehilfe）である。それと同時に，主たる仲立人は主たる契約
（Hauptvertrag）の当事者であり，従たる仲立契約上の関係は主たる契約の付属
物（Annex）を意味する。X の主張によれば，仲介手数料の分配についての合
意を内容とする，上記のような従たる仲立契約上の関係が当事者間で成立した
とされる。そのような契約関係はドイツ法によるべきである。Y とその委託者
の間の主たる契約（ドイツの企業間の有償の仲立契約）がドイツ法によるべき
ことは明白である。本件の従たる仲立契約上の関係は，この主たる契約に対し
て補助的な契約としての意味を有している。このことは，補助的な契約を，主
たる契約の付属物として，主たる契約に適用される法規によらしめることを正
当化する。この方法によってのみ，主たる契約と補助的な取引（Hilfsgeschäft）
の間の密接な関係を考慮することができる。この点に関し，X 自身も，X が受
け取る仲介手数料が委託者に対する主たる仲立人の成果次第であることを述べ
ている。このことは，主たる取引（Hauptgeschäft）と X によって主張されて
いる補助的な取引の間の密接な関係を明白に示している。それゆえ，Y とその
委託者との間の法律関係は異論なくドイツ法によるにもかかわらず，XY 間の
法律関係はオランダ法によって処理されるとすることは適切ではない。むしろ，
Y と委託者の間の法律関係，XY 間の法律関係，これら両者の関係にとって重
要となるべきは主たる契約の準拠法であり，すなわち本件ではドイツ法であ
る。」(8)

　結論として，XY 間の契約は AY 間の契約の準拠法所属国に附従的に連結さ
れた。XY 間の契約は，既述のようにドイツ民法施行法第 28 条 1 項，2 項に
より，原則として，特徴的給付を履行すべき当事者たる X の営業所の所在地，

---

(8)　IPRspr.1997 Nr.40, S. 77.

◆ 第3章 ◆　回避条項による複数の契約間の附従的連結

すなわちオランダに連結される。他方，AY間の仲立契約は，原則として特徴的給付の債務者たる仲立人Yの営業所の所在地，すなわちドイツに連結される。このように本来両契約の準拠法は異なるが，XY間の契約はAY間の契約の準拠法所属国たるドイツとの間により密接な関係を示すとして，XY間の契約はドイツ法によるべきとされた。

こうした附従的連結の根拠はいかなる点に求められたか。判旨においては，①AY間の仲立契約の存在はXY間の契約締結の前提となっていること，②Xの活動はAY間で合意された仲立業務の範囲に限定されていること，③XY間の契約はAY間の仲立契約の補助的な取引，付属物であること，④附従的連結の方法によってのみ両契約間の密接な関連性を考慮に入れることができること，⑤XがYから受け取る報酬はYによる仲立業務の成果次第であること，これらの点が言及されている。

## 2　検　討

本判決においては，結論として，XY間の契約（YがAのためにする仲立をXが補助するという契約）がAY間の仲立契約の準拠法所属国に附従的に連結された。販売店契約に関して紹介した二件の裁判例と本件が異なるのは，販売店契約に関する事例においては同一当事者間で締結された複数の契約（販売店契約，売買契約）が存在するのに対し，本件においては異なる当事者間で締結された複数の契約（AY間の仲立契約，仲立の補助を内容とするXY間の契約）が存在するという点である。それでは，このように異なる当事者間で複数の契約が締結された場合，複数の準拠法の適用結果間で問題は生じうるか。

ここで例えば比較のために，異なる当事者間で複数の契約が締結されるその他の場合の例として，債権者代位権が競合する場合について考えるとする。債権者Aおよび債権者Bが，債務者Cの第三者Dに対する債権の代位行使をめぐって争う場合，債権者Aおよび債権者Bのいずれの債権者代位権が優先されるべきか。債権者代位権の準拠法は被保全債権の準拠法であるとした上で，ここで仮に問題を，債権者Aの第三者Dに対する債権者代位権の効力，および，債権者Bの第三者Dに対する債権者代位権の効力，これらの二つに性質

◇ 第2節 ◇ 仲立の補助を内容とする契約

決定すれば，前者については AC 間の契約の準拠法，後者については BC 間の
契約の準拠法が適用されることとなる[9]。そして，仮に両契約の準拠法の内
容が相反する場合（一方は A の債権者代位権が優先するとし，他方は B の債権者
代位権が優先するとする場合），両契約の準拠法の適用結果間で矛盾，問題が生
じることとなる。もっとも，本来，「債権者代位権の競合」という単一の問題
として，性質決定の段階で問題を解決することが可能であれば，それによるほ
うが望ましいと思われるが，このように同一の目的物（債権）をめぐって契約
関係にはない複数の当事者が争う場合，仮に性質決定の段階で一つの問題とし
て処理しなければ，複数の契約準拠法の適用結果間において矛盾が生じること
はありえよう。

これと比較して本判決についてみると，本件においても確かに三以上の当事
者の間で複数の契約が締結されている。しかしながら，同一の目的物をめぐっ
て複数の当事者が争っているわけではない。X の Y に対する報酬支払請求の
可否が争われているのみであり，複数の契約の準拠法を同時に適用すべき場面
が生じているわけではない。したがって，XY 間の契約および AY 間の仲立契
約の準拠法の適用結果間に問題が生じることはありえない。

それにもかかわらず，当事者の予見可能性（特に，特徴的給付を履行すべき当
事者であり，本来であれば自身の常居所地法たるオランダ法の適用を受けるはずで
あった X の予見可能性）を犠牲にして，XY 間の契約の準拠法を AY 間の仲立
契約のそれにあえて一致させる根拠はいかなる点に求められるか。この点，同
判決は，① AY 間の仲立契約の存在が XY 間の契約締結の前提となっている
こと，② X の活動は AY 間で合意された仲立業務の範囲に限定されているこ
と，③ XY 間の契約は AY 間の仲立契約の補助的な取引，付属物であること，
④附従的連結の方法によってのみ両契約間の密接な関連性を考慮に入れること
ができること，⑤ X が Y から受け取る報酬は Y による仲立業務の成果次第で

---

(9) わが国の国際私法上，債権者代位権の準拠法については見解が分かれている。通説
は，被保全債権の準拠法および被代位権利の準拠法を累積適用すべきであるとするが，
被保全債権の準拠法によれば足りるとする見解，および，被代位権利の準拠法によれば
足りるとする見解も主張されている。櫻田嘉章・道垣内正人編『注釈国際私法第一巻』
[北澤安紀]（有斐閣，2011）568-570 頁。

◆ 第3章 ◆ 回避条項による複数の契約間の附従的連結

あること，これらを理由として挙げているが，いずれも根拠として客観性を欠くように思われる。例えば，① AY 間の仲立契約の存在が XY 間の契約締結の前提となっているという理由については，その「前提」の文言の曖昧さゆえに疑問が呈される。異なる当事者間で締結される複数の契約のその他の例として，例えば元請契約，下請契約を考えると，元請契約が締結されるがゆえに下請契約が締結され，その意味において下請契約が締結される「前提」には元請契約の存在があるともいえる。また，債権譲渡契約および主たる契約（譲渡対象の債権を生じさせた契約）についても，後者の契約がなければ前者の契約は存在しえず，後者は前者の「前提」となるともいえる。このように，単に，一方の契約が存在しなければ他方の契約は存在しえないという意味に「前提」の文言を理解するならば，前提の関係にある契約は数多く考えられる。しかしながら，通常，それらの契約について附従的連結の手法はとられない。それにもかかわらず，デュッセルドルフ上級地方裁判所 1997 年 6 月 20 日判決において，XY 間の契約を AY 間の仲立契約の準拠法所属国に附従的に連結しようとすれば，「前提」の文言に，一方の契約が存在しなければ他方の契約は存在しえないという以上の意味が付与されなければならないであろう。同判決において示された，③ XY 間の契約は AY 間の仲立契約の補助的な取引，付属物であること，という根拠の「補助的」「附属」の文言についても同様の指摘を行うことができる。

　また，② X の活動は AY 間で合意された仲立業務の範囲に限定されていること，という根拠についても，その他の契約類型との比較上疑問が呈される。異なる当事者間で複数の契約が締結される場合として既に挙げた元請契約，下請契約を考えると，下請人の活動も元請人および注文者の間で合意された請負内容の範囲に限定されている。しかしながら，通常，元請契約および下請契約はそれぞれ別個に連結される。それにもかかわらず，X の活動は AY 間で合意された仲立業務の範囲に限定されていることを附従的連結の理由とすることは一貫性を欠くといえよう。

◇ 第3節 ◇ 下 請 契 約

## ◆ 第3節 ◆ 下 請 契 約

　Seipen は，下請契約，元請契約の準拠法を別個に決定した場合に生じる具
体的な問題について指摘した上で，下請契約を原則として元請契約の準拠法所
属国に附従的に連結すべきであるとする[10]。Seipen の見解はローマⅠ規則が
施行される以前のドイツ民法施行法旧第28条を前提としたものであるが，現
行のローマⅠ規則に関しても，依然として，下請契約を元請契約の準拠法所属
国に附従的に連結すべきか否か争いがあるとされる[11]。ローマⅠ規則第4条
1項によれば，原則として，下請契約は特徴的給付の債務者たる下請人の常居
所地法に依拠し，元請契約は元請人の常居所地法に依拠することとなる[12]。
すなわち，下請人および元請人の常居所地が異なる場合には，両契約の準拠法
は相違することとなる。また，元請契約において準拠法に関する合意が行われ
ており，その法が下請人の常居所地法と異なる場合も同様である。このように，
下請契約，元請契約の両者において同一の法が準拠法として合意されていない
限り，下請契約および元請契約の準拠法が相違する可能性を否定することはで
きない。それでは，両契約の準拠法が相違する場合に具体的にいかなる問題が
生じうるか。また，下請契約を元請契約の準拠法所属国に附従的に連結すると
いう方法によって当該問題を解決すべきか。

---

(10)　Seipen, Akzessorische Anknüpfung und engste Verbindung im Kollisionsrecht der
　　　komplexen Vertragsverhältnisse, Heidelberger rechtsvergleichende und wirtschaft-
　　　srechtliche Studien, Bd.18 (1989).

(11)　Thode, in : Reithmann/Martiny (Hrsg.), Internationales Vertragsrecht, 8. Aufl.
　　　(2015), RdNr. 6.389.

(12)　ローマ条約に関する Giuliano/Lagarde 報告書によれば，特徴的給付は金銭的給付の
　　　反対給付である。その場合，下請契約における特徴的給付の債務者は請負債務を履行す
　　　る下請人となる。(Giuliano/Lagarde, Report on the Convention on the law applicable to
　　　contractual obligations, Official Journal C 282, 1980, p. 20.) 他方，「下請人の給付は単に
　　　元請人の給付の手段として機能するに過ぎない。元請人の給付は，間違いなく，元請契
　　　約および下請契約の両方の重心および社会経済的（socio-economic）な機能を表してい
　　　る」ことを根拠として，下請契約における特徴的給付の債務者は元請人であるとする見
　　　解 も あ る。(Piroddi, International Subcontracting in EC Private International Law,
　　　Yearbook of Private International Law Vol.7, 2005, p.315.)

◆ 第 3 章 ◆　回避条項による複数の契約間の附従的連結

　下請契約の利用は例えば EU 域内においては過去数十年の間に急速に伸びて
きたとされる[13]。そして，下請契約は，建設業界に限られず，清掃産業，運
送業界，観光産業，造船産業など様々な分野において活用されている。むろん，
国際的な建設契約（Bauvertrag）においては，多くの場合，約款（代表的なも
のとして国際コンサルティング・エンジニア連盟（International Federation of Con-
sulting Engineers）が作成する FIDIC）において準拠法に関する明示的な合意が
されている。特に，鉄鋼，化学，通信などに関する複雑な産業施設の建設を内
容とする契約（Anlagenvertrag）においては，通常，準拠法に関する明示的な
合意があるとされる[14]。しかしながら，建設契約において約款を用いた場合
であっても，準拠法に関する明示的な合意が行われていない場合もありえ[15]，
また，建設以外を内容とする請負契約においてはしばしば明示的な準拠法に関
する合意のないまま契約が締結されることがある[16]。そうであるすれば，下
請契約の客観的連結に関する上記の問題，すなわち，下請契約の準拠法が元請
契約のそれと相違した場合に具体的にいかなる問題が生じるか，そうした問題
を解決するために下請契約を元請契約の準拠法所属国に附従的連結すべきか，
これらの点には検討の価値があることとなる。こうした問題意識に基づき，以
下では Seipen の見解を紹介，検討する。

　なお，現行のローマ I 規則が施行される以前のドイツ民法施行法旧第 28 条
5 項を前提とした Seipen の見解は現在においてもなお検討の価値を有すると
思われる。というのも，下請契約，元請契約の準拠法間の相違が具体的にいか

---

(13)　Lehtinen, Report on the Social Responsibility of Subcontracting Undertakings in
　　　Production Chains, 2008/2249 (INI) (2008), p.9.
　　　　〈http://www.europarl.europa.eu/sides/getDoc.do?pubRef=-//EP//NONSGML + RE-
　　　PORT + A6-2009-0065 + 0 + DOC + PDF + V0//EN〉
(14)　Thode, a.a.O. (Anm. 11), RdNr. 6.404.
(15)　E.Baker/B.Mellors/S.Chalmers/A.Lavers, FIDIC CONTRACTS : LAW AND PRAC-
　　　TICE, 2009, para. 2.133.
(16)　Thode, a.a.O. (Anm. 11), RdNr. 6.383.　もっとも，建設契約においては，準拠法に
　　　関する明示的な合意がない場合であっても，国際裁判管轄に関する合意，および，ある
　　　特定の国の法秩序に基づいた取引約款の使用等により黙示的な準拠法選択が認められる
　　　とされる。

◇ 第 3 節 ◇ 下 請 契 約

なる問題を提起するかという点は現在においてもほとんど明らかにされていないためである。また，Seipen が前提とするドイツ民法施行法旧第 28 条は，特徴的給付の債務者の常居所地を原則的連結点とし，かつ，回避条項によって原則的連結からの回避の余地を残しているという点において，現行のローマ I 規則第 4 条およびわが国の法適用通則法第 8 条と共通し，現行法を前提とした議論においても妥当する点が多くあるからである。

　上記のような問題意識に基づき，本節では以下の順序で検討を行う。①附従的連結の否定により問題が生じた具体的事例として Seipen が指摘する，連邦通常裁判所 1982 年 3 月 11 日判決の判旨の紹介，② Seipen の同判決に対する見解，および，下請契約を元請契約の準拠法所属国に附従的に連結すべきとするその根拠の紹介，③ドイツ国際私法上の通説，判例の紹介，検討，④ Seipen の見解の検討，および，下請契約を元請契約の準拠法所属国に附従的に連結する際の判断基準についての私見の展開，これらの順に叙述する。


## 1　連邦通常裁判所 1982 年 3 月 11 日判決[17]

　以下では，下請契約および元請契約の準拠法の相違が具体的な問題を生じさせた事例として Seipen が指摘する連邦通常裁判所 1982 年 3 月 11 日判決の事実関係，判旨について紹介する。


### (1) 事 実 関 係

　1975 年，X および Y（ともにドイツ企業）の間で，前者を下請人，後者を元請人とする下請契約が締結された。当該契約により，X はイラン所在の M（イラン企業であり，Y との間で元請契約を締結した注文者）に対し，自ら製造した食肉解体機器（Tierkörperverwertungsanlage）を納入し，さらにその取付を行うこととなっていた。X は 1977 年に機器を納入したが，その後 1978 年に生じたイランにおける政情不安により機器の取付債務を履行することができないでいた。

---

(17)　BGH Urt. vom 11.3.1982-VII ZR 357/80, RIW 1982 S.441 ff.

◆第3章◆　回避条項による複数の契約間の附従的連結

機器の納入に対する報酬の一部はすでにＹからＸに支払われていたが，Ｘが取付債務を履行していないことを理由に，Ｙは機器の納入に対する報酬残額の支払を拒否した。そのため，本件においてＸはその残額の支払を求めた。なお，ＹはＭが発行した信用状により，機器の納入に対応する報酬の全額をＭから受け取っている。


(2) 判　旨

(a) 契約の個数

ＸはＹとの契約上，Ｍに対して自ら製造した機器を納入し，さらにこれを取付ける債務を負っていた。Ｘの当該債務は，請負および売買を内容とする一つの契約から生じるものか，あるいは請負契約および売買契約の二つの別個の契約から生じるものか。この点，控訴審は，ＸＹ間の契約は請負と売買を内容とする一つの製作物供給契約であり，請負契約に関する規定が適用されると判示した。連邦通常裁判所も以下のように控訴審の判断を支持した。

　　「控訴審は，当事者間で締結された契約を製作物供給契約（Werklieferungs-svertrag）と見なし，請負契約に関する諸規定が適用されると判断している。この点に誤りはない。Ｘは上告理由において，機器の納入およびその取付を内容とする自身の義務は，互いに結び付けられた売買契約および請負契約から生じると主張するが，そうではない。両当事者は，二つの独立した契約を締結しようとしたのではなく，ある特定の地における機器の製造と取付を内容とする一つの包括的な合意をしようと欲した。それゆえ，控訴審は，請負契約に関する諸規定を適用することができると的確に判断している。」(18)

(b) 履行不能の有無

続いて，イランにおける政情不安を一時的な履行障害とみなすべきか，それとも恒久的な履行障害とみなすべきかという点が問題となった。仮に恒久的な履行障害とみなされれば，Ｘの取付債務は履行不能の状態にあることとなり，危険負担が問題となる。以下はこの点に関する判旨である。

　　「連邦通常裁判所の判例上発展した原則によれば，問題となっている一時的な履行障害により契約の目的を達成することができず，それゆえ，信義誠実の原

───────────
(18)　RIW 1982, S. 441.

◇ 第 3 節 ◇ 下 請 契 約

則に基づいて両当事者の利害に関する妥当な考慮を行った結果，契約の相手方に対して契約の維持を要求することができない場合，一時的な履行障害（Erfüllungshindernis）を恒久的（dauernd）な履行障害と同等に扱うべきである。その際，ある履行障害が一時的な履行不能（Unmöglichkeit）を生じさせるのか，恒久的な履行不能を生じさせるのかという点は，その障害が生じた時点以降において判断されなければならない。また，契約当事者の双方の利益も常に考慮されなければならない。合意された給付が履行障害の除去された後になお履行されることにつき債権者がどれだけの利益を有するかという点が一方では重要となるが，履行障害が除去された後に契約を履行することを債務者に要求できるかという点も他方で重要となる。物品売買という取引においては，当該商品は早急に利用に供されることが常である，ということが考慮されなければならない。履行の一時的な不能により，当事者を契約に拘束することがもはや望めないように思われるほど，当該商品の利用が長期間妨げられる可能性がある。戦争の勃発により契約の履行が不能となった場合，それ自体一時的な履行不能に過ぎない履行障害も，原則として恒久的な履行障害とみなされるべきである。なぜなら，当該債務が，現時点において履行されること，および，いつ終結するか予測することができない戦争の後になってはじめて履行されること，これらは本質的に異なるからである。

　以上の原則に基づき，Xの取付債務について生じている一時的な履行障害は，恒久的な履行不能と同様に扱われるべきである。

　Xの負う食肉解体機器の取付債務は，イランにおける 1978 年以降の政情情勢により，履行することができなくなっている。それからすでに三年以上経過しているが，イランにおける政治情勢，経済情勢が正常化するのか，正常化するとすればいつであるのかという点を予測することはできない。戦争が勃発したという事例と同様に，履行地における国内の騒乱により履行することができなくなった場合，これを恒久的な履行不能と同等に扱うべきである。取付という契約上の債務に不特定の期間拘束されることをXに要求することはできない。Xは，取付債務の履行のための事業資金および人員の投入を計画するにあたって，イランでの情勢がはっきりとしていることを前提とせざるをえない。一年を超えて履行していない義務があり，その義務をいつ履行できるか予見することができないことは，Xにとって相当な負担を意味し，Xのあらゆる適切な事業経営を阻害する。このことは，本件におけるように，Xが契約上負った瑕疵担保責任がいつまで続くか期間の延長によりその見通しがつかず，すでに納入された機器に関連する瑕疵担保責任のリスクが実際上無制限のままとなる場合には，より一層当てはまる。履行債務から解放されるというXの利益に勝り，Xを取付債務に永続的に拘束することを必然的に必要とするようなYの利益が

225

◆第3章◆　回避条項による複数の契約間の附従的連結

あることは明白ではない。特に，イランにおける騒乱の終了後に機器の取付を行えば諸事情により相当な追加費用が生じるというYのリスクは，既述のXの利益に対して劣後する。」[19]

　上記の判旨を整理すれば以下の通りとなろう。ある履行障害がそれ自体一時的な履行障害に過ぎない場合であっても，その障害により契約の目的を達成することができず，債務者を契約に拘束することが信義誠実の原則に反する場合，これを恒久的な履行障害とみなすべきであると判例上されている。そのため，戦争の勃発という履行障害も恒久的な履行障害とみなすべきである。これと同様に，本件のイランにおける政情不安も恒久的な履行障害とみなさなければならない。さもなければ，Xの今後における適切な事業経営が阻害され，また既に納入した機器に関するXの瑕疵担保責任も無制限に続くこととなる。

　連邦通常裁判所は，このような理由により，イランにおいて生じた政情不安を恒久的な履行障害とみなし，Xの取付債務は履行不能の状態にあるとした。

（c）ドイツ民法第644条1項2文の適用，第645条1項1文の直接適用の可否

　Xの取付債務が履行不能の状態にあるとすれば，それではX，Yのいずれが危険を負担すべきか。ドイツ民法第644条1項1文においては，請負契約における危険負担の原則が規定されている。すなわち，請負契約においては，原則として請負人が目的物の引渡まで危険を負担する。本件にこの原則を適用すれば，請負人たるXが危険を負担し，報酬請求権を失うこととなる。

　もっとも，目的物の引渡まで請負人が危険を負担するという民法第644条1項1文所定の原則は，同条同項2文および第645条1項1文によって修正される。前者は，「注文者が受領遅滞にあるときは，危険は注文者に移転する」と規定する。後者は，「仕事の目的物が引渡される前に，注文者の供した材料の瑕疵により，あるいは，仕事の完成のために注文者によってなされた指図により，仕事の目的物が滅失，損傷し，または仕事を完成することが不可能となり，かつ，請負人に責めを帰すべき事情がないときは，請負人は，履行した仕事に対応する報酬およびその報酬には含まれない費用の償還を請求することができ

---

(19)　RIW 1982, S.441 f.

226

◇ 第 3 節 ◇ 下 請 契 約

る」と規定する。これらの規定により，Y に危険が移転するか。以下はこの
点に関する判旨である。

「……民法第 644 条 1 項 1 文の規定によれば，いずれの契約当事者にも責めを
帰すことができない事情により，目的物の引渡の前に契約債務を完全に履行す
ることができなくなった場合には，請負契約における請負人は反対債務の履行
を請求することができない。請負人がすでに完全にあるいは部分的に完成させ
た目的物が偶然により滅失あるいは損傷した場合のみでなく，民法第 645 条か
ら明らかなように，請負人がさらなる請負債務を履行することができなくなっ
た場合にも，報酬の支払を受けられないという危険（Vergütungsgefahr）を請
負人は負担する。（さらなる）請負債務が履行不能となることは，請負債務を履
行することができなくなることと同等である。
また，X は，民法第 644 条 1 項 2 文に基づき，報酬の支払に関する危険が Y
に移転したことを理由として自身の請求権を導き出すことはできない。イラン
での政治情勢が変わったことにより X は債務を履行することができなかった。
そのため，民法第 297 条によれば，危険の移転の条件となる受領遅滞は Y に生
じていない。
同様に，X は，民法第 645 条 1 項 1 文の直接適用によって請負報酬の残額支
払請求を裏付けることもできない。履行に関する注文者の指示を原因として引
渡の前に請負債務を履行することができなくなり，かつ，請負人の責めに帰す
べき事情もない場合には，確かに，同規定により，請負人はすでに提供した労
務に対応する報酬の支払を請求することができる。また，機器の取付を履行す
ることができなくなったことは，（契約において合意されているように）取付は
Y の要請に基づいてイランで行われるべきであったことに基づいている。しか
し，請負債務の履行に関する，契約所定のそのような規定は，民法第 645 条 1
項 1 文の意味における，注文者によってなされる一方的な指示を意味するので
はなく，契約上負担する債務についてのより詳しい記述に過ぎない。」[20]

上記の通り，本件では Y による受領遅滞は生じていないとして，ドイツ民
法第 644 条 1 項 2 文に基づく Y への危険の移転は否定された。

また，ドイツ民法第 645 条 1 項 1 文の直接適用に基づき Y に危険を移転す
ることも否定された。確かに，XY 間の下請契約では Y の要請に基づいて X
が取付を行うこととされている。そのような Y の要請がないために X が取付
債務を履行できずにいると考えれば，同規定により危険は Y に移転する。し

---

(20)　RIW 1982, S. 442.

◆ 第 3 章 ◆　回避条項による複数の契約間の附従的連結

かし，Y による取付の要請は同規定にいう注文者の指図には該当しないとして，同規定の直接適用は否定された。

(d)　ドイツ民法第 645 条 1 項 1 文の準用の可否

以上のように，ドイツ民法第 645 条 1 項 1 文の直接適用は否定された。もっとも，最終的には，同規定の準用により，注文者たる Y への危険の移転が認められた。以下はこの点に関する判旨である。

　　「X は機器を納入したことに対する残りの支払を請求しているが，そのような請求権は民法第 645 条 1 項 1 文に内包される法的な考えを準用することによって生じる。

　　連邦通常裁判所民事判例集第 60 巻 14 頁および 19，20 頁以下において述べられているように，民法第 645 条 1 項 1 文の根底には以下の考えが置かれている。すなわち，仕事が注文者によって納入される材料を使用してなされる場合には，注文者は，いかなる過失の有無にかかわらず，その物の適性（Tauglichkeit）についても共に責任を負わなければならない（mitverantwortlich），という考え方である。そのような事案においては，注文者は請負人よりも，『材料（Stoff）』の性質から生じる危険と近い関係にある（näherstehen）。注文者が，契約の成立についてではなく，契約の履行について影響を与えるような指示を請負人に与えた場合も，同様に民法第 645 条 1 項 1 文によって規律されるが，このような場合においても注文者は請負人よりも危険と近い関係にある。注文者の指示は注文者の意思決定に基づくものであり，少なくとも履行が不能となったことの原因となっている。それゆえ，注文者に過失がなくとも，注文者の側に存する事情あるいは注文者の行為に基づく事情により，仕事の目的物が滅失し，あるいは，請負人の債務履行が不能となった場合において，連邦通常裁判所は，妥当性に基づく民法第 645 条 1 項 1 文の規定を準用してきた。その際，民法第 645 条 1 項 1 文の準用において重要となるのは，その準用によって請負契約の両当事者にとって正当であり妥当な利益衡量が導かれうるということである。

　　本件においても，本件に固有の利害関係を正当に評価し，民法第 645 条 1 項 1 文に内包される妥当性についての考慮に効力を生じさせるためには，同規定の準用が必要であると当法廷は考える。確かに，X の負った機器の取付債務が不能となったことは，注文者たる Y に存する事情を原因とするものではなく，あるいは，Y の行為を原因とするものでもない。むしろ，履行障害は履行地の政治情勢から生じている。しかし，本件における固有の事情によれば，履行地における政治情勢を原因とし，かつ，X が負った請負債務の履行について生じた危険と，Y は X よりも近い関係にある。このことは，民法第 645 条 1 項 1 文

◇ 第3節 ◇ 下 請 契 約

に見てとれる法的考えの適用を正当化する。

　納入した機器を取付けることが不能となった原因をXに帰することはできない。Xはイランにおける政治情勢につき何ら影響力を有しない。Xによって考慮されることができ、Xに責めを帰することができるのは、単に、Yによって注文された機器を製造し、それを取り付ける能力が自身にあるか否かという点のみである。Xは、契約締結時に、イランを履行地とする自身の取付債務が履行不能となりうることを計算にいれる必要はなかった。

　確かに、Yも同様に、イランにおける政治情勢に影響を与えることはできない。しかし、Yは、外国国家あるいは外国国家から委託を受けた受託者と取引関係にある産業建設会社として、自身のイラクの委託者に対する契約債務を果たすために、Xにイランでの機器の取付債務を負わせた。Yは外国の契約当事者と契約関係にある企業として、Yという国内の契約当事者を相手方として債務を負ったXよりも、履行地において生じるこのような性質の履行障害を計算に入れなければならなかった。

　しかし、重要であるのは、Yは、イランの委託者から取得した信用状により、契約に関連するリスクを包括的に回避していたという点である。特徴的なことに、信用状は、機器の納入とその取付に分けて発行されていた。機器の納入に関する信用状は現金化されている。それゆえ、Yは、Xによってなされた一部の履行につき、そのすべての対価を受け取っている。信用状によるYのリスク回避は当事者間に存する契約関係に組み込まれている。Yは信用状の開設をXとの最終的な契約締結の条件とし、そのことにより、イランの委託者により保証がされるべきことをXとの契約関係と結びつけた。自身によってなされるべき履行の対価を保全するというXの利益に関しても、信用状は間接的に役立っていた。XがYの下請人ではなく、イランの委託者の契約相手である場合、機器の納入に対して発行された信用状はXに直接的に有利に作用し、Xは信用状を利用することができたであろう。少なくとも、Yがイランの委託者にリスクを転嫁することができ、実際に転嫁したという点において、本件における当事者間の契約関係が特殊な形態であることにより、取引の清算に関連するリスクはYに移転される。Yが、納入された機器の対価を信用状によりすべて受け取っている場合、Xによる一部の履行の報酬をXに渡さないでいることを正当化する理由を見出すことはできない。むしろ、本件においては、Xが自身の請負債務を履行することができなくなった原因をYに帰し、YはXがなした一部の履行に対する報酬を独占しているが、YはこれをXに渡さなければならないとすることが、もっぱら適切で当事者利益の観点からして公正（sach-und interessengerecht）である。連邦通常裁判所のこれまでの裁判例において見られるように、目的物が滅失した原因を注文者の領域（Bereich, "Sphare"）に求め

229

◆ 第3章 ◆　回避条項による複数の契約間の附従的連結

ることができるようなすべての事例において，民法第644条1項1文の原則を
回避して，請負人は報酬の支払請求を行うことができるかという点は依然とし
て問題として残される。本件においては，民法第645条1項1文から導き出さ
れる法的考えの準用により，当事者利益の観点からして公正な解決が達成され
る。」(21)

　連邦通常裁判所は，結論として，ドイツ民法第645条1項1文の準用により
Yに危険を移転させ，Xの報酬請求を認容した。

　それでは，同規定を準用する根拠はいかなる点に求められたか。上記では，
まず以下の点が触れられている。すなわち，民法第645条1項1文の趣旨は，
「注文者の側に存する事情」または「注文者の行為に基づく事情」により，目
的物が滅失し，あるいは請負人の請負債務が履行不能となった場合に，注文者
の過失の有無にかかわらず注文者に危険を移転させることにあること，連邦通
常裁判所はこれまでそのような場合に同規定を準用して注文者に危険を負担さ
せてきたこと，これらの点である。もっとも，本件では，注文者たるYの側
の事情，Yの行為に基づく事情によって危険が生じたとは認められないとさ
れた。すなわち，従来の連邦通常裁判所の判例上の論理に基づいて同規定を準
用することは否定されている。

　続いて言及されたのは「危険との近さ」である。連邦通常裁判所は民法第
645条1項1文を以下のように理解することによって本件におけるYへの危
険の移転を可能とした。

　すなわち，連邦通常裁判所によれば，同規定が，注文者が提供した材料の瑕
疵によって履行不能になった場合に注文者に危険を移転させるのは，「注文者
は請負人よりも『材料』の性質から生じる危険と近い関係」にあるからであり，
また，仕事の完成のために注文者が行った指図を原因として履行不能が生じた
場合に注文者に危険を移転させるのは，そのような場合においては「注文者は
請負人よりも危険と近い関係にある」からである。そして，本件においては，
XはYというドイツ国内の企業を契約の相手方としているのに対し，YはM
というイランの外国企業を契約の相手方としているため，Yは履行地である
イランにおけるこの種の危険を予想すべきであり，YはXよりも「危険と近

──────────
(21)　RIW 1982, S. 442 f.

230

い関係にある」といえる。こうした Y の「危険との近さ」が，本件における
民法第 645 条 1 項 1 文の準用の根拠の一つとされている。

　もっとも，同規定準用の根拠はこれに限定されていない。むしろ，同規定を
準用するにあたって強調されているのは「妥当性」の考慮である。連邦通常裁
判所は，同規定の準用において重要となるのは「両当事者にとって正当であり
妥当な利益衡量」であるとしている。本件においては，Y は信用状により M
から機器の納入に対する報酬を受け取っている。そして，Y がその報酬を X
に渡さないことを正当化することはできないと述べている。Y が M から既に
報酬を受け取っていることが本件の特殊性として強調されており，本件におい
て民法第 645 条 1 項 1 文が準用された主たる根拠は上記のような点に求められ
ていると言える。その証拠として，目的物が滅失した原因が「注文者の領域」
にあるすべての事例において同規定を準用することができるかという点は依然
として問題として残されると述べられている。


## 2　Seipen の見解

### (1) 連邦通常裁判所 1982 年 3 月 11 日判決に対する批評

Seipen は，既述の連邦通常裁判所 1982 年 3 月 11 日判決について以下のよ
うに批判している。

　　「Y とイランの委託者との関係について考える際，その関係に適用される規定
　がドイツの現行法と一致することを当然の前提とすることはできない。……連
　邦通常裁判所はこの問題について明確に評価を下さなかった。その代わりに，
　重要となる妥当性について判断するために，信用状により Y が事実上金銭を受
　け取っていることに触れた。そのため，連邦通常裁判所は，Y が信用状により
　得た金額をイランの委託者に返還することなくそのまま保持してよいことを黙
　示的に前提とした。しかし，このことは，法的な観点からすれば，Y とイラン
　の委託者との関係につき適用されるイラン法がドイツ法と同様の規定を有する
　ことを原則的に必要とすることになろう。
　　連邦通常裁判所のような立場をとれば，既述の摩擦（Reibung）の一つが生じ
　る。この摩擦は，複合的契約関係が成立する一定の事例（複数の契約が事実上
　は単一の給付をその目的物とする事例）において重大な評価問題を提起する。

231

◆ 第 3 章 ◆　回避条項による複数の契約間の附従的連結

……

　確かに，X の請求を棄却するという結論はあまり満足のいくものではないで
あろう。しかしながら，本件における国際的な契約の準拠法について検討する
際，元請人 Y が委託者から金銭を受領しているという事情の特殊性に固執して
はならない。本件において特徴的であるのはイランの企業が参加しているとい
う点である。しかし，その点のみをもってイラン企業にすべての危険を負担さ
せることは決して正当化されない。たとえ，当該企業が国有企業または国家と
密接な関係を有する企業であっても同様である。イラン企業のかわりに，フラ
ンスやスイスの企業が契約相手となるような場合は簡単に想定されうる。さら
に，本件の特徴は，Y が委託者から受領した金銭を Y に返還することなく最終
的に保持してもよいか否か法的に明らかにされていないままであるという点に
ある。

　……原則として準拠法を分離させることを考えることができる。つまり，例
えば，下請契約については一貫して（民法第 645 条を適用することなく）ドイ
ツ法により判断し，主たる契約についてはそれとは独立してイラン法により判
断する，とすることができる。しかし，そのように生じうる準拠法の相違は，
公平性の感覚（Gerechtigkeitsempfinden）に直接影響を与え，包括的な解決策
を探求するよう求める。準拠法の相違はまさに相容れない結果を生じさせる。
例えば，下請人は A 法により金銭を取得し，他方，元請人は B 法の規定により
金銭を取得することができない，という事案はまだ受け入れることができる。
しかし，（食肉解体装置の事例（筆者注：既述の連邦通常裁判所 1982 年 3 月 11
日判決）に関する判断におけるように）その逆の場合，型通りに解決すること
はほとんどできない。……

　連邦通常裁判所は，元請人の Y が委託者に報酬を万一返還しなければならな
い場合いかなる法的結論が導かれるのかという問題を取り上げなかったため，
当事者利益に対する包括的な検討は行われなかった。このような連邦通常裁判
所の判断をもとにいくつか断言することができる。両契約が一度限りの実際上
単一の給付を目的とすることにより，両契約の間に特に密接な関係が生じる。
そのことは，統一的な解決策を必要とするような状況を導く。両契約の準拠法
を分離させるという考え方を完全に貫徹することはできない。なぜなら，異な
る二つの法を適用することは，互いに調和しない規定が同時に効力を生じさせ
ることを必要とするからである。」(22)

　Seipen は，X の Y に対する報酬請求を認容した連邦通常裁判所の結論自体
には賛成する。しかしながら，まず，連邦通常裁判所が本件において抵触法上

---

(22)　Seipen, a.a.O. (Anm. 10), S. 261-263.

◇ 第 3 節 ◇ 下 請 契 約

の判断を回避した点を批判する。Seipen によれば，抵触法的判断を行ったと
しても，本件におけるように，原則として XY 間の下請契約にはドイツ法が
適用されることとなる。しかしながら，Seipen が問題視しているのは，元請
契約の準拠法が何であるかという点に関する抵触法的判断が一切行われていな
い点である。というのも，本件において Y はイランの注文者 M が発行した信
用状を現金化することにより報酬を受領済みであるが，Y および M の間の元
請契約の準拠法の内容によっては（注文者が危険を負担するという内容であれば），
Y は注文者に報酬を返還しなければならないからである。連邦通常裁判所は，
Y が M から報酬を受領しているという事情を重要視して X の Y に対する報酬
請求を認容しているが，Y および M の間の元請契約に適用される法の内容に
よっては Y が必ずしもそのまま報酬を受領できるとは限らない。それにもか
かわらず，Y が報酬を受領できることを当然の前提とした連邦通常裁判所の
判断を Seipen は批判している。

　さらに，Seipen は，本件につき抵触法的判断を行った場合，XY 間の下請契
約，および，Y および M の間の元請契約，これらの契約の準拠法間で「摩擦」
が生じうると指摘する。Seipen によれば，本件下請契約の準拠法はドイツ法
となり，請負契約上の危険負担に関するドイツ民法第 644 条 1 項 1 文により，
原則として請負人たる下請人が危険を負担する。すなわち，本件において，X
（下請人）は Y（元請人）に対する報酬請求権を失うこととなる。他方，Seipen
によれば，元請契約の準拠法はイラン法となる。請負契約上の危険負担につき
イラン法がいかなる内容を定めているか不明であるが，仮にイラン法がドイツ
法とは異なり，注文者が危険を負担する旨規定する場合，Y は M に対する報
酬請求権を依然として有することとなる。こうした場合，元請人 Y は注文者
M から報酬を受け取ることができるにもかかわらず，下請人 X は元請人 Y か
ら報酬を受け取ることができないという結果が生じる。Seipen はこのような
問題を複数の準拠法間の「摩擦」として問題視する（図 1 参照）。そして，こ
うした摩擦は「複数の契約が事実上は単一の給付をその目的物とする」場合に
生じうると指摘する。その意味は，下請契約および元請契約はそれぞれ契約当
事者を異とするが，両契約が目的とする仕事の完成の内容が同一である，とい
うことであろう。なお，逆の場合，すなわち，下請人 X は元請人 Y に対する

233

◆ 第3章 ◆ 　回避条項による複数の契約間の附従的連結

### 図1：連邦通常裁判所 1982 年 3 月 11 日判決につき Seipen が指摘する問題

元請契約　　　　　　　下請契約
注文者 ───────── 元請人 ───────── 下請人

準拠法：イラン法　　　　準拠法：ドイツ法
注文者が危険を負担する。　請負人が危険を負担する。

⇒元請人は注文者から報酬を受領できるが，請負債務の一部を実際
に履行しその費用を負担した下請人は元請人に報酬を請求できない。

報酬請求権を失わないが，Y は注文者 M に対する報酬請求権を失うという場合については，「まだ受け入れることができる」として問題視していない。

### (2) 附従的連結の実質的根拠

　Seipen によれば，連邦通常裁判所 1982 年 3 月 11 日判決は下請契約および元請契約の準拠法について何ら言及しなかったが，抵触法的判断が行われ，下請契約の準拠法はドイツ法，元請契約の準拠法はイラン法，というように両契約の準拠法が別々に確定された場合，それらの法の内容によっては「摩擦」が生じうる。そこで，Seipen は，原則として下請契約を元請契約の準拠法所属国に附従的に連結すべきであると以下のように主張する。

　　「下請契約の連結においては，既述の一貫性の利益（Konsistenzinteresse）と並んで，統一的な連結に関するその他の利益も考慮されなければならない。契約上の法律関係が原則として長期間継続することは，すべての関連する契約につき一貫して同一の法が適用されることを肯定する。同様に，複数の契約が共通のプロジェクトを有する場合，準拠法を分離させることに反対するために，それら契約の間には統一的連結のために必要となる実質的な関連性（Sachzusammenhang）が存在することを持ち出すこともできる。
　　このような両契約の結びつきに関する非常に強い兆候が存在する場合，場合によってはドイツ民法施行法第 28 条 2 項の原則的連結を回避し，その代わり，第 28 条 5 項により，下請契約の重心を元請契約に依存させる方法で決定すべきかという点が問題となる。下請契約の個別的連結を主張し，それゆえ第 28 条 2 項所定の準拠法に関する当事者利益を優先する議論はすべて，ここで問題と

◇ 第 3 節 ◇ 下 請 契 約

なっているような事例において両契約を附従的に連結することが当事者利益に
反すると思われるほどに説得的なものではない。

　確かに，本件において，下請契約の両当事者がイラン法の適用を予測してい
なかったことにつき疑いの余地はない。しかし，客観的連結の基準となるのは
当事者の合理的な利益である。その他の法との摩擦を生じさせる危険性がある
という理由により，両当事者が望んだかたちでのドイツ法の適用がかなわない
場合，外国法を統一的に適用したほうが当事者にとって有用である。その利点
はこのように法的安定性を保持することができる点にある。この利点は，『外
国』あるいは『低開発』の法秩序に対して心理的に引き起こされる嫌悪によっ
て害されることはない。……

　上記の基本原則に関連するが，個別的連結を行うことは，当事者の利益評価
の観点からして，特に憂慮されなければならない。なぜなら，個別的連結は当
事者利益を実現しようするが，それはここで問題となっているような状況にお
いては貫徹されえないからである。客観的連結は，すべての当事者にとって可
能な限りその利益の観点からして正当な連結モデルが構想されるべきであるこ
とを念頭に置かなければならない。その結果として，既述のような複数の準拠
法間の摩擦を避ける必要が生じる。なぜなら，複数の準拠法間の摩擦は当事者
の利益と相反するからである。……

　しかし，準拠法選択が行われていない場合には，典型的な事例類型を念頭に
当事者利益を可能な限り実現する責任が国際契約法にまず生じる。ここで重要
となっているような状況が存在する場合には，当事者利益を可能な限り実現す
るという点につき，附従的連結に利点がある。確かに，当事者のいずれも『自
身』が信頼する法の適用を望むが，それは抵触法上非合理的であろう。
……」(23)

　Seipen は，下請契約を元請契約の準拠法所属国に附従的に連結すべき根拠
としてまず当事者利益を挙げる。すなわち，下請契約の準拠法を元請契約の準
拠法に一致させることが当事者利益に資するとの主張である。Seipen のいう
「当事者利益」とは，「一貫性の利益」(Konsistenzinteresse)，「連続性の利益」
(Kontinuitätsinteresse)，「実質的関連性の利益」(Sachzusammenhangsin-
teresse)，これら三つの利益である（上記の引用においては，「一貫性の利益」お
よび「実質的関連性の利益」しか触れられていないが，Seipen は一般的に附従的連
結を肯定する際にはこれら三つの当事者利益をその根拠とすることができるとする）。

---

(23)　Seipen, a.a.O. (Anm. 10), S. 266 f.

◆第3章◆　回避条項による複数の契約間の附従的連結

まず,「一貫性の利益」は,以下のように説明されている。

　「契約に関する抵触法上,統一的連結のために持ち出されうる第一の利益は
『一貫性の利益』と称されている。この概念は von Hoffman により議論上導入さ
れたものである。一貫性の利益とは,当該事案の解決のために指定される複数
の法が矛盾を生じさせることなく互いに調和するということについて当事者が
有する利益である。……統一的な準拠法は,……複数の準拠法間の摩擦と断絶
（Brüche）を回避し,それゆえ,最終的な結論に対する予見可能性およびそれ
に伴う法的安定性に基本的に資する。……」(24)

また,「連続性の利益」は以下のように説明されている。

　「長期的で継続的な取引関係にある契約当事者は準拠法を絶えず変更しようと
するわけではない。債権関係に関する抵触法上の連続性の利益はこのような考
えを基礎に置いている。連続性の利益も,両当事者間のすべての契約について
ただ一つの法により判断することを肯定する。多くの場合,一貫性（Konsis-
tenz）の視点およびそれに伴う法的安定性の視点を,連続性（Kontinuität）の
視点と完全に厳格に分けることはできない。というのも,適用される法秩序の
変更は,それまで準拠法として有効であった法との間に当然摩擦をもたらしう
るからである。しかし,一貫性の利益には時間的な尺度がないため,連続性の
概念は独自の内容を有する。連続性の概念は,長期間に渡る活動のための確固
たる基準の存在を意味する。……単一の完結した法システムに基づいて一貫し
た判断が行われることは,明らかに,合理化（Rationalisierung）につながり,
諸事情によってはそれに伴って当事者に相当な費用の節約さえももたらす。
……」(25)

さらに,「実質的関連性の利益」は以下のように説明される。

　「一貫性の利益あるいは連続性の利益を認めるための要件が充足されない場合,
または,これらの利益が十分にははっきりとは現れない場合には,場合によっ
ては,一般的な実質的関連性の利益を統一的連結のために用いることができる。
この実質的関連性の利益という用語は,たとえ異なる法の間で矛盾が生じる危
険性が直接にはない場合であっても,実質的に関連する複数の問題を一つの法
によらしめるという当事者の利益として理解される。」(26)

---

(24)　Seipen, a.a.O.（Anm. 10）, S. 163.

(25)　Seipen, a.a.O.（Anm. 10）, S. 185.

(26)　Seipen, a.a.O.（Anm. 10）, S. 195.

◇ 第 3 節 ◇ 下 請 契 約

　Seipen は当事者利益について上記のように説明する。もっとも，「一貫性」，「連続性」，「実質的関連性」の存在をいかなる場合に肯定すべきか明らかではないという点においてその説明は抽象的であり，下請契約を元請契約の準拠法所属国に附従的に連結する根拠としては不十分である。

　結局のところ，Seipen の主張する「当事者利益」とは当事者の予見可能性，法的安定性に集約されるように思われる。本来，下請契約および元請契約はそれぞれ別個の契約として別々にその準拠法が決定されるべきであるところ，Seipen は，下請契約の準拠法を元請契約のそれに一致させるべきであるとする。これは下請契約に関する原則的な連結規則を修正すべきであるとの主張であり，下請契約の準拠法に関する当事者の予見可能性，法的安定性を損なうものであるように一見思われる。しかしながら，Seipen は，下請契約に関する原則的な連結規則を修正することが当事者の予見可能性，法的安定性に資するとする。というのも，下請契約の準拠法を原則的な連結規則に従って個別に確定したとしても，下請契約，元請契約の準拠法間で既述の「摩擦」が生じ，下請契約の準拠法を本来のかたちで適用することは不可能となるからである。例えば，本件では，XY 間の下請契約の準拠法を，原則的な連結規則に従い，元請契約の準拠法を考慮することなく個別に決定した場合，下請契約の準拠法はドイツ法となり，請負人が危険を負担する（ドイツ民法第 644 条）。すなわち，本件において下請人 X は元請人 Y に報酬を請求できないこととなる。しかし，既述のように，仮に元請契約の準拠法たるイラン法上注文者が危険を負担する場合，Y はイランの注文者 M から報酬を受け取りつつも，X には報酬を支払わなくてもよい結果となる。そして，こうした結果を回避しようとすれば，結局は，危険負担に関するドイツ実質法上の規定（ドイツ民法第 645 条 1 項 1 文）を本来とは異なるかたちで適用することが必要となる。実際，本件では，既述のように，民法第 645 条 1 項 1 文がその条文上の文言のそのままの意味とはかなり異なる方法で解釈，適用された。すなわち，民法第 645 条 1 項 1 文は，注文者が供した材料あるいは注文者の指示により履行が不能となった場合につき例外的に注文者に危険を負担させる規定であり，本件においては Y（下請人 X との関係上注文者に該当する）が材料を供した，あるいは指示を行ったという事

◆ 第3章 ◆　回避条項による複数の契約間の附従的連結

情がないにもかかわらず，民法第645条1項1文の主旨は「危険と近い関係にある」当事者に危険を負担させることにあると解釈した上で，また「妥当性」を強調した上で，同規定が適用された。Seipen によれば，X および Y の両当事者は，下請契約にドイツ法が適用されることを予見することができるとしても，請負契約の危険負担に関するドイツ実質法（ドイツ民法第645条1項1文）が通常とは異なるかたちで適用されることを予見できないとされる。このような意味で，Seipen は，下請契約を原則通り個別に連結したとしても当事者の予見可能性，法的安定性は確保されえないと主張する。そして，むしろ下請契約を原則として元請契約の準拠法所属国に附従的に連結することが当事者の予見可能性，法的安定性に資するとする。

### (3) 附従的連結の制定法上の根拠

　それでは，下請契約を元請契約の準拠法所属国に附従的に連結する場合，その制定法上の根拠をどのように説明すべきか。

　判決当時，準拠法に関する合意が行われていない場合の契約準拠法については，ドイツ民法施行法旧第28条が規律していた。同条1項1文によれば，契約準拠法は「契約が最も密接な関係を示す国」の法とされる。そして，第2項において，この「契約が最も密接な関係を示す国」の具体的内容が以下のように推定される（ただし，不動産に関する契約については第3項，貨物運送契約については第4項により別途規定される）。「契約が最も密接な関係を示す国」は，特徴的給付を履行すべき当事者の常居所を有する国として推定され，当事者が組合，社団もしくは法人である場合には，その主たる管理機関（Hauptverwaltung）を有する国として推定される。また，特徴的給付を履行すべき当事者がその職務上または営業上の活動において契約を締結した場合には，その主たる営業所（Hauptniederlassung）を有する国として推定され，契約に応じた給付が主たる営業所とは異なる営業所によって履行されるべき場合には，その営業所を有する国として推定される。もっとも，「契約が最も密接な関係を示す国」は以上のように推定されるものの，回避条項たる第5項により，全事情から判断して契約がその他の国との間により密接な関係を示すことが明らかである場合には，第2項の上記の推定は覆される。

238

◇第3節◇　下　請　契　約

　本件についてみれば，下請契約は，第28条1項，2項により，原則として，特徴的給付を履行すべき当事者たる下請人の営業所地の法による。すなわち，本件下請契約の準拠法はドイツ法となる。制定法上は本来このように処理されるべきところ，Seipen は第28条を以下のように解釈することにより，本件下請契約は元請契約の準拠法たるイラン法によるべきであるとする。

　　「ここで問題となっているような，諸契約がなす複合的な契約関係の全体（Gesamtkomplex）において，契約を際立たせ，それゆえ契約にとって特徴的な履行は何であるか探求することは完全に可能である。このような方向性のもと統一的連結の見解を拡張する場合には，元請人の履行が契約を際立たせ，（第28条2項の観点から）契約を特徴づけるように思われる。そして，契約の集合体（Vertragsgeflecht）の重心は元請人によって特徴づけられるように思われる。このような考えは，主たる契約につきその取引法（Geschäftsrecht）ではなく，それを回避するかたちで選択された法が適用されるような事例においても，貫徹される。元請人は，契約の集合体の抵触法上の運命を自由に決定することができる。」(27)

　Seipen は，下請契約および元請契約をひとまとまりの契約の集合体（Vertragsgeflecht）として理解した上で，一つの契約の集合体にとっての特徴的給付は何であるか探求することにより，附従的連結を導こうとする。すなわち，本来，第28条2項の特徴的給付は単一の契約を念頭に置いているが，下請契約および元請契約を契約の集合体とみなし，両契約を全体としてみた場合，特徴的給付を履行すべき当事者は元請人であるとして，下請契約も元請人の営業所地の法によるべきであるとする。もっとも，Seipen は，元請契約において準拠法に関する合意が行われている場合には，下請契約は元請契約につき合意された法によるとしている。（この場合には，特徴的給付の債務者の営業所地を連結点とする第28条2項を附従的連結の根拠にすることはできず，その説明は一貫性を欠くように思われる。）

　Seipen は，このように附従的連結の制定法上の根拠として第28条2項を持ち出す一方で，以下のように同条5項もその根拠としうるとする。

　　「以上の考察から，契約の集合体が問題となる場合の附従的連結に関しては以

--------

(27)　Seipen, a.a.O. (Anm. 10), S. 269.

◆ 第 3 章 ◆ 回避条項による複数の契約間の附従的連結

下の結論が得られる。ある一つの法秩序が，複合的な契約関係の全体にとっての重心をなす場合，第 5 項の適用により附従的連結を行うべきである。ある契約をその他の契約の準拠法所属国に附従的に連結する際には，両契約に共通する重心（Schwerpunkt）のために，特徴的給付の債務者の法との間に当該契約が有する最も密接な関係を破棄すべきかという点について調べなければならない。それゆえ，原則的な推定の適用により生じる結果，および，最も密接な関係についてより自由に判断した結果，これらを常に比較しなければならない。事案を総合的に検討して得られた結果が，第 2 項から第 4 項所定の典型的な原則から逸脱する場合には，第 5 項を適用すべきである。」[28]

Seipen は，以上のように，下請契約が最も密接な関係を有する国の法は，第 28 条 2 項により原則として下請人の営業所を有する国の法となるところ，回避条項たる同条 5 項により，下請契約は元請契約の準拠法所属国との間により密接な関係を示すとして，下請契約を元請契約の準拠法所属国に附従的に連結することが可能であるとする。

### (4) 附従的連結に反対する立場への反論

Seipen は，以上のように，下請契約を元請契約の準拠法によらしめることが当事者の予見可能性，法的安定性の観点から望ましいとするが，そのような下請契約の附従的連結に反対する立場に対しては以下のように反論する。

「下請契約の個別的連結を支持する立場の実質的に主要な主張は，元請契約および下請契約はそれぞれ独立した法的取引であるというものであるが，これは形式的であるように思われる。ここでは抵触法レベルの問題と実質法レベルの問題は厳格に区別されなければならない。準拠法を統一することは，いかなる事例においても，それぞれの契約の法的独立性を損なわせることはない。」[29]

「附従的連結を拒否する立場は，主たる契約の準拠法を優先させることは，元請人を一方的に優先することにつながるという考えによって特徴づけられる。この点に関しては，さらに以下のことが考慮されなければならない。附従的連結に反対する議論には，外国法の適用は実質法上不利となるという既に批判された考え方が暗黙のうちに伴っている。外国法の適用は必ずしも実質法上不利にはならないという抵触法上の中立的な視点を無視すれば，確かに外国法の適

---

(28) Seipen, a.a.O. (Anm. 10), S. 147.

(29) Seipen, a.a.O. (Anm. 10), S. 268.

◇ 第 3 節 ◇ 下 請 契 約

用を受けるという不利益について検討しなければならない。しかし，元請契約
の準拠法が適用されることによって生じる下請人の負担を受け入れがたいとは
いえない。なぜなら，外国との関係を有する取引活動に従事する際には，原則
として，国内の現行法とは異なる法が適用されうることを計算に入れておかな
ければならないからである。契約の直接の相手方は国内にその住所を有するが，
その他の事情により外国との関連性が生じているような場合にも，このことは
当てはまる。」(30)

「第 28 条の範囲内で統一的連結を行うという方法には，法律の基準に沿って
対応することができ，それゆえ，立法者によっては明示的に言及されていない
範囲においても新しい連結概念を考えることができるという利点がある。そし
て，その利点はこれらに限られない。第 28 条 2 項は個々の契約につき特徴的給
付に特権を与える。このような第 28 条 2 項の考えに基づき，元請人を抵触法上
優先させる根拠を客観的にもよりうまく正当化することができるという利点が
さらにある。元請人は，両契約に関与し，中間的位置におり，二つの方向にお
いて責任を負わなければならない。下請人の履行に問題があれば，元請人の注
文者との関係は損なわれうる。委託者が例えば必要な協力の提供（Mitwirkung-
shandlungen）を怠った場合，下請人も場合によっては請負債務の履行を断念せ
ざるをえず，その結果，それらの法的結果が元請人を脅かすこととなる。」(31)

Seipen は，下請契約を元請契約の準拠法によらしめることに対する批判と
して，①下請契約は元請契約から法的に独立した別個の契約であるとの批判，
②元請人を一方的に優遇することになるとの批判，これらを取り上げている。

その上で，前者の批判に対しては，抵触法上統一的に処理したとしても，実
質法上は別個に処理されるため，すなわち実質法上はそれぞれの契約につき別
個に判断が行われるため，問題はないと反論している。

さらに，後者の批判に対しては，①元請契約の準拠法が下請人にとって実質
法上不利になるとは限らないこと，②渉外的取引に従事する者は外国法の適用
を予期すべきであり，元請契約の準拠法の適用は下請人にとって不当な負担と
はならないこと，③元請人は元請契約，下請契約の両方に関与し，それゆえ，
注文者，下請人の両方に対して責任を負っていること，これら三点を主張して
反論している。

---

(30)　Seipen, a.a.O.（Anm. 10），S. 269.

(31)　Seipen, a.a.O.（Anm. 10），S. 270.

◆ 第3章 ◆　回避条項による複数の契約間の附従的連結

## (5) 附従的連結が必要となるその他の事例

なお，Seipen は，下請契約および元請契約の準拠法の適用結果間において
問題が生じる可能性が相当に高いことを以下のように指摘する。

> 「既述の危険負担の問題と並んで，とりわけ瑕疵担保責任（Mängelgewähr-
> leistung）の制度の問題が非常に重要となる。例えば，元請人と下請人に適用さ
> れる A 法は，民法第 633 条にあるように，瑕疵修補請求権（Nachbesserung-
> srecht）について規定するが，元請人と注文者との間に適用される B 法は，注
> 文者が即座に損害賠償あるいは費用償還（Aufwendungsersatz）を請求するこ
> とを許容するとする。このような場合において，下請人に請負債務の明らかな
> 不完全履行があったとき，注文者および元請人は，下請人により見逃された瑕
> 疵の修補の機会について定める規定のもと，瑕疵修補請求するか損害賠償，費
> 用償還請求するか完全に自由に判断することはほとんどできない。注文者の協
> 力義務（Mitwirkungsverpflichtungen）について異なる規定がある場合にも大
> きな問題が生じうる。主たる契約の準拠法上の協力義務に関する規定が，下請
> 人による実際の債務の履行の進行に直接の影響を与える。」(32)

> 「個別的連結を原因として準拠法間で摩擦が生じる危険性は実際上相当に高い
> という点は重要である。そのような危険性の存在は，附従的連結に反対する者
> によっても否定されていない。下請契約と元請契約は理論的には分離させるこ
> とが可能であるが，両者の法的独立性は貫徹されない。なぜなら，一方の契約
> および他方の契約のいずれにも含まれる同一の事実関係についての判断が必要
> となるからである。複数の契約において履行計画（Leistungsprogramme）が並
> 行していることは，それらの契約の準拠法が調和しないことを個別的事象とし
> て退けることができないことを示す。」(33)

Seipen は，下請契約および元請契約のように，それぞれの契約において合
意されている給付の内容が実質的に同一である場合には，複数の準拠法間で問
題が生じる可能性が高いことを指摘している。そして，下請契約および元請契
約においては，危険負担に関する既述の問題に加えて，瑕疵担保責任，協力義
務に関する問題が生じうるとする。

瑕疵担保責任に関する問題として上記で指摘されているのは具体的には例え
ば以下のような場合であると思われる。下請契約の準拠法上，目的物の瑕疵を

---

(32)　Seipen, a.a.O.（Anm. 10），S. 263.

(33)　Seipen, a.a.O.（Anm. 10），S. 266 f.

◇ 第 3 節 ◇ 下 請 契 約

### 図 2：瑕疵担保責任に関する問題

```
          元請契約              下請契約
注文者 ——————— 元請人 ——————— 下請人
       準拠法：B法              準拠法：A法
       即座に損害賠償請求権      瑕疵修補請求権を行使
       を行使できる。          しなければ，損害賠償
                              請求権を行使できない。
```

⇒注文者が他の業者に瑕疵修補を依頼し，元請人に即座に損害賠償
請求権を行使した場合，元請人は下請人に瑕疵修補請求権を行使する
ことができず，それゆえ損害賠償請求権を行使することもできない。

理由として損害賠償請求権を行使するためにはまず瑕疵修補請求権を行使することが求められるとする。他方，元請契約の準拠法上，瑕疵修補請求権を行使することなく即座に損害賠償請求権を行使することが認められるとする。こうした場合，注文者が他の業者に瑕疵修補を依頼し，元請人に即座に損害賠償請求権を行使すれば，元請人は下請人に瑕疵修補請求権を行使することができず，それゆえ損害賠償請求権を行使することもできないという可能性が生じる（図2参照）。

　協力義務に関する事案については，例えば以下のような場合がありえよう[34]。下請契約の準拠法上，注文者の協力義務が規定されているが，元請契約の準拠法にはそのような規定がないゆえに，元請人には協力義務が生じるが，注文者には協力義務が生じないとする。こうした場合，下請人は下請契約の準

---

(34)　ドイツは判例および学説上，注文者の協力義務を積極的に肯定する傾向があるのに対し，日本はその点消極的であるとされる。（もっとも，日本においては，注文者の協力義務違反に基づく債務不履行責任の肯定によってではなく，請負人の報酬請求権を認めることにより請負人の保護がなされる。）なお，協力義務は建設請負契約を中心に議論されてきたものの，近年ではコンピュータのソフトウェア開発において問題になることが多いとされる。生田敏康「注文者の協力義務——コンピュータソフト開発契約をめぐる最近の判例を中心に——」福岡大学法学論叢第 52 巻 4 号（2008）379 頁以下，同「債権者の協力義務——ドイツ請負契約における注文者の義務を中心に」早稲田法学会誌第 44 巻（1994）1 頁以下参照。

◆ 第 3 章 ◆　回避条項による複数の契約間の附従的連結

### 図 3：注文者の協力義務に関する問題

　　　　　　　　元請契約　　　　　　　　下請契約
注文者 ─────── 元請人 ─────── 下請人

　　　　準拠法：B法　　　　　　準拠法：A法
　　　　注文者は協力義務を負わ　注文者は協力義務を負う。
　　　　ない。

⇒下請人は元請人に協力義務の履行を求めることができるが，元請人は
注文者に協力義務の履行を求めることができず，下請人に対する協力義
務を履行することができない。

拠法に基づき請負債務の履行に関して元請人に協力を求めることができるが，
元請人は元請契約の準拠法上注文者に協力を求めることができず，元請人は下
請契約上負っている協力義務を本来のかたちで果たすことができないという結
果となる（図 3 参照）。

## 3　検　討

### (1) 通説，判例

　Seipen は，連邦通常裁判所 1982 年 3 月 11 日判決に表れた危険負担の問題
および瑕疵担保責任，協力義務に関する以上の問題を回避するために，実際に
問題が生じているか否かにかかわらず原則として下請契約の準拠法を元請契約
のそれに一致させるべきであると主張する。しかしながら，そのような見解は
ドイツ国際私法上少数説にとどまり，多数説は下請契約の準拠法は独立して判
断されるべきであるとする[35]。多数説については Martiny によって以下のよ
うに説明されている。

　「通説によれば，下請契約は原則としてローマⅠ規則第 4 条 1 項 b 号（および

---

(35)　Martiny, in : Münchener Kommentar zum Bürgerlichen Gesetzbuch, Art.4 ROM
　　 I-VO, Bd 10, 6. Aufl.（2015）, RdNr. 58 ; Wenner, Internationales Vertargsrecht, RdNr.
　　 460, 526.

◇ 第 3 節 ◇ 下 請 契 約

第19条）により下請人の営業所地に独立して連結されるべきであるとされる。というのも，主たる契約に依存しない，それ自体独立した契約が問題となっているのであり，下請契約の利益状況（Intressenlage）は，特徴的給付を履行する下請人の利益によって優先的に特徴付けられるからである。それは，下請人がたいていの場合予見することのできない元請人の利益状況によって特徴付けられるものではない。それゆえ，主たる契約に下請契約を附従的に連結することは原則として当事者利益の観点からして適切ではない。なぜなら，主たる契約の準拠法の決定に関して下請人は何ら影響を与えることができないからである。とりわけ，主たる契約の準拠法が下請人の営業所地の法とその内容上相当異なる場合には，附従的連結は下請人に不当な不利益をもたらすこととなる。例えば，主たる契約の一方の当事者が国家であり，アラビア法や発展途上国の法に服する場合に，ドイツの元請企業とドイツの供給業者との間で締結された契約をそれらの法に服させることは好ましくないであろう。」[36]

上記の説明によれば，多数説が下請契約の附従的連結を否定する理由は，①当事者利益の観点からして適切ではないこと（元請契約の準拠法をいずれの法とするかという点につき下請人は関与できないこと），②下請人に不当な不利益が生じること（元請契約の準拠法がアラビア法や発展途上国の法であった場合，下請人に不利益が生じること），これらの点に求められている。

また，連邦通常裁判所1999年2月25日判決も，下請契約の準拠法について判断するに際し，元請契約の準拠法の如何には触れず，当時の現行法たるドイツ民法施行法旧第28条2項により，原則通り下請人の常居所地法を準拠法としている[37]。

---

(36)　Thode, a.a.O（Anm. 11），RdNr. 6.389.

(37)　BGH Urt. vom 25.2.1999-VII ZR 408/97, IPRax 2001, S.331 ff.
　　当該事案の事実関係は以下のとおりである。X（下請人，ドイツ企業）はY（元請人，イタリア企業）との間で，1993年2月に，ドイツを建設予定地として，ショッピングセンター，オフィスビルの建設を内容とする下請契約を締結した。その後，契約の実施過程において当事者間で争いが生じたため，契約は解除されることとなった。当該事案においてXは請負報酬の残額の支払をYに求めたが，Yはドイツの国際裁判管轄の有無について争い，この点が争点の一つとなった。ドイツが契約履行地であれば，履行地を管轄原因としてドイツの国際裁判管轄を肯定することができる。そのため，履行地がいかなる地であるか判断する必要性が生じた。そして，履行地がいかなる地であるかという点は契約準拠法により判断すべきであるとして，当該下請契約の準拠法の如何が派生

◆ 第3章 ◆　回避条項による複数の契約間の附従的連結

## (2)「不当性」の所在

　下請契約および元請契約の準拠法の相違により実際に何らかの問題が生じることは必ずしも多くないことを考慮すれば，実際に問題が生じているか否かにかかわらず，原則として下請契約の準拠法を元請契約の準拠法に一致させることは適切ではないように思われる。それでは，Seipen が指摘する具体的な問題が実際に生じた場合に限って附従的連結の手法によりその解決を図るべきか。複数の準拠法の適用結果間に論理的矛盾が生じていないにもかかわらず，その適用結果に対して修正を加えようとする場合，その判断の前提には当該結果に対する「不当である」との政策的判断があるはずである。こうした「不当性」はいかなる点に求められるか。

　請負人が危険を負担すると下請契約の準拠法が規定する場合，下請契約の準拠法所属国の国内法上，下請人が元請人に対して下請契約上の危険を負担する前提として，当然に元請人も注文者に対して元請契約上の危険を負担することが想定されている。しかし，元請契約の準拠法によれば，請負人ではなく注文者が危険を負担すると規定されている場合，元請人は注文者に対して元請契約上の危険を負担せず，元請契約に関するその前提は成り立たないこととなる。結果として，元請人は注文者に対して報酬を請求できるにもかかわらず，一部履行済みの債務に関して実際に費用を負担した下請人は元請人に報酬を請求できないこととなる。危険負担に関する事案に「不当性」を見出すとすれば，このように，下請契約の準拠法所属国の国内法上，下請人が元請人に対して下請契約上の危険を負担する場合には元請人も注文者に対して元請契約上の危険を負担するという前提があるにもかかわらず，元請契約の準拠法の適用により元請契約に関するその前提が成立しないことに「不当性」の構造的な原因が所在する。

　瑕疵担保責任に関する事案についても同様の指摘が当てはまる。下請契約の準拠法上，注文者は請負人に対し瑕疵修補請求権を行使した後でなければ損害賠償請求権を行使できないとする。この場合，下請契約の準拠法上，元請人は

---

　的に争点となった。連邦通常裁判所は，ドイツ民法施行法第 28 条 2 項により，下請人の営業所所在地たるドイツが最密接関連地であるとして，ドイツ法を下請契約の準拠法とした。判旨においては元請契約の準拠法は一切言及されていない。

◇第3節◇ 下請契約

下請人に対して瑕疵修補請求権を行使した後でなければ損害賠償請求権を行使
できないこととなる。その際，下請契約の準拠法所属国の国内法上はその前提
として，元請人も注文者に対して瑕疵修補請求権を行使した後でなければ損害
賠償請求権を行使できないことが想定されている。しかしながら，元請契約の
準拠法が請負人に対する即座の損害賠償請求権の行使を認める場合，元請契約
に関するその前提は成り立たない。その結果，注文者が元請契約の準拠法に
従って既に他の業者に瑕疵修補を委託したという場合には，元請人は下請人に
対して瑕疵修補請求権を行使することができず，それゆえ損害賠償請求権も行
使することができないという可能性が生じる。瑕疵担保責任に関する事案にお
いても，「不当性」を見出すとすれば，元請契約の準拠法の適用により，下請
契約の準拠法所属国の国内法が元請契約につき想定する前提が成り立たない点
に求められよう。

　さらに，注文者の協力義務に関する事案においても同様である。下請契約の
準拠法が注文者は請負人に対し協力義務を負うと規定する場合，元請人は下請
人に対して協力義務を負うこととなる。その際，下請契約の準拠法所属国の国
内法はその前提として，注文者も元請人に対して協力義務を負うことを想定し
ている。しかし，元請契約の準拠法が注文者のそのような義務を認めていない
場合，元請契約に関するその前提は成り立たない。その結果，元請人は注文者
に協力を求めることができず，元請人は下請人に対して本来の意味での協力義
務を果たすことができないこととなる。

　以上のように，危険負担，瑕疵担保責任，協力義務に関する既述の事案にお
いて，その結果に「不当性」を見出すとすれば，下請契約の準拠法所属国の国
内法が元請契約につき想定する前提が，異なる内容を有する元請契約の準拠法
の適用により成り立たないという点に見出しうる。


(3) 危険負担に関する問題

　それでは，Seipen が指摘する事案につき下請契約を元請契約の準拠法所属
国に附従的に連結すべきか。

　まず，危険負担に関する事案については，附従的連結は否定されるべきであ
るように思われる。確かに，下請契約の準拠法所属国の国内法上，下請契約上

247

◆ 第3章 ◆　回避条項による複数の契約間の附従的連結

の法律関係は元請契約上の法律関係を前提として成り立っている。しかし，国際私法の平面においては，モザイク的処理が原則とされており，そのような前提はむしろ保障されないのが通常である。単に，元請契約の準拠法の適用結果が，下請契約の準拠法が元請契約に適用された場合の結果とは異なることをもって，下請契約の準拠法が下請契約に関して予定する「前提」が成立しないとすれば，下請契約および元請契約の準拠法の内容が相違する場合には常に「前提」が成立しないこととなる。すなわち，下請契約の準拠法が下請契約につき予定している「前提」が元請契約の準拠法の適用により成立しないと主張しても，それは単に両契約の準拠法の内容が相違することを言い換えているに過ぎない。

　確かに，元請人は注文者に報酬を請求できるにもかかわらず，下請人は元請人に報酬を請求できないという結果は，下請契約の準拠法所属国の国内法が一国の体系的な法システムとして想定する結果とは異なり，全体としてみればその整合性に問題がないとはいえない。しかしながら，例えば，元請契約の準拠法上，元請人は注文者から報酬を受領できないが，下請契約の準拠法上，下請人は元請人から報酬を受領できるという結果が生じた場合，この結果をいかに評価すべきか。こうした結果も，下請契約の準拠法所属国の国内法が一国の法体系として予定している結果とは当然異なり，その整合性に問題がないとはいえないはずである。しかしながら，Seipen はこれを問題視しない。また，例えば，瑕疵担保責任に関して以下の状況が生じた場合はどうか。下請契約，元請契約のそれぞれの準拠法上，完成物の瑕疵の有無に関する判断基準が異なり，下請契約の準拠法上，当該完成物に瑕疵はないとされるが，元請契約の準拠法上，当該完成物には瑕疵があるとされるとする。この場合，下請人は瑕疵担保責任を負わないが，元請人は瑕疵担保責任を負うという結果が生じる。こうした結果は，全体としてみれば，下請契約の準拠法所属国の国内法が予定する結果とは異なるが，これを抵触法上の修正を加えるべき「不当」な結果として理解すべきではないであろう。

　このように，両契約の準拠法の内容が相違する場合にも様々なケースがありうる。それにもかかわらず，これらすべての事例につき，単に両契約の準拠法の内容が相違することをもって「不当性」を認めれば，モザイク的構造を基礎

◇第3節◇ 下請契約

とする伝統的抵触法体系に反することとなろう。元請人は注文者に対して危険を負担しないが下請人は元請人に対して危険を負担するという結果についてのみ「不当性」を見出すとすれば，そうした区別に関する客観的な判断基準が示されなければならない。そうでなければ，いかなる場合に「不当性」が認定されるか当事者は予見することができず，法的安定性の点において問題が生じよう。

### (4) 瑕疵担保責任および協力義務に関する問題

以上のように，危険負担に関する事案においては，単に元請契約の準拠法の適用結果が，下請契約の準拠法が元請契約に適用された場合の結果とは異なることをもって「不当」と理解しうるに過ぎない。他方，瑕疵担保責任および協力義務に関する事案については異なる理解が可能であるように思われる。

瑕疵担保責任に関する問題においては，下請契約の準拠法上，元請人は下請人に対して瑕疵修補請求権を行使しなければ損害賠償請求できないとされ，国内法上その前提として元請人は瑕疵修補請求権を行使できることが想定されている。それにもかかわらず，元請契約に下請契約の準拠法とは異なる法が適用されることによって，下請契約の準拠法所属国の国内法上の上記の前提が成り立たないことに問題が所在する。これをより詳細にみれば，下請契約の準拠法上，「元請人は下請人に対して瑕疵修補請求権を行使した後に（要件），損害賠償請求することができる（効果）」という要件，効果から成る定めがあり，元請契約に異なる準拠法が適用されることにより，この要件が充足されるための前提，すなわち「元請人は瑕疵修補請求権を行使できる」という前提が成り立たないという状況がある。

協力義務に関する事案においても同様の状況を確認できる。下請契約の準拠法上，元請人は下請人に対して協力義務を履行しなければ損害賠償責任を負うとされ，その前提として元請人は協力義務を履行できることが想定されている。それにもかかわらず，元請契約に下請契約の準拠法とは異なる法が適用されることによって，下請契約の準拠法上のその前提が成り立たないことに問題が所在する。これをより詳細にみれば，下請契約の準拠法上，「元請人は下請人に対し協力義務を履行しなければ（要件），損害賠償責任を負う（効果）」という

249

◆ 第3章 ◆ 　回避条項による複数の契約間の附従的連結

要件と効果から成る定めがあり，元請契約に異なる準拠法が適用されることにより，この要件の成否に関する前提，すなわち「元請人は協力義務を履行できる」という前提が成り立たないという状況がある。

　瑕疵担保責任，協力義務に関する事案においても，また危険負担に関する事案においても，複数の準拠法の適用結果に違和感が感じられる理由は，下請契約の準拠法所属国の国内法が元請契約につき想定する前提が元請契約の準拠法の適用により成り立たない点にある。もっとも，上記のように，「下請契約の準拠法所属国の国内法が元請契約につき想定する前提」というときの「前提」の内容に注目すれば，瑕疵担保責任，協力義務に関する事案においては，その「前提」は下請契約の準拠法上の下請契約に関する規定の要件の成否に影響を与えるものであることが分かる。すなわち，危険負担に関する事案とは異なり，単に一方の契約の準拠法がその国内法上他方の契約につき予定している前提が成立しないだけでなく，一方の契約の準拠法中の規定がその要件につき予定している前提が成立しないという状況を確認することできる。危険負担に関する事案においては，下請契約の準拠法上，下請契約に関し，「危険が生じた場合（要件），下請人が元請人に対して危険を負担する（効果）」という要件と効果から成る定めがあると考えることができるが，元請契約に異なる法を適用することがその要件の成否にまで影響を与えることはない。

　このように，瑕疵担保責任，協力義務に関する事案については，一方の準拠法の内容が他方の準拠法中の規定の要件の成否に影響を与える場合として，その他の場合とは明確に区別することができる。したがって，危険負担に関する事案とは異なり，下請契約，元請契約の準拠法の内容が相違するすべての場合につき「不当性」を認めることにはつながらず，また，「不当性」が生じる場合とそうでない場合の区別も明確であることから法的安定性に与える影響も限定的である。

### (5) 当事者利益の比較衡量

　もっとも，大陸法の伝統的抵触法体系はそれぞれの法律関係ごとに準拠法を決定するというモザイク的処理をその基本としており，一方の準拠法の内容が他方の準拠法中の規定の要件の成否に影響を与えることをもって「不当性」を

◇ 第 3 節 ◇ 下 請 契 約

認めるべきかという点については議論の余地が残される。特に，原則的連結から離れる場合，それにより不利益を回避する当事者が生じる一方で，逆に不利益を被る当事者が生じることが考慮されなければならない。例えば，瑕疵担保責任に関する事案においては，下請契約を元請契約の準拠法所属国に附従的に連結しなければ，元請人は下請人に瑕疵修補請求権を行使できず，それゆえ損害賠償請求権も行使できないという結果が生じうる。こうした結果の回避を目的として下請契約を元請契約の準拠法によらしめれば，元請人は下請人に瑕疵修補請求権を行使することなく損害賠償請求権を行使できることとなり，これは元請人の利益となる。他方，こうした附従的連結が行われることにより，下請人は瑕疵修補の機会を奪われるという不利益を被ることとなる。このように，原則的連結の維持により不利益を受ける当事者が存在する一方で，附従的連結という修正により不利益を受ける当事者も存在する。したがって，原則的連結の維持により生じる一方の当事者の不利益，および，附従的連結により生じる他方の当事者の不利益，これらのいずれを優先して解消すべきかという点についても考慮する必要がある。そして，原則的連結の維持によって生じる当事者の不利益がより重大であると判断される場合には，附従的連結を行うことが肯定されよう。

　それでは，瑕疵担保責任に関する事案についてどのように判断すべきか。原則的連結を維持すれば，元請人に不利益，すなわち，下請人に瑕疵修補請求権を行使できず，それゆえ損害賠償請求権も行使できないという不利益が生じる。他方，附従的連結を行えば，下請人に不利益，すなわち，瑕疵修補の機会を奪われるという不利益が生じる。いずれの不利益が当事者にとってより重い負担となりうるか。この点，元請人の被る不利益のほうが下請人の被る不利益に比べてより過酷であるように思われる。原則的連結を維持する場合，元請人は注文者に対して自らの費用で損害賠償責任を負わなければならない。すなわち，元請人が被る不利益は注文者への損害賠償に要する費用である。他方，附従的連結を行う場合，下請人は本来下請契約の準拠法上認められる瑕疵修補の機会を奪われ，損害賠償という方法によってしか瑕疵担保責任を履行することができなくなる。この場合，附従的連結により下請人の受ける不利益は，損害賠償に要する費用と瑕疵修補に要する費用の差額となる。これらを比較すれば，通

◆ 第3章 ◆　回避条項による複数の契約間の附従的連結

常，前者の額のほうが大きいであろう。そうであるとすれば，原則的連結の維持により元請人が被る不利益のほうが重大であると理解することができる。したがって，瑕疵担保責任に関する事案においては，下請契約を元請契約の準拠法所属国に附従的に連結することによって，元請人が被る不利益を解消すべきであるように思われる。

　他方，協力義務に関する事案においては，いずれの不利益がより重大であるか判断することは必ずしも容易ではない。原則的連結を維持すれば，元請人は下請人に対して協力義務違反を理由とする損害賠償責任を負う可能性が生じる。さらに，下請人が元請人の協力義務違反を理由に請負債務を履行しない場合，元請人は注文者に対しても請負債務の不履行を理由とする損害賠償責任を負う可能性がある。他方，附従的連結を行えば，下請人は元請人に対して協力義務違反を理由とする損害賠償請求を行うことができない。また，下請人が元請人の協力が得られないことを理由に請負債務を履行しない場合，下請人は正当な理由がないにもかかわらず請負債務を履行しなかったとして，請負債務の不履行を理由とする損害賠償責任を負う。これらの不利益のうちいずれが当事者にとってより重大であると判断されるべきか。この点に関する判断は，瑕疵担保責任に関する事例のそれと比較して非常に難しいように思われる。したがって，協力義務に関する事案においては，下請契約を元請契約の準拠法所属国に附従的に連結することは否定されよう。

　なお，協力義務に関する事案については，附従的連結という抵触法上の修正を加えずとも，実質法の適用段階において問題が解決される可能性が高いことが付言される。協力義務に関する事案において生じる問題は，協力義務の有無に関して下請契約および元請契約の準拠法の内容が相違することにより，元請人は注文者に協力を仰ぐことができず，それゆえ元請人は下請人に対する協力義務を果たすことができない点にある。しかしながら，下請契約の準拠実質法の適用過程において，元請人が協力義務を履行できなかったことは元請契約の準拠法の内容の影響によるものであることが考慮され，債務不履行に関する元請人の帰責性が否定されれば，結論として元請人の損害賠償責任は否定されることとなる。

◇第3節◇　下　請　契　約

## (6) 元請契約の準拠法の不透明性

　以上のように，原則的連結の維持により生じる一方の当事者の不利益，および，附従的連結により生じる他方の当事者の不利益，これらの比較衡量を附従的連結の是非に関する判断基準に取り入れるにせよ，比較衡量をすることが可能な事案は相当に限定されることとなる。というのも，下請契約を元請契約の準拠法所属国に附従的に連結しなければ（あるいはすれば）いかなる不利益が当事者に生じるか判断するためには，元請契約の準拠法がいかなる法か一定程度明らかであることが必要となるからである。例えば，元請契約に関する法律問題が既に法廷地国あるいは外国で確定している場合，また，元請契約に関する法律問題も法廷地国において現在係属している場合，これらの場合には，元請契約の準拠法がいかなる法かという点は明らかである。あるいは，元請契約に関する法律関係が既成事実化している場合（例えば，瑕疵担保責任に関する既述の事案であれば，注文者が元請人に対し瑕疵修補請求権を行使することなく損害賠償請求権を行使し，元請人が既にそれに応じている場合）においても同様である。さらには，元請契約に関して準拠法選択がされている場合にも，当事者自治の制度が各国において広く採用されていることを踏まえれば，その準拠法は一定程度明らかであるといえる。しかし，こうした場合を除けば，元請契約上の法律関係がいかなる法によって実際に規律されることになるか予測することは難しく，附従的連結の肯定，否定によって各当事者にいかなる不利益が生じるかという点自体判断することができない。したがって，元請契約に適用される法が一定程度明らかである上記のような場合にのみ，当事者の不利益の比較衡量が可能であり，附従的連結の可能性が残されることとなる。もっとも，元請契約に適用される法が一定程度明らかであるか否かという点に附従的連結の可否を依存させることは，当事者の予見可能性を著しく損なうという批判もあろう。しかしながら，原則的連結の維持が一方の当事者にもたらす不利益，および，附従的連結が他方の当事者にもたらす不利益，これらのうち前者がより深刻である場合にのみ附従的連結を行うとすれば，附従的連結により不意打ちを受ける当事者の不利益は限定的であり，原則的連結の維持を原因としてより深刻な不利益を被る当事者の救済が優先されるべきであるように思われる。

◆ 第 3 章 ◆　回避条項による複数の契約間の附従的連結

### (7) 重層的請負契約関係

　また，例えば国際的な建設契約等においては下請契約が何層にも連なる重層的請負契約関係が見られるが，そうした場合には附従的連結は否定されるべきである。例えば，元請契約の準拠法Ａ国法上は瑕疵修補請求権を行使することなく即座に損害賠償請求権を行使でき，下請契約の準拠法Ｂ国法上は瑕疵修補請求権を行使した後でなければ損害賠償請求権を行使できないとする。そして，これらの法の内容の相違により不利益を被る元請人を救済するために，下請契約の準拠法を元請契約の準拠法たるＡ国法に一致させるとする。ここで，仮に，準拠法をＢ国法とする再下請契約が存在する場合，本来，下請契約，再下請契約の準拠法はともにＢ法という同一の法であったにもかかわらず，下請契約の準拠法を元請契約の準拠法たるＡ法に修正したことにより，下請契約の準拠法Ａ法，再下請契約の準拠法Ｂ法の間で今度は下請人が同様の不利益を被ることとなる。このように，重層的請負契約関係が存在する場合には，その一部分を構成するに過ぎない二つの契約の法律関係のみに注目して原則的連結を修正すれば，その他の契約に同様の問題を生じさせる可能性がある。したがって，重層的請負契約関係が存在する場合には，一方の契約を他方の契約の準拠法所属国に附従的に連結するという手法には限界があり，そうした重層的請負契約関係における問題を解決しようとすれば，当事者自治を否定した上で特徴的給付の履行地などの統一的な連結点を設定するほかない。

### (8) 実質法レベルにおける調整の可能性

　下請契約，元請契約の準拠法間において問題が生じるにせよ，必ずしも抵触法レベルにおいてその解決を図らなければならないわけではない。例えば，協力義務に関する事案においては，既述のように，元請契約の準拠法を原因として，元請人が下請契約上の下請人に対する協力義務を果たせないとしても，下請契約の準拠実質法の適用過程において元請人の帰責性が否定され，元請人は下請人に対して協力義務違反を理由とした損害賠償責任を負わなくてもよいとの結論が導かれうる。また，瑕疵修補請求権に関する事案においては，下請契約の準拠法中の当該実質規定を柔軟に解釈することにより，あるいは，一般条項の適用により，元請人は下請人に瑕疵修補請求権を行使することなく損害賠

◇第3節◇　下 請 契 約

償請求できると結論付けることもできよう。実際，危険負担に関する連邦通常
裁判所 1982 年 3 月 11 日判決においては，ドイツ民法第 645 条 1 項 1 文が条文
の文言の本来の意味からかなり逸脱するかたちで適用され，実質法レベルにお
ける解決が図られた。（ただし，連邦通常裁判所はそうした手法を用いるにあたり，
注文者から報酬を受領した元請人が下請人に報酬を支払わないのは「妥当」ではな
いと説明するにとどまり，元請契約の準拠法が適用された場合の結果を考慮すると
いうような表現は用いていない。）
　このように実質法レベルにおいて問題の解決を図ることも可能であるとすれ
ば，それでは抵触法的調整，実質法的調整のいずれが優先されるべきか。この
点，Seipen が指摘するように，法的安定性の点において抵触法的調整のほう
が優れているように思われる。むろん，附従的連結という抵触法上の調整も，
本来の原則的連結規則から離れるという点で当事者の予見可能性を害する。し
かしながら，既述のように，附従的連結の可否に関する判断基準として，「一
方の準拠法の適用結果が他方の準拠法中の実質規定の要件の成否に影響を及ぼ
してしまう場合にのみ附従的連結を行う」との基準を設けることにより，予見
可能性への影響を限定することができる。そして，この判断基準の適用により
附従的連結の必要性が一旦肯定されれば，その後の処理としては，単に一方の
契約に他方の契約の準拠法を適用すれば足りる。これとは対照的に，実質法レ
ベルにおいて調整を図る場合，「一方の準拠法の適用結果が他方の準拠法中の
実質規定の要件の成否に影響を及ぼしてしまう場合にのみ実質法的調整を加え
る」という実質法的調整の可否に関する判断基準を採用するにせよ，さらなる
問題が不透明のまま残される。実質法的調整においては，当該実質規定を本来
の適用のされ方とは相当に異なる方法で適用するため，あるいは，一般条項を
用いるため，具体的にいかなる実質規定，一般条項がいかなる方法で用いられ
るのか，実質法レベルにおいてそのような調整が本当に可能であるのか，と
いった点が明らかではない。このように，抵触法的調整および実質法的調整の
いずれも，一方の準拠法の適用結果が他方の準拠法中の実質規定の要件の成否
に影響を及ぼしてしまう場合にのみ行うとするにせよ，附従的連結という抵触
法的調整の手法に依拠すれば実質法レベルにおいて適用される具体的な実質規
定が明らかであるのに対し，実質法的調整の手法に依拠すればいかなる実質規

255

◆第3章◆　回避条項による複数の契約間の附従的連結

定がいかなる方法で適用されるのか不透明なまま残される。したがって、法的安定性、当事者の予見可能性の保護という観点から、附従的連結という抵触法的調整の手法のほうが優先されるべきであると思われる。

　なお、抵触法的調整の手法および実質法的調整の手法のいずれが優れているか比較するにあたって、法的安定性の他に以下の点が一つの論点となりうる。

　附従的連結という抵触法的手法を用いて下請契約を元請契約の準拠法所属国に連結する際、その条文上の根拠としては、ヨーロッパ国際私法においては回避条項たるローマⅠ規則第4条3項を適用し、法適用通則法においては第8条2項所定の最密接関連地に関する「推定」を覆すこととなろう。いずれにおいても、下請契約は原則的連結点（下請人の営業所地）よりも元請契約の準拠法所属国（元請人の営業所地あるいは元請契約において合意された法の地）との間により密接な関係を示すと解することにより、下請契約は元請契約の準拠法によることとなる。それでは、当事者が下請契約に関して瑕疵担保責任の問題のみならず契約の成立、契約のその他の効力等についても争っている場合、それらの事項についても元請契約の準拠法を適用すべきか。瑕疵担保責任を除くその他の問題に関しては下請契約、元請契約の準拠法間で問題が生じないにもかかわらず、このように下請契約に関する法律関係全般に元請契約の準拠法を適用することは適切ではないであろう。他方、実質法的調整の手法によればこうした問題は生じない。瑕疵担保責任に関連する実質規定の解釈、適用の仕方を考えれば足り、それが下請契約上のその他の問題に影響を及ぼすことはない。

　このように考えれば、実質法レベルにおける修正のほうが抵触法レベルにおけるそれと比較して優れているようにも思われる。しかしながら、契約に関する一部の問題についてのみ異なる準拠法を適用することが客観的連結において許されると考えれば、附従的連結という抵触法的手法による場合においても、下請契約の一部の問題についてのみ元請契約の準拠法を適用することができる。すなわち、下請契約に関する一部の問題のみ元請契約の準拠法所属国との間により密接な関係を有するとする理解である。こうした客観的連結における準拠法の分割は認められるか。この点、ヨーロッパ国際私法上、ローマⅠ規則の前身であるローマ条約の第4条1項2文は、「契約の分割可能な一部がその他の国との間により密接な関係を有する場合、例外的にその他の国の法を適用す

256

◇第3節◇　下 請 契 約

る」と規定し，明文上客観的分割を肯定していた。しかし，現行法のローマ I
規則第 4 条においてそのような規定は削除された。規定の削除をもって客観的
分割の可能性は完全に否定されたと理解すべきか。この点は解釈，議論の余地
があるとされる(38)。法適用通則法においても客観的分割を認める明文上の規
定はない。もっとも，明文上の規定がないことをもって即座に客観的分割の可
能性を完全に否定することはできず，契約の一部が異なる最密接関連地を有す
ると解することも可能であるように思われる(39)。そうであるとすれば，下請
契約に関するすべての問題に一律に元請契約の準拠法を適用しなければならな
いわけではなく，抵触法的調整のそうした硬直性を理由に実質法的調整を優先
させることは否定されよう。

(9)　わが国における適応問題，先決問題の議論との比較

　以上において，下請契約および元請契約の準拠法の相違により生じる具体的
な問題について検討した。複数の準拠法の相違がいかなる問題を生じさせれば
抵触法上の調整が必要となるかという問題は，わが国においてはこれまで総論
的には適応問題あるいは先決問題として論じられてきた。現行のローマ I 規則
に関するドイツ国際私法上の議論においても，ある契約を他の契約の準拠法所
属国に附従的に連結する根拠として適応問題を挙げる見解もある(40)。それで

---

(38)　Magnus, in : Ferrai/Leible (eds.), Rome 1 Regulation, 2009 , p.31.

(39)　櫻田嘉章・道垣内正人編『注釈国際私法第一巻』〔竹下啓介〕（有斐閣，2011）
　　303-304 頁は，「法律行為の成立および効力に関する一部の問題について，他の問題との
　　性質の差異に基づき，客観的に，異なる法域の法を適用することを認めるべきかについ
　　ては，当事者の意思による分割指定を認めるべきか否かとは別に，なお検討を要する。
　　なぜなら，このような客観的な分割の根拠は，最密接関連地法を適用するという国際私
　　法の基本原則に存するものであるとされ」るとしつつ，「客観的に準拠法を分割する必
　　要性は見当たらないことからすると，少なくとも現時点においては，客観的な準拠法の
　　分割の必要はないと解される」として客観的分割の必要性には懐疑的である。法例研究
　　会『法例の見直しに関する諸問題（一）――契約・債権譲渡等の準拠法について――』
　　（商事法務，2003）14-15 頁は，「諸外国の立法例や学説は，当事者の自由に委ねられる
　　主観的な分割と比較して，客観的な分割については制限的であ」ると評価する。

(40)　Martiny, in : Münchener Kommentar zum Bürgerlichen Gesetzbuch, Art.4 ROM
　　I-VO, Bd 10, 5. Aufl., 2010, RdNr. 295. Dickinson も，貸付契約およびその保証契約を密

257

◆ 第3章 ◆ 回避条項による複数の契約間の附従的連結

は，下請契約，元請契約の準拠法の相違により生じる既述の問題は，適応問題，先決問題としてこれまで論じられてきた問題との比較上いかなる構造を有するか。この点を問うのは，仮に両者が共通の構造を有する場合，特別の理由がない限り，両者につき一貫した対応が必要とされるはずだからである。

　なお，適応問題，先決問題は伝統的に親族法上の問題を対象にその検討が行われてきたという事情がある。したがって，以下では，親族法上の適応問題，先決問題に関する議論を参照する。むろん，親族法上の問題と契約法上の問題ではその性質が異なるゆえに，前者の議論を後者にそのまま援用することは適切ではない。しかしながら，最密接関連原則に基づく基本的な抵触法的処理は共通しており，両者を区別する特段の理由がない場合には両者に対する一貫した扱いが望ましい。こうした観点から，以下では親族法上の適応問題，先決問題に関する議論を参照する。

　適応問題の定義について参照すると，例えば以下のような説明がある。「一国の国際私法上，一の法律関係の準拠法と他の法律関係の準拠法とが互いに異なった国の法律である場合，両者の適用の結果，ある種の矛盾および不調和が生ずることがある。……ある事実が一の法律秩序に連結されないで複数の法律秩序に連結される場合に生ずる矛盾および不調和をいかにして適応または調整せしめるべきかの問題という意味で，適応問題または調整問題（adaptation, Angleichung, Anpassung, adjustment, coordination, adattamento）と呼んでいる」[41]。また，「国際私法上ある問題が二以上の法律関係に関係をもち，そのために二以上の準拠法を適用する必要があるとき，その準拠法相互間の矛盾や不調和をいかに解決すべきかという問題」とも説明される[42]。こうした説明を前提とすれば，複数の準拠法の適用により生じる「矛盾」あるいは「不調和」の問題を適応問題として理解することができる[43]。もっとも，「不調和」

---

　　接に関係する複数の契約として例示した上で，これらを統一的に処理しなければ，複数
　　の準拠法間の「抵触を促進（promote conflicts）」することとなると指摘する。Dickin-
　　son, The Law Applicable to Contracts – Uncertainty on the Horizon?, Butterworths
　　Journal of International Banking and Financial Law, April 2006, p. 172.
（41）　山田鐐一『国際私法（第3版）』（有斐閣，2004）165頁。
（42）　溜池良夫『国際私法講義（第3版）』（有斐閣，2005）234頁。

258

◇ 第 3 節 ◇ 下 請 契 約

の問題については，これを適応問題に含めるべきではないとする立場もある。また，「不調和」の問題を適応問題に含めるにせよ，「不調和」の内容については論者によって相当に理解が異なり，その有無について判断することは容易ではない。「少しでも規範抵触らしき事態があると，直ちに『適応（調整）問題』だとか，一層あいまいに『ある種の適応（調整）問題』としての処理の必要がある，あるいはそれがなされたなどとされ」るとの指摘は，「不調和」の有無に関する判断の難しさを示している[44]。

先決問題の定義に関しては，例えば，「ある法律関係の成否がそれに先行する法律関係の成否いかんによる場合，例えば養子の相続の可否は養子縁組の有効な成立いかんによるが，この相続を本問題と称し，養子縁組の成否を先決問題という。そして，ここではその先決問題の成否の判断基準となる法は何法か，すなわち先決問題の準拠法の決定基準をいずこに求めるかということが問題となる」と説明される[45]。そして，先決問題をめぐる議論においては，本問題準拠実質法説，法廷地国際私法説，準拠法所属国国際私法説，折衷説の四つの

---

(43) 「矛盾」の内容に関しては，複数の準拠法の適用結果が論理的に同時には成立しえないという概ね共通した理解があるように思われる。「矛盾」の例としては，例えば子の氏の問題が挙げられよう。すなわち，子の氏が何であるか判断するために子の氏の準拠法についてみると，子の氏は夫婦共通の氏であるとされるが，夫婦の氏の準拠法は夫婦別姓の制度を採用するため，夫婦がそれぞれ別の氏を有しているという場合である。この場合，子の氏の判断の前提となる夫婦共通の氏が夫婦の氏の準拠法上存在しないため，子の氏が決まらないという問題が生じる。子の氏の準拠法の適用結果および夫婦の氏の準拠法の適用結果がそれぞれ同時には成立しえないという意味で，それぞれの準拠法の適用結果間に「矛盾」が生じているといえる。また，寡婦の保護に関する問題を適応問題として理解するのであれば（そのような理解に対しては批判があるが），そこにも「矛盾」を見出すことができる。すなわち，寡婦の保護を相続の問題として性質決定すると，その準拠法上，寡婦は夫の財産の二分の一の相続権を得るが，寡婦の保護を夫婦財産の問題として性質決定すると，その準拠法上，寡婦は夫婦財産の分与として財産の三分の一を得ることとなり，それぞれの準拠法の適用結果が同時には成立しえないという意味での「矛盾」が生じることとなる。本書の検討対象たる下請契約，元請契約に関しては，こうした意味での「矛盾」が生じる事例を確認することはできない。

(44) 石黒一憲『国際私法（第2版）』（新世社，2007）263頁。

(45) 佐藤やよひ『ゼミナール国際私法』（法学書院，1998）118頁。

259

◆ 第 3 章 ◆　回避条項による複数の契約間の附従的連結

学説があるとされる[46]。もっとも，何を先決問題として理解するかという点に関しては以下のような指摘がある。「論理的に前後の関係にあるというだけで，論理的連鎖の関係において前提となるすべての先決的な法律関係がここにいう『先決問題』とされるわけではない」，「論理的に先行するさまざまな法律関係のなかで，特別に準拠法決定問題を考える意味のあるものだけが『先決問題』とされるのである」，「本問題に対してどのような先決的関係が準拠法を決定するうえで意味のある問題とされるかという点もまた，それ自体，実践的な政策決定の対象にほかならない。そのため，ある論者によれば先決問題とされる法律関係であっても，他の者によれば先決問題とはされないということは，十分に考えられ得るところである」[47]。このように，何を先決問題とするか，純粋に論理的，機械的に決定することができるわけではなく，先決問題の枠組みをどのように定めるかという点自体各論者の問題意識によるところが大きいといえる。

　以上のように，適応問題および先決問題の概念に関する理解は論者によって相当に異なる。無論，本書では，適応問題，先決問題としてこれまで論じられてきた問題を網羅的に整理することはできない。しかしながら，種々に論じられてきた適応問題，先決問題のうち，下請契約，元請契約に関する既述の問題と類似した構造を有するものを探求するとすれば，いわゆる代用可能性の問題（あるい等価性の問題）を挙げることができるように思われる。代用可能性の問題は「本問題の準拠法と先決問題の準拠法との関係において生じる矛盾，不調和の調整の問題」と定義される[48]。代表的には，相続および養子縁組に関する以下の問題が挙げられよう[49]。

　相続の準拠法たる A 国法によると，養子は相続権を有するとされる。もっとも，A 国法上，嫡出子がいる場合には養子縁組は成立しないとされており，

---

(46)　佐藤やよひ，前掲注(45)，118 頁。

(47)　山内惟介『国際私法（改訂版）』（中央大学通信教育部，2012）67-68 頁。

(48)　溜池良夫，前掲注(42)，237 頁。

(49)　1931 年 4 月 21 日フランス破毀院判決に表れた問題である。この判決を検討するものとして，折茂豊「国際私法における養子の相続権について（1・2）」国際法外交雑誌第 42 巻 2 号 1 頁以下，第 42 巻 4 号 17 頁以下（1943）。

◇ 第3節 ◇ 下 請 契 約

そのため X は養子とは認められない。他方，養子縁組の準拠法たる B 国法によると，嫡出子がいる場合でも養子縁組の成立が認められる。結論として，A国の国内実質法上 X は相続権を有しないとされるにもかかわらず，相続の可否に関しては A 国法，養子縁組の成否に関しては B 国法を適用すると，X は相続権を有することとなる。この事例では，養子縁組の成否の問題は相続の可否の問題について判断するために先決的に判断が必要となるという意味で，養子縁組の成否の問題は「先決問題」，相続の可否の問題は「本問題」として理解される。代用可能性の問題は，こうした理解を踏まえた上で，A 国法上の相続が前提とする A 国法上の養子概念を B 国法上の養子概念で「代用」することの適否を問う。

代用可能性の問題を先決問題と位置付けるか，適応問題と位置付けるかという点は，「先決問題」，「適応問題」の定義に関する各論者の理解に左右されよう。例えば，「先決問題」の特殊性は抵触規範の選択を問う点にあるとすれば，すなわち，先決問題に本問題の準拠法所属国の国際私法を適用すべきかを問う点にあるとすれば，代用可能性の問題は先決問題の枠組みから排除される。他方，先決問題に適用されるべき抵触規範が確定した後に生じる，先決問題に本問題の準拠法を適用すべきかという問題も「先決問題」に含まれるとすれば，代用可能性の問題を「先決問題」と位置付ける余地が生じる。

また，「適応問題」はあくまで複数の準拠法間で生じる論理的な「矛盾」のみを対象とすると理解すれば，代用可能性の問題においては論理的な矛盾までは生じないため，代用可能性の問題は「適応問題」の枠組みから除外される。他方，「適応問題」は複数の準拠法間で生じる「矛盾」のみならず「不調和」の問題をも対象とすると理解すれば，代用可能性の問題を「適応問題」に内包する余地が生じる。

それでは，下請契約および元請契約の準拠法間で生じる問題は，いかなる点において，相続の可否と養子縁組の成否に関する上記の事例と共通するか。下請契約および元請契約の準拠法間で生じうる問題として，危険負担，瑕疵担保責任，協力義務の三つの事例を紹介したが，これらのうち瑕疵担保責任および協力義務に関する事例は，以下の理由により，代用可能性の問題と一定の類似

◆第3章◆ 回避条項による複数の契約間の附従的連結

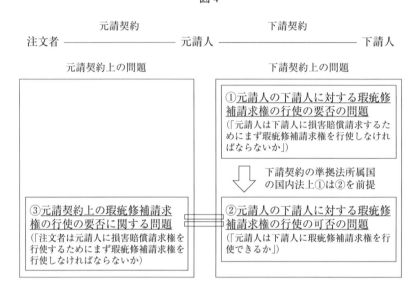

図4

性を有するように思われる。

　瑕疵担保責任に関する事案においては，まず下請契約上の瑕疵担保責任に関する問題として，元請人の下請人に対する瑕疵修補請求権の行使の要否の問題（「元請人は下請人に損害賠償請求するためにまず瑕疵修補請求権を行使しなければならないか」という問題）が登場する。そして，これとは別の問題として，元請人の下請人に対する瑕疵修補請求権の行使の可否の問題（「元請人は下請人に瑕疵修補請求権を行使できるか」という問題）を考えるとする。当然，下請契約の準拠法は，その国内法上，元請人が下請人に瑕疵修補請求権を行使できることを前提としている。しかしながら，国際私法の平面で考えると，元請人が下請人に瑕疵修補請求権を行使できることが常に保証されているわけではない。元請人が下請人に瑕疵修補請求権を行使するためには，元請契約の法律関係上，注文者も元請人に瑕疵修補請求権を行使した後でなければ損害賠償請求権を行使できないとされることが必要となる。すなわち，国際私法の平面においては，下請契約上の瑕疵修補請求権の行使の可否の問題（「元請人は下請人に瑕疵修補請求権を行使できるか」という問題）は，元請契約上の瑕疵修補請求権の行使の

◇第3節◇　下　請　契　約

要否に関する問題（「注文者は元請人に損害賠償請求権を行使するためにまず瑕疵修補請求権を行使しなければならないか」という問題）に置き換えられる（図4参照）。

　さらに，こうした理解を前提とした上で，行使することが可能な権利についてのみその行使を求めるべきであると考えれば，権利の行使の可否の問題は権利の行使の要否の問題にとって前提的に判断が必要となる事項であると理解することができる。すなわち，元請契約上の瑕疵修補請求権の行使の要否の問題を，下請契約上の瑕疵修補請求権の行使の可否の問題に置き換え，下請契約上の瑕疵修補請求権の行使の要否の問題について判断する際に前提的に判断が必要となる事項として理解することができる。このような理解は，元請契約上の瑕疵担保責任の問題を先決問題，下請契約上の瑕疵担保責任の問題を本問題として理解することを意味する。

　それでは，さらに以下の点についていかに考えるべきか。下請契約の準拠法は，その国内法上，下請人に対する瑕疵修補請求権の行使を元請人に求める際に，元請人は下請人に瑕疵修補請求権を行使できることを当然の前提としている。そして，既述のように，そのような前提が常に成り立つのは，元請契約上も注文者は元請人にまず瑕疵修補請求権を行使しなければならないためである。すなわち，下請契約の準拠法所属国の国内法上，下請契約の瑕疵担保責任に関する法律関係（元請人は下請人に対して瑕疵修補請求権を行使しなければならないという法律関係）が問題（行使することができない瑕疵修補請求権の行使が必要となってしまうという問題）を生じさせることなく成立するのは，元請契約の瑕疵担保責任についても同様の法律関係（注文者も元請人に対して瑕疵修補請求権を行使しなければならないという法律関係）が成立することが前提とされているためである。それにもかかわらず，元請契約の準拠法上成立する，元請契約の瑕疵担保責任に関する法律関係（注文者は元請人に対して瑕疵修補請求権を行使する必要はないという法律関係）によってこの前提を「代用」することができるか。

　以上のように，下請契約上の瑕疵修補請求権の行使の要否の問題を本問題とし，元請契約上の瑕疵修補請求権の行使の要否の問題を先決問題とした上で，本問題の準拠法所属国の国内法上の先決問題に関する法律関係を，先決問題の

263

◆ 第3章 ◆ 回避条項による複数の契約間の附従的連結

準拠法上の先決問題に関する法律関係で代用することができるか問う，というように問題を設定すれば，下請契約，元請契約の瑕疵担保責任に関する問題に代用可能性の問題と類似の問題構造を見出すことができるように思われる。

　もっとも，両者の問題構造を完全に同一視することは正確ではない。というのも，先決問題，本問題という問題枠組みに対する理解が両者においては異なるからである。本問題について判断するにあたり（本問題の準拠法中の実質規定の適用にあたり）前提的に判断が必要となる問題を先決問題として理解するにせよ，そこにいう「前提的」の文言に対する理解は両者において異なる。相続と養子縁組に関する事例においては，養子縁組の成否の問題について判断しなければ相続の可否について結論を出すことが論理上できないという意味で「前提的」の文言が理解される。すなわち，一方の問題について判断することなく他方の問題について結論を出すことが論理的に不可能であることをもって，一方の問題は他方の問題にとって「前提的」に判断が必要になる問題であるとする理解である。これに対し，元請契約上の瑕疵担保責任の問題について判断せずとも，下請契約上の瑕疵担保責任の問題について結論を出すことは論理的に可能である。（元請人が瑕疵修補請求権を行使できないとしても元請人は瑕疵修補請求権を行使すべきであるとすることは論理的に可能である。）ここでは，瑕疵修補請求権の行使の可否の点について判断することなく，瑕疵修補請求権の行使の要否の問題について判断することは不当である，という意味で「前提的」の文言が理解されるに過ぎない。

　下請契約，元請契約上の瑕疵担保責任の問題を，従来議論されてきた適応問題，先決問題と比較するのであれば，最も類似した問題構造を有するものとして代用可能性の問題を挙げることができるように思われる。しかしながら，先決問題，本問題についていかに理解するかという重要な点において両者は異なる。したがって，結局のところ，瑕疵担保責任が争われている下請契約を元請契約の準拠法所属国に附従的に連結すべきか議論する際に，適応問題，先決問題，代用可能性の問題といった問題枠組みを持ち出すべきではないであろう。適応問題，先決問題の概念に関する議論の錯綜は指摘されるところであるが，そうした議論状況を踏まえれば，下請契約および元請契約間の附従的連結を肯定する根拠として適応問題，先決問題を持ち出すことはなおさら否定されよう。

264

◇第3節◇　下 請 契 約

## 4　小　括

　以上，Seipen の見解を手掛かりとしつつ，下請契約を元請契約の準拠法所属国に附従的に連結することの適否について検討した。以下，簡単にその内容を整理する。

　下請契約および元請契約の準拠法間で生じうる問題としては，Seipen の指摘する以下の問題が考えられる。下請契約の準拠法上，瑕疵修補請求権を行使しなければ損害賠償請求権を行使できず，他方，元請契約の準拠法上，即座の損害賠償請求権の行使が認められる場合において，例えば注文者が既に第三者に瑕疵修補を依頼した上で元請人に損害賠償請求権を行使したような際には，元請人は下請人に瑕疵修補請求権を行使することができず，それゆえ損害賠償請求権も行使できないという結果が生じうる。また，下請契約の準拠法上元請人に協力義務が生じるが，元請契約の準拠法上は注文者に協力義務は生じないという場合，元請人は注文者に協力を求めることができず，それゆえ下請人に対し協力義務違反を理由とした損害賠償責任を負い，さらには，注文者に対し請負債務の不履行を理由とした損害賠償責任を負いうる。これらの事例は，元請契約の準拠法の内容が下請契約の準拠法中の規定の要件の成否に影響を与える事例として整理することができる。このように，自らの行為を原因としてではなく，元請契約の準拠法の適用結果を原因として下請契約上の責任を負う元請人の保護について考えなければならない。上記の場合には，下請契約を元請契約の準拠法所属国に附従的に連結することにより問題を解消すべきであると思われる。もっとも，原則的連結の下で認められるはずの権利を附従的連結により奪われる下請人の不利益も考慮に入れなければならない。そのため，原則的連結の維持により生じる一方の当事者（元請人）の不利益，および，附従的連結により生じる他方の当事者（下請人）の不利益，これらを比較衡量した上で前者がより深刻であることが明らかな場合にのみ，附従的連結を肯定すべきである。こうした考えに基づけば，協力義務に関する事案については附従的連結を肯定することはできないが，瑕疵担保責任に関する事案については附従的連結を肯定することができよう。

　わが国の国際私法において，上記のような立場をとるとすれば，法適用通則

265

◆ 第3章 ◆ 回避条項による複数の契約間の附従的連結

法第8条2項所定の「推定」を覆すという解釈手法によることとなる。すなわ
ち，法適用通則法第8条1項，2項により，下請契約の最密接関連地は原則と
して特徴的給付の債務者たる下請人の常居所地として「推定」されるところ，
その推定を覆し，下請契約の瑕疵担保責任の問題は元請契約の準拠法所属国と
の間に最も密接な関係を有する，とする解釈手法である。この場合，元請契約
の準拠法との間で何ら問題が生じない，下請契約のその他の効力に関しては，
元請契約の準拠法所属国への附従的連結は必要とならないため，下請契約上の
瑕疵担保責任に関する問題のみ元請契約の準拠法所属国との間に最も密接な関
係を有すると解釈すべきこととなる。すなわち，契約の客観的分割が必要とな
る。

　なお，Seipen が危険負担に関して指摘する問題，すなわち，元請契約の準
拠法上，元請人は注文者から報酬を受領できるにもかかわらず，下請契約の準
拠法上，請負債務を履行しその費用を負担した下請人は元請人から報酬を受領
できないという問題は，元請契約の準拠法の内容が下請契約の準拠法中の規定
の要件の成否に影響を与える事例とまではいえないため，下請契約を元請契約
の準拠法所属国に附従的に連結することは否定されるべきである。

　以上のように，附従的連結の可否に関する判断基準として，①元請契約の準
拠法の内容が下請契約の準拠法中の規定の要件の成否に影響を与えること，②
原則的連結の維持により生じる元請人の不利益が附従的連結の実施により生じ
る下請人の不利益より過酷であること，これらの要件を設定する場合，その要
件の成否の判断にあたっては元請契約の準拠法の内容が明らかである必要があ
る。したがって，附従的連結を肯定することができるのは，元請契約に関する
法律問題が既に法廷地国あるいは外国で係属した後に確定している場合，元請
契約に関する法律問題も法廷地国において現在係属している場合，元請契約に
関する法律関係が既成事実化している場合，元請契約において準拠法の合意が
されている場合など，元請契約に適用される法が一定程度明らかである場合に
限定されることとなる。また，重層的請負契約関係についても，重層的な請負
契約関係の全体をみることなく，その一部に過ぎない一組の下請契約，元請契
約のみを対象に附従的連結を行えば，重層的請負契約関係を織り成すその他の
契約との間で，準拠法の相違による同様の問題がさらに引き起こされる可能性

◇ 第3節 ◇ 下 請 契 約

がある。そのため，附従的連結は否定されるべきである。

　なお，元請契約，下請契約の準拠法の相違により生じる上記の問題を，適応問題，先決問題に関するこれまでの議論の中に位置付けるとすれば，最も類似した問題構造を有するものとして代用可能性の問題が挙げられよう。しかしながら，両者においては先決問題に関する理解が異なり，その問題構造は必ずしも完全には一致しない。それゆえ，複数の準拠法の適用結果が問題となる場合には往々にして適応問題，先決問題という概念が持ち出されるが，下請契約，元請契約間の附従的連結の適否について論じるにあたっては，適応問題，先決問題の問題枠組みを持ち出すことは避けるべきであると思われる。

# 第 4 章

# わが国への示唆

◇ 第1節 ◇ ローマⅠ規則第4条3項および法適用通則法第8条2項の比較

# ◆ 第1節 ◆ ローマⅠ規則第4条3項および法適用通則法第8条2項の比較

　ローマⅠ規則第4条3項および法適用通則法第8条に内包される回避条項の相違点は，①明文化の有無，②「明らかにより密接な関係」の要件の有無，③「最密接関連地」の位置付け，これらの点に見出される[1]。②，③の点は，ローマⅠ規則第4条3項およびその前身たるローマ条約第4条5項の相違点でもある。ローマ条約第4条は，法適用通則法第8条とその構成上共通する点が多いため，ローマ条約第4条についても以下では触れる。以下では，まず，法適用通則法第8条2項の構成について整理した上で，①，②，③の争点の順に，ローマⅠ規則第4条3項および法適用通則法第8条2項を比較する。

## 1　法適用通則法第8条2項の構成

　法適用通則法第8条1項は，「前条の規定による選択がないときは，法律行為の成立及び効力は，当該法律行為の当時において当該法律行為に最も密接な関係がある地の法による」と規定する。これは，単位法律関係を「法律行為の成立及び効力」とし，連結点を「当該法律行為の当時において当該法律行為に最も密接な関係がある地」とする独立抵触規定（あ）として理解することができる。もっとも，第8条1項が適用されるのは，第7条所定の準拠法選択がない場合に限られることを踏まえると，第8条1項には，「第7条の規定による準拠法選択がないとき，独立抵触規定（あ）を適用する」という従属抵触規定（あ）が内包されていると理解しなければならない（図1）。

---

[1]　ローマⅠ規則，法適用通則法，これらのいずれにおいても一般的回避条項は採用されていない。一般的回避条項は，すべての法律関係を適用対象とする回避条項であり，スイス国際私法第15条1項，韓国国際私法第8条1項，オーストリア国際私法第1条がこれに該当する（オーストリア国際私法第1条の立法過程については，桑田三郎・山内惟介『ドイツ・オーストリア国際私法立法資料』（中央大学出版部，2000）467-468頁参照。なお，オーストリア国際私法第1条，スイス国際私法第15条1項を肯定的に評価するものとして石黒一憲『現代国際私法（上）』（東京大学出版会，1986）91頁以下）。

◆第4章◆　わが国への示唆

図1：法適用通則法第8条1項

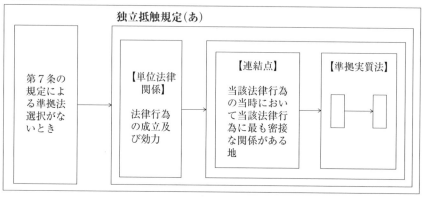

　次に，法適用通則法第8条2項について整理すると，同規定は「前項の場合において，法律行為において特徴的な給付を当事者の一方のみが行うものであるときは，その給付を行う当事者の常居所地法（その当事者が当該法律行為に関係する事業所を有する場合にあっては当該事業所の所在地の法，その当事者が当該法律行為に関係する二以上の事業所で法を異にする地に所在するものを有する場合にあってはその主たる事業所の所在地の法）を当該法律行為に最も密接な関係がある地の法と推定する」と規定する。まず，第2項においては，特徴的給付の債務者が事業所を有しない場合につき，特徴的給付の債務者の常居所地を最密接関連地として推定することが規定されている。これは，独立抵触規定（あ）の連結点（「当該法律行為の当時において当該法律行為に最も密接な関係がある地」）の解釈基準として，「特徴的な給付を行う当事者が事業所を有しないとき，特徴的な給付を行う当事者の常居所地を最密接関連地として推定する」という解釈基準（イ）を提供していると整理することができる。独立抵触規定（あ）の連結点たる「最密接関連地」の具体的内容が明らかにならなければ独立抵触規定（あ）は適用できないことを踏まえて，これを抵触規定として表現すれば，「特徴的な給付を行う当事者の常居所地を最密接関連地として推定することができるとき，独立抵触規定（あ）を適用する」という従属抵触規定（い）となる。さらに，特徴的な給付を行う当事者の常居所地を最密接関連地として推定すること

272

◇第1節◇ ローマⅠ規則第4条3項および法適用通則法第8条2項の比較

図2：法適用通則法第8条2項

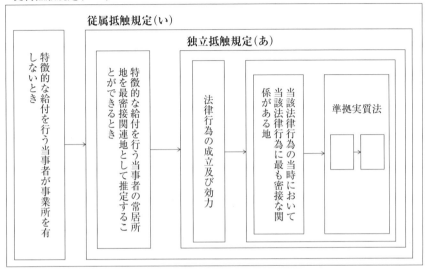

ができるのは，特徴的な給付を行う当事者が事業所を有しない場合であることを踏まえれば，「特徴的な給付を行う当事者が事業所を有しないとき，従属抵触規定(い)を適用する」という従属抵触規定(いい)が第2項には内包されていると整理することができる。このように，解釈基準(イ)は従属抵触規定(い)および(いい)として表現することができる（図2）。

さらに，第2項は，特徴的給付の債務者が当該法律行為に関する事業所を有する場合，当該事業所の所在地を最密接関連地として推定する。また，特徴的給付の債務者が当該法律行為に関する二以上の事業所で法を異にする地に所在するものを有する場合，主たる事業所の所在地を最密接関連地として推定する。これは，「特徴的な給付を行う当事者が当該法律行為に関する事業所を有するとき，当該事業所の所在地を最密接関連地として推定する」という，独立抵触規定(あ)の連結点の解釈基準(ウ)，および，「特徴的な給付を行う当事者が当該法律行為に関する二以上の事業所で法を異にする地に所在するものを有するとき，主たる事業所の所在地を最密接関連地として推定する」という，独立抵触

273

◆第4章◆　わが国への示唆

図3：法適用通則法第8条2項

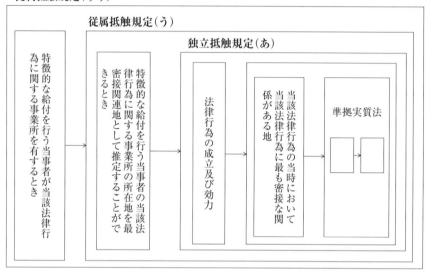

触規定（あ）の連結点の解釈基準（エ）である。解釈基準（ウ）を抵触規定として表現すれば，「特徴的な給付を行う当事者の当該法律行為に関する事業所の所在地を最密接関連地として推定することができるとき，独立抵触規定（あ）を適用する」という従属抵触規定（う），および，「特徴的な給付を行う当事者が当該法律行為に関する事業所を有するとき，従属抵触規定（う）を適用する」という従属抵触規定（うう）となる（図3）。また，解釈基準（エ）も同様に，「特徴的な給付を行う当事者の主たる事業所の所在地を最密接関連地として推定することができるとき，独立抵触規定（あ）を適用する」という従属抵触規定（え），および，「特徴的な給付を行う当事者が当該法律行為に関する二以上の事業所で法を異にする地に所在するものを有するとき，従属抵触規定（え）を適用する」という従属抵触規定（ええ）として表現される（図4）。

　以上のように，第8条2項は，従属抵触規定（い）ないし（え），および，（いい）ないし（ええ）の諸規定から構成されていると理解することができる。そして，第8条2項所定の地（特徴的給付の債務者の常居所地）は最密接関連地の

◇第1節◇ ローマⅠ規則第4条3項および法適用通則法第8条2項の比較

### 図4：法適用通則法第8条2項

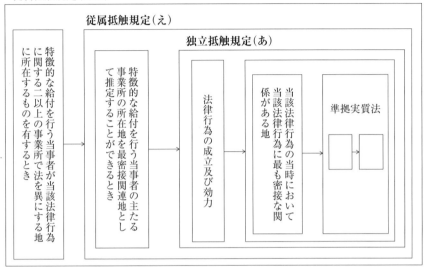

「推定」として規定されていることに過ぎない点を踏まえれば，より密接な関係を有する地が存在する場合には，その「推定」が覆される余地のあることが明らかである。すなわち，「より密接な関係を有する地があるとき，従属抵触規定(いい)ないし(ええ)を適用しない（それゆえ従属抵触規定(い)ないし(え)も適用せず，最終的に独立抵触規定(あ)も適用しない）」という従属抵触規定(お)が第8条2項には含まれていると理解することができる。さらに，第8条2項の推定を覆した後には，「より密接な関係」を有する地の法が適用されることを踏まえれば，単位法律関係を「法律行為の成立及び効力」とし，連結点を「より密接な関係を有する地」とする独立抵触規定(い)，および，「法律行為の成立及び効力がその他の地との間により密接な関係を有するとき，独立抵触規定(い)を適用する」という従属抵触規定(か)，これらの規定が含まれると整理することができる（図5）。

275

◆第4章◆　わが国への示唆

図5：法適用通則法第8条2項に内包される回避条項

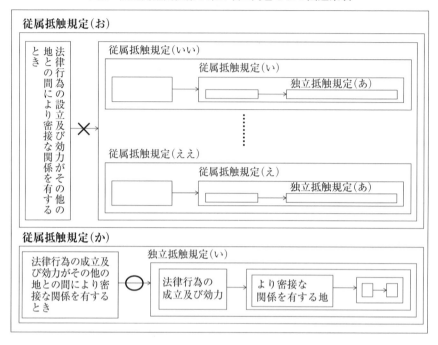

## 2　明文化の有無

　回避条項として一般に理解されるのは,「より密接な関係」の存在を要件とし，原則的連結からの回避，および，「より密接な関係を有する地」への連結，これらを効果とする明文の回避条項である。ローマⅠ規則第4条3項は,「全事情から判断して，契約が第1項または前項に規定される国よりもその他の国と明らかにより密接な関係を示すとき，その他の国の法による」と明文において規定しており，回避条項として理解することに疑いの余地はない。他方，法適用通則法第8条2項においては，そのような要件，効果を直接明記する個別の回避条項は規定されていない。しかしながら，上記において整理したように，第8条2項には従属抵触規定(お)，従属抵触規定(か)（その効果には独立抵触規定(い)が含まれる），これらの抵触規定が内包されていると理解することがで

276

## ◇第1節◇ ローマI規則第4条3項および法適用通則法第8条2項の比較

きる。従属抵触規定(お)は,「より密接な関係」の存在を要件とし,第8条2項所定の推定(従属抵触規定(い)ないし(え),および,(いい)ないし(ええ))の効力を否定する規定である。そして,従属抵触規定(か)は,「より密接な関係」の存在を要件とし,「より密接な関係を有する地」への連結を効果とする規定(単位法律関係を「法律行為の成立及び効力」とし,連結点を「より密接な関係を有する地」とする独立抵触規定(い)の適用を効果とする規定)である。このように考えれば,法適用通則法第8条2項においても回避条項が内包されていると整理することができる[2]。

法適用通則法第8条2項に内包される回避条項は明文の回避条項か,それとも不文の回避条項か。「より密接な関係を有する地」の要件,原則的連結点の回避および「より密接な関係を有する地」への連結という効果,これらの要件,効果を直接明記していなければ,明文の回避条項とは認められないという立場をとれば,法適用通則法第8条2項の回避条項は不文の回避条項となる。他方,そうした要件,効果を直接に規定していなくとも,要件,効果の存在が他の明文上の文言から明らかである場合には,明文の回避条項の存在が肯定されるという立場をとれば,第8条2項には明文の回避条項が内包されていることとなる。

## 3 「明らかにより密接な関係」の要件の有無

回避条項の中には,ドイツ民法施行法第28条5項,ローマ条約第4条5項のように「より密接な関係」の存在を要件とするものもあれば,ローマI規則第4条3項のように「明らかにより密接な関係」の存在を要件とするものもある。「明らかにより密接な関係」の文言に「より密接な関係」とは異なる固有の意味内容を見出すとすれば,法適用通則法第8条2項に内包される回避条項に関しても,その要件に「より密接な関係」,「明らかにより密接な関係」のいずれが含まれるのかという点が一つの争点とされよう。これは従属抵触規定

---

(2) 法適用通則法第8条1項は,同条2項,3項との関係上,「例外条項として作用する」と説明される。櫻田嘉章・道垣内正人編『注釈国際私法(第1巻)』(有斐閣,2011)[中西康]211頁。

◆ 第 4 章 ◆ わが国への示唆

(お)および(か)の要件にいずれが含まれるのかという問題である。

　第 2 章 1 節で検討したように，「より密接な関係」の存在を要件とするロー
マ条約第 4 条 5 項に関しては，オランダ最高裁が Société Nouvelle des
Papéteries de Ĭ Aa S.A. v. B.V. Machinefabriek BOA において示した基準（原則
的連結点が「連結点としての実際の重要性」を一切有しない場合にのみローマ条約
第 4 条 5 項を適用するという基準），および，イギリス控訴院が Samcrete Egypt
Engineers and Contractors S.A.E. v Land Rover Exports Ltd において示した基
準（「原則的連結点とは異なる地を指し示す連結可能な要素が優勢である」場合には
第 4 条 5 項を適用するという基準），これらの基準の対立が指摘されていた。
もっとも，既述のように，オランダ最高裁が示した厳格な基準をローマ I 規則
第 4 条 3 項の「明らかにより密接な関係」の要件に読み込むことは適切ではな
い。むろん，ローマ I 規則第 4 条 3 項において「明らかにより密接な関係」の
要件が規定された背景には，原則的連結点を確認することなく回避条項を適用
してはならないというローマ条約のもとでの反省があるが，両者において考慮
される事情の具体的な相違は明らかにされていない。この点を踏まえれば，法
適用通則法第 8 条 2 項の回避条項の適用基準について検討する際に，ローマ I
規則第 4 条 3 項の要件に「明らかに」の文言が追加されたことをもって，同規
定に関する議論を参照する余地を否定することはできないはずである[3]。

---

(3)　法適用通則法上，法律行為に関する第 8 条においては明文の回避条項は規定されな
　　かった。これに対し，不当利得・事務管理，不法行為に関しては明文の回避条項が規定
　　され（第 15 条，第 20 条），さらにその要件として「明らかにより密接な関係」が規定
　　された。両者のそのような相違をどのように解釈すべきか。その相違をもって，第 8 条
　　においては，第 15 条，第 20 条における場合よりも，原則的な最密接関連地を容易に回
　　避することができるとする見解として，神前禎『解説　法の適用に関する通則法　新し
　　い国際私法』（弘文堂，2006）68-69 頁。このような立場を前提とした場合，法適用通則
　　法第 8 条に規定される回避条項，ローマ I 規則第 4 条 3 項，これら両者の解釈基準の間
　　には相当の相違が見出されよう。そのような見解として，高橋宏司「契約債務の準拠法
　　に関する欧州議会及び理事会規則（ローマ I 規則）」国際私法年報第 13 号（2011）25 頁

◇ 第1節 ◇ ローマ I 規則第4条3項および法適用通則法第8条2項の比較

## 4 「最密接関連地」の位置付け

　法適用通則法第8条1項においては，最密接関連地（「当該法律行為の当時において当該法律行為に最も密接な関係がある地」）が連結点として明文上規定されている。ローマ条約第4条においても，その第1項において最密接関連地が連結点そのものとして明記されていた[4]。他方，ローマ I 規則第4条1項においては，「最密接関連地」の文言は使用されず，売主の常居所地，役務提供者の常居所地などの具体的な地が直接的に連結点として規定されている。「最密接関連地」を連結点そのものとして規定しなくなったことをもって，ローマ I 規則第4条は，ローマ条約第4条に比べ，法的安定性の点において優れているとの見解が多く主張されている[5]。このような見解を前提とすれば，ローマ I 規則第4条は法適用通則法第8条と比較しても法的安定性の点において優れていることとなる。

　しかしながら，「最密接関連地」が連結点そのものとして規定されているか否かという点は法的安定性の問題とは必ずしも直結しない。ローマ I 規則第4条は，その第1項，2項において，売主の常居所地などの具体的な地を原則的連結点として直接的に規定する。第2章1節において整理したように，これは具体的な地が独立抵触規定(1)ないし(9)において規定されていることを意味する。そして，回避条項たるローマ I 規則第4条3項は，具体的な地が連結点として規定される独立抵触規定(1)ないし(9)の適用を否定する。これに対し，法適用通則法第8条2項は，独立抵触規定においてではなく，従属抵触規定(い)ないし(え)，および，(いい)ないし(ええ)において，特徴的給付の債務者の常

---

(4)　ローマ条約第4条5項のように，「最密接関連地」を連結点として明文上規定した上でその具体的な地を推定することを支持する見解として，Max Planck Institute for Comparative and International Private Law, Comments on the European Commission's Proposal for a Regulation of the European Parliament and the Council on the law applicable to contractual obligations（Rome I），RabelsZ Bd.71（2007），p. 258.

(5)　Commission, Proposal for a Regulation of the European Parliament and the Council on the law applicable to contractual obligations（Rome I），COM（2005）650 final., para 4.2. ; Dickinson, The Law Applicable to Contracts - Uncertainty on the Horizon?, Butterworths Journal of International Banking and Financial Law, April 2006, p. 172.

◆第4章◆　わが国への示唆

図6：ローマⅠ規則第4条3項および法適用通則法第8条2項の回避条項の比較

**ローマⅠ規則第4条3項**

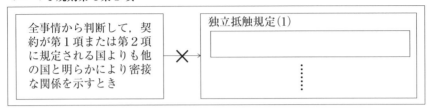

**法適用通則法第8条2項の回避条項（従属抵触規定（お））**

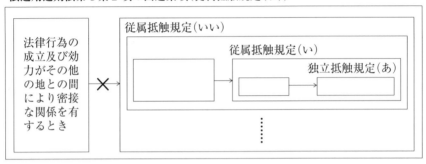

居所地という具体的な地を規定する。その上で，法適用通則法第8条2項に内包される回避条項は，これらの従属抵触規定の適用を否定することにより，第2項所定の具体的な地が連結点としての効力を生じさせることを回避する。このようにみると，確かに，原則として連結されるべき具体的な地が独立抵触規定において規定されるのか，あるいは，従属抵触規定において規定されるのか，という相違を両者の間に確認することができる。そして，ローマⅠ規則第4条3項の回避条項は直接に独立抵触規定の適用を否定するのに対し，法適用通則法第8条2項に内包される回避条項は従属抵触規定の適用の否定を通して間接的に独立抵触規定の適用を否定する。この意味において，ローマⅠ規則第4条3項は，法適用通則法第8条2項に内包される回避条項に比べ，より簡潔な構成を採用していると理解することができる（図6）。しかし，従属抵触規定であるにせよ，その要件が充足されれば必ずその効果が確認されるべきであり，原則的に連結されるべき具体的な地が独立抵触規定に規定されるのか，あるい

◇ 第 2 節 ◇　政策的弱者保護

は従属抵触規定に規定されるのかという問題が，所定の地が最密接関連地ではないと判断される解釈の幅に直接影響するとすべき理由はない。したがって，法的安定性の点において，従属抵触規定の効力否定型の回避条項（法適用通則法第 8 条 2 項の回避条項）が独立抵触規定の効力否定型の回避条項（ローマ I 規則第 4 条 3 項）に対して劣るとすることは適切ではない。

## ◆ 第 2 節 ◆　政策的弱者保護

### 1　旅客運送契約

　法適用通則法上，消費者契約に関する第 11 条，および，労働契約に関する第 12 条，これらの規定において政策的な弱者保護が図られている。このように，現行法上，債権契約における典型的な弱者としては消費者，労働者が想定されるに過ぎない[6]。それでは，典型的な弱者としてこれらの類型には属さない当事者が今後登場した場合，当該当事者に対する保護をいかに図ることができるか。

　抵触法上の弱者保護のあり方としては，主観的連結のレベルにおける保護，客観的連結のレベルにおける保護，これらの二つが考えられる。むろん，弱者保護に最も効果的であるのは主観的連結のレベルにおける保護である。これに対し，客観的連結の段階において弱者保護を図ることの実効性について否定的な見解もある。一方の当事者がより弱い立場にある他方の当事者に対して，自己に有利な準拠法を内容とする準拠法選択を強要した場合には，客観的連結のレベルにおいて抵触法上の弱者保護を図ることはできない。

　第 1 章 2 節において検討した，旅客運送契約につきドイツ民法施行法第 28 条 5 項を適用した 3 件の裁判例（コプレンツ上級地方裁判所 2006 年 3 月 29 日判決，リューベック区裁判所 2007 年 9 月 13 日判決，ゲルダーン区裁判所 2007 年 11

---

(6)　法適用通則法上における労働者および消費者保護については，西谷祐子「契約の準拠法決定における弱者保護」法律のひろば 2006 年 9 月号 22 頁以下参照。

281

◆第4章◆　わが国への示唆

月28日判決）の結論，および，ローマⅠ規則第5条2項において規定されることとなった旅客運送契約に関する原則的連結点（出発地または目的地のいずれかと共通する旅客の常居所地），これらに注目すれば，わが国においても旅客を典型的弱者として抵触法上保護すべきかという争点が提起される。旅客が，運送人の営業所地を出発地とし，旅客の常居所地を到着地とする旅客運送契約を運送人の営業所地において締結したような場合，わが国の国際私法上も消費者契約に関する法適用通則法第11条の適用が除外され，第8条2項によりもっぱら運送人の営業所地法が適用されうる。

　それでは，こうした場合に，抵触法上の旅客の保護を目的として，第8条2項に内包される回避条項により旅客の常居所地法を適用すべきか。ここで比較衡量しなければならないのは，原則的連結を肯定する政策的目的，および，原則的連結からの回避を肯定する政策的目的である。原則的連結を肯定する政策的目的としては，法的安定性の保護，契約の統一的処理（同一の事業者によって締結される契約をすべて特徴的給付の債務者たる事業者の常居所地法により統一的に処理する）が挙げられよう。他方，原則的連結からの回避を肯定する政策的目的としては，抵触法上の旅客の保護が考えられる。確かに，回避条項は原則的連結点からの回避をその機能とする点において法的安定性に影響を与えざるをえない。しかしながら，回避条項が適用される典型的な契約類型として旅客運送契約を理解すれば，法的安定性への影響は限定的にとどまる。したがって，実質的に比較衡量しなければならないのは，契約の統一的処理，旅客の抵触法上の保護，これらのいずれを優先すべきかという点であろう。

　この点，旅客運送契約につきドイツ民法施行法第28条5項を適用し，旅客の常居所地あるいはその国籍の法を適用した上記の三件の裁判例は，航空会社の営業所地に統一的に連結するという政策的目的よりも，旅客の抵触法上の保護という政策的目的を優先したといえる。また，ローマⅠ規則も同様の立場を明らかにしたといえる。ローマⅠ規則第5条2項は，旅客運送契約につき，旅客の常居所地，運送人の常居所地，運送人の主たる管理機関の所在地，出発地，目的地，これらのいずれかの地の法を内容とする準拠法の合意を当事者に認めた上で，そのような準拠法選択がない場合に限り，出発地または目的地のいずれかと共通する旅客の常居所地を連結点としている（以上の条件が満たされない

◇ 第2節 ◇ 政策的弱者保護

場合，運送人の常居所地が連結点となる）(7)。すなわち，ローマ I 規則第5条2項も，客観的連結上の弱者保護に一定の意義を認め，契約の統一的処理という政策的目的よりも旅客の抵触法的保護という政策的目的を優先したといえる。他方，連邦通常裁判所2009年7月9日判決は，旅客の航空運送契約においてもドイツ民法施行法第28条2項所定の原則的連結，すなわち運送人の常居所地への連結が維持されると判示し，回避条項たる第28条5項において旅客の保護を考慮しない旨明らかにしている。すなわち，契約の統一的処理という政策的目的が旅客の抵触法上の保護という政策的目的に優先するとの立場を明らかにした。

以上のように，ドイツ民法施行法第28条5項に関する裁判例，および，ローマ I 規則第5条2項の抵触規則，これらを参考とすれば，わが国の国際私法上も客観的連結のレベルにおいて旅客を保護すべきかという点が一つの争点となるが，その判断においては，契約の統一的処理および抵触法上の旅客の保護，これらの政策的目的に関する比較衡量が必要となる。


## 2 フランチャイズ契約，販売店契約

ローマ I 規則第4条1項においては，フランチャイズ契約につきフランチャイジーの常居所地（e号），販売店契約につき販売店の常居所地（f号），これらが原則的連結点とされている。同規則に関する欧州委員会の提案書においては，

---

(7) ［ローマ I 規則第5条2項］
　　旅客運送契約は，本項第2段落に従って準拠法選択が行われていない場合において，出発地または目的地のいずれかと旅客の常居所地が同一であるとき，旅客の常居所地法による。以上の条件が満たされないときは，運送人の常居所地法による。
　　旅客運送契約については，第3条に従い，以下の国の法のみを準拠法として選択することができる。
　　　(a) 旅客の常居所地を有する国
　　　(b) 運送人の常居所地を有する国
　　　(c) 運送人の主たる管理機関を有する国
　　　(d) 出発地を有する国
　　　(e) 目的地を有する国

283

◆ 第 4 章 ◆　わが国への示唆

フランチャイジー，販売店がより弱い立場にある当事者として理解されている。確かに，これらの当事者を弱者として理解すべきか否かという点については議論があるものの，少なくとも欧州委員会の提案書をみる限り，上記の原則的連結点が規定された背景には，これらの契約においては特徴的給付の確定が困難であるゆえに，特徴的給付の理論に代えて経済的弱者の保護が持ち出されたと推測される。

　法適用通則法上も，フランチャイズ契約，販売店契約，これらの契約における特徴的給付の債務者はいずれの当事者かという点は明らかではない。これらの契約につき特徴的給付を確定することは困難であると理解する場合，特徴的給付の理論に基づき第 8 条 2 項を適用することはできない。すなわち，第 8 条 1 項所定の最密接関連地は具体的にいかなる地かという点について，同条 2 項に依拠することなく判断する他ない。この場合，その判断の一つのあり方として，ローマ I 規則第 4 条 1 項におけるように，特徴的給付の理論に代わる原則として，経済的弱者の抵触法的保護を挙げ，フランチャイジー，販売店の常居所地を最密接関連地とすることが理論上考えられる。仮にこのような判断を行う場合には，フランチャイジー，販売店の保護を理由として，フランチャイズ契約，販売店契約に付随する契約をフランチャイズ契約，販売店契約の準拠法所属国に附従的に連結することができる。例えば，販売店契約の実施のためにその後締結される売買契約の最密接関連地は，法適用通則法第 8 条 2 項により，特徴的給付の債務者たる供給者（売主）の常居所地であると推定されるが，弱者たる販売店の保護を理由としてその推定を覆し，販売店契約の最密接関連地である販売店の常居所地をより密接な関係を有する地とすることができる。もっとも，その場合，販売店契約の実施のために締結される売買契約については特徴的給付を確定することができるため，特徴的給付の原則を支える契約の統一的処理という政策的目的，および，経済的弱者の保護という政策的目的，これらのうち後者を優先すべきであるとの説明が必要となる。

284

◇ 第3節 ◇ 複数の契約間の附従的連結

## ◆ 第3節 ◆ 複数の契約間の附従的連結

### 1 同一の当事者間で締結される複数の契約

　Thorn, Martiny の両者は，ローマ I 規則第4条3項により，一方の契約を他方の契約の準拠法所属国に附従的に連結することは，原則として同一の当事者間で締結される複数の契約に限定されるべきであるとする。その根拠は，異なる当事者間で締結される複数の契約につき附従的連結を行えば，第三者の予見可能性が害されるという点に求められている。すなわち，契約 A を契約 B の準拠法所属国に附従的に連結すれば，契約 B の当事者ではない契約 A の当事者の一方が契約 B の準拠法に服さなければならなくなるという点に求められている。もっとも，第三者の予見可能性は保護されるにもかかわらず，契約当事者の予見可能性は保護されない理由は明らかではない。第2章2節において，異なる当事者間で締結される複数の契約の組み合わせの例として保証契約および主たる契約（保証の対象たる債務を生じさせた契約）を挙げ，また，同一当事者間で締結される複数の契約の組み合わせの例として債務引受契約および原因契約（その債務の引受の原因となった契約）を挙げ，これらを比較した。保証契約における保証人も，債務引受契約における債務引受人も，関連する他方の契約（前者については主たる契約，後者については原因契約）の存在，内容について認識している点において共通する。したがって，法適用通則法第8条2項に内包される回避条項によって複数の契約を附従的に連結する際にも，複数の契約が同一当事者間で締結されているか否かという点を重要視すべきではない。

　むしろ，ドイツ国際私法上の議論，裁判例を踏まえれば，法適用通則法第8条2項においても，同一の当事者間で締結される複数の契約については，経済的弱者の保護などの特別の政策的目的がない限り，附従的連結を否定すべきである。というのも，販売店契約およびその実施のために締結される売買契約の関係性にみられるように，同一当事者間で複数の契約が締結された際の問題の処理にあたっては，多くの場合，いずれかの契約の問題として性質決定すれば

◆ 第4章 ◆　わが国への示唆

足り，複数の契約準拠法を同時に適用すべき場面はほとんど想定されないからである。（ただし，販売店契約の実施のために締結される契約については，販売店の保護という特別の政策的目的を根拠に，販売店契約の準拠法所属国に附従的に連結すべきかという点が争点となる。）

## 2　異なる当事者間で締結される複数の契約

　他方，異なる当事者間で複数の契約が締結される場合には，複数の契約準拠法の適用結果間において生じる問題を理由として，法適用通則法上，附従的連結を肯定する余地がある。Seipen が下請契約，元請契約について指摘する問題の一つとして，下請契約の準拠法は瑕疵修補請求権を行使することなく損害賠償請求権を行使することはできないとするが，元請契約の準拠法は損害賠償請求権の即座の行使を認めるために，下請契約，元請契約につきそれぞれの準拠法を適用すれば，元請人は下請人に対して瑕疵修補請求権を行使することができず，それゆえ損害賠償請求権を行使することもできないという問題がある。この場合，元請人は，元請契約の準拠法の適用結果を原因として下請契約の準拠法上の権利を行使できず，元請契約の準拠法上の責任を負うこととなる。私見としては，このように複数の契約準拠法の適用により不利益を被る元請人を救済するために，下請契約を元請契約の準拠法所属国に附従的に連結すべきであると考える。もっとも，単に下請契約，元請契約の準拠法の内容が異なることをもって附従的連結を肯定すれば，モザイク的処理を基本とする大陸法上の伝統的な国際私法に反することとなる。また，附従的連結により不利益を被る他方の当事者にも配慮する必要がある。それゆえ，下請契約を元請契約の準拠法所属国に附従的に連結する際には，以下の条件を付さなければならない。すなわち，①元請契約の準拠法の適用結果が下請契約の準拠法中の規定の要件の成否に影響を与えるほどに，元請契約および下請契約が密接に関連していること，②附従的連結の否定により生じる元請人の不利益が附従的連結の肯定により生じる下請人の不利益より過酷であること，これらの条件である（①の要件に関する詳細については第3章3節3(4)，②の要件に関する詳細については第3章3節3(5)を参照）。これらの条件を一般化すれば，①準拠法が争われている当

286

◇ 第3節 ◇ 複数の契約間の附従的連結

該契約の準拠法中の規定の要件の成否にその他の契約の準拠法の適用結果が影響を与えるほどに，両契約が密接に関連していること，②附従的連結の否定により生じる一方の当事者の不利益が附従的連結の肯定により生じる他方の当事者の不利益より過酷であること，これらの条件である。これらの条件が満たされる場合にのみ，当該契約につきその原則的連結（法適用通則法第8条2項所定の特徴的給付の債務者の常居所地）を回避し，その他の契約の準拠法所属国に附従的に連結すべきである。

　もっとも，①，②の要件の成否について判断するためには，その他の契約の準拠法の内容が一定程度明らかであることが必要である。それゆえ，上記の判断基準を適用した上で附従的連結を肯定することができるのは，その他の契約に関する法律問題が既に法廷地国あるいは外国で確定している場合，あるいは，その他の契約に関する法律問題も法廷地国において同時に係属している場合などに限定される。また，重層的請負契約関係にみられるように，複数の契約が重層的に連鎖している場合にも附従的連結は否定されるべきである。

〈初出一覧〉

　本書は，筆者がこれまで公表してきた以下の 6 本の論文を改稿し，体系的に再構成したものである（第 3 章 3 節「下請契約」，第 4 章「わが国への示唆」は，本書が初出である）。

[第 1 章]

　「ドイツ国際債権法における回避条項について——旧ドイツ民法典施行法第二八条第五項適用裁判例を中心として」

　　法学新報第 118 巻第 9・10 号 147-276 頁（2012）

[第 2 章]

　「ヨーロッパ国際債権法における回避条項について——ドイツ国際私法上の議論を手掛かりとして」

　　青森中央学院大学研究紀要第 19 号 15-54 頁（2012）

　ヨーロッパ国際私法におけるチャーター契約の準拠法について——欧州司法裁判所 2009 年 10 月 6 日先決裁定の検討」

　　青森中央学院大学研究紀要第 22 号 65-87 頁（2014）

　「契約債務における回避条項と附従的連結——ローマ I 規則第 4 条 3 項に関する議論を中心として」

　　国際私法年報第 16 号 73-100 頁（2015）

[第 3 章]

　「販売店契約，仲立契約に付随する契約の最密接関連地について——ドイツ裁判例を題材として」

　　法学新報第 123 巻第 5・6 号 609-634 頁（2016）

# 索　引

## ◆ あ 行 ◆

アメリカ抵触法革命……………………………… 5
一貫性の利益（Konsistenzinteresse）‥ 234-236
委任契約…………………………………………… 191
インターネット上で締結された契約……… 167

## ◆ か 行 ◆

外国軍隊の構成員……………………………… 175
瑕疵担保責任……………… 242-244, 249-251
株式市場………………………………………… 173
仮契約……………… 163, 186, 190, 192
企業年金……………………………… 183, 191
企業買収契約………………………… 163, 190
危険負担………………… 226, 244, 247
旗　国………………… 155, 175, 177, 189, 191
基本契約の実施のために締結される契約
　（Ausfüllung von Rahmenverträgen）183, 184
競　売………………………………………… 173
協力義務……………… 242-244, 249, 250
銀行保証の取付債務……………………… 184
契約締結地……………… 156, 170, 173, 190, 191
契約締結目的……………………………………52
契約当事者としての国家………… 156, 190, 191
建設の管理監督に関する契約………… 155, 189
原則的連結点とは異なる地を指し示す連結
　　可能な要素が優勢である（a preponder-
　　ance of contrary connecting factors）…… 130,
　　　　　　　　　　　　　　　　136, 278
建築設計委任契約………………… 155, 189
交換契約………………………………………… 177
公正証書………………… 170, 173, 191
公的機関の関与
　　………… 155, 156, 170, 175, 177, 189-191
国際裁判管轄……………………… 169, 191
国　籍………………… 156, 175, 189-191
混合契約（Gemischte Verträge）‥ 183, 186, 192
混合贈与………………………………………… 188

## ◆ さ 行 ◆

債権譲渡…………………………………………34
債務引受契約……………………… 196, 285

## ◆ た 行 ◆ (second column)

事業協力契約……………………… 163, 190
下請契約…………… 163, 190, 221, 223, 286
実質的関連性の利益（Sachzusammen-
　hangsinteresse）………………… 235, 236
弱者保護……………………………… 199, 281
借　款………………………………… 163, 190
重層的請負契約…………………………… 287
主たる契約と依存関係にある契約
　（Angelehnte Verträge）……………… 183
使用言語………………… 156, 169, 190, 191
消費者保護…………………………94, 96, 97
信　託………………………………………… 188
推定的当事者意思………… 175, 177, 191
是正条項（Berichtigungsklausel）…………… 5
先決問題…………………………… 259-261
贈与契約………………………………… 155
訴訟手続………………………… 169, 191

## ◆ た 行 ◆

代用可能性の問題……………… 260, 261, 264
代理商契約…………………… 163, 175, 190
担保契約（Sicherungsverträge）…… 163, 183,
　　　　　　　　　　　　　184, 190, 192
チャーター契約………………… 141, 176, 191
中古車の下取り…………………………… 188
仲　裁………………………………… 169, 191
通　貨………… 155, 156, 175, 177, 189-191
常居所地……………… 155, 174, 189, 191
適応問題………………… 258, 260, 261
等価性の問題……………………………… 260
動産の所在地…………………… 156, 190
当事者の文化的アイデンティティ…… 155, 189
賭博契約………………………………… 177
取引の保護……………… 175, 177, 191

## ◆ な 行 ◆

仲買人……………………………………… 170
仲立契約…………… 163, 190, 215-220

## ◆ は 行 ◆

販売店契約………… 132, 160-163, 181, 185, 190,
　　192, 198-200, 203-206, 208-215, 283, 284

289

# 索　引

複合的契約（Zusammengesetzte Verträge）
　……………………………………… 183
複数の債務者が共同して債務を履行する契約
　……………………………………… 163
普通取引約款…………………………… 169, 191
不動産所在地…………………… 155, 177, 191
不動産の賃貸借契約…………………… 147
フランチャイズ契約………… 198-200, 283, 284
保険契約………………………………… 156, 189
保証契約………………… 133, 138, 184, 196, 285
本契約の準備のために締結される契約
　（Vorbereitung des Hauptvertrages）
　……………………………………… 183, 185

### ◆ ま 行 ◆

見返り貿易……………………………… 177, 191

### ◆ ら 行 ◆

ライセンス契約………………… 163, 187, 188, 190
履行地………… 155, 163, 170, 173, 174, 189-191
旅客運送契約……………………………55, 68, 73, 281
例外条項（escape clause）………………………… 5
連結するに値する真正の価値（genuine
　connecting value）………………… 144-146
連結点としての実際の重要性（real signifi-
　cance as a connecting factor）……… 129, 132,
　　　　　　　　　　　　　　　　148, 149, 278
連続性の利益（Kontinuitätsinteresse）
　……………………………………… 235, 236

### ◆ わ 行 ◆

和解契約………………………… 170, 173, 191

290

〈著者紹介〉

寺井里沙（てらい・りさ）

　1985 年 11 月　香川県生まれ
　2009 年 3 月　中央大学法学部国際企業関係法学科卒業
　2011 年 3 月　中央大学大学院法学研究科国際企業関係法専攻博士前期課程修了
　2012 年 4 月　青森中央学院大学専任講師（現在に至る）
　2017 年 3 月　博士学位取得

〈主要論文〉

「ドイツ国際債権法における回避条項について──旧ドイツ民法典施行法第二八
　条第五項適用裁判例を中心として」法学新報第 118 巻 9・10 号（2012）
「ヨーロッパ国際債権法における回避条項について──ドイツ国際私法上の議論
　を手掛かりとして」青森中央学院大学研究紀要第 19 号（2012）
「ヨーロッパ国際私法におけるチャーター契約の準拠法について──欧州司法裁
　判所 2009 年 10 月 6 日先決裁定の検討」青森中央学院大学研究紀要第 22 号
　（2014）
「契約債務における回避条項と附従的連結──ローマ I 規則第 4 条 3 項に関する
　議論を中心として」国際私法年報第 16 号（2015）
「販売店契約，仲立契約に付随する契約の最密接関連地について──ドイツ裁判
　例を題材として」法学新報第 123 巻 5・6 号（2016）

学術選書
156
国際私法

❀ ❀ ❀

### 国際債権契約と回避条項

2017（平成 29）年 10 月 15 日　第 1 版第 1 刷発行

著　者　　寺　井　里　沙
発行者　　今井貴　稲葉文子
発行所　　株式会社　信山社
〒113-0033　東京都文京区本郷6-2-9-102
Tel 03-3818-1019　Fax 03-3818-0344
info@shinzansha.co.jp
出版契約 2017-6756-3-01010 Printed in Japan

ⓒ 寺井里沙，2017　印刷・製本／亜細亜印刷・渋谷文泉閣
ISBN978-4-7972-6756-3 C3332　分類326.601-b020 国際私法
P308　￥7200E-012-020-020

JCOPY〈(社)出版者著作権管理機構　委託出版物〉
本書の無断複写は著作権法上での例外を除き禁じられています。複写される場合は，
そのつど事前に，(社)出版者著作権管理機構（電話 03-3513-6969, FAX03-3513-6979,
e-mail:info@jcopy.or.jp) の許諾を得てください。

# *法律学の森シリーズ*

変化の激しい時代に向けた独創的体系書

戒能通厚　イギリス憲法

新　正幸　憲法訴訟論〔第 2 版〕

大村敦志　フランス民法

潮見佳男　新債権総論 I　民法改正対応

潮見佳男　新債権総論 II　民法改正対応

小野秀誠　債権総論

潮見佳男　契約各論 I

潮見佳男　契約各論 II　（続刊）

潮見佳男　不法行為法 I〔第 2 版〕

潮見佳男　不法行為法 II〔第 2 版〕

藤原正則　不当利得法

青竹正一　新会社法〔第 4 版〕

泉田栄一　会社法論

小宮文人　イギリス労働法

高　翔龍　韓国法〔第 3 版〕

豊永晋輔　原子力損害賠償法

信山社

◆ **外国弁護士法** 上・下　小島武司 編

◆ **労働者人格権の研究** 上・下
　角田邦重先生古稀記念　山田省三・石井保雄 編

◆ **労働法理論変革への模索**
　毛塚勝利先生古稀記念
　山田省三・青野覚・鎌田耕一・浜村彰・石井保雄 編

◆ **新時代の刑事法学** 上・下
　椎橋隆幸先生古稀記念
　井田良・川出敏裕・高橋則夫・只木誠・山口厚 編

◆ **日本民法学史・続編**　平井一雄・清水元 編

◆ **ブリッジブック裁判法**　小島武司 編

◆ **ブリッジブック商法**　永井和之 編

◆ **憲　法**（第5版）　工藤達朗・畑尻剛・橋本基弘 著

**行政法研究**　宇賀克也 責任編集

**消費者法研究**　河上正二 責任編集

**環境法研究**　大塚直 責任編集

**社会保障法研究**　岩村正彦・菊池馨実 責任編集

信山社

## ◆ 実践国際法（第2版）

小松一郎 著

---

## ◆ 民法研究【第2集】 大村敦志責任編集

### 創刊第1号〔東アジア編1〕

◆ 創刊にあたって 大村敦志

シンポジウムに参加して 中田裕康／「人の法」から見た不法行為法の展開 大村敦志／「重過失」の概念について 道垣内弘人／日本法における「過失相殺」について 河上正二／不当利得と不法行為 松岡久和／契約と不法行為—消滅時効 沖野眞已

〈中国語訳〉从 "人之法"的角度看不法行为法的演变 大村敦志／"重过失"的概念 道垣内弘人／日本法上的"过失相抵" 河上正二／不当得利与不法行为 松岡久和／合同与侵权行为：消滅时效 沖野眞已

〈韓国語訳〉'人의 法'에서 본 불법행위법의 전개 大村敦志／"중과실" 의 개념에 대해 道垣内弘人／일본법의 "과실상계"에 대해서 河上正二／부당이득과 불법행위 松岡久和／계약과 불법 행위：소멸시효 沖野眞已

---

### ◆ ドイツの憲法判例〔第2版〕
ドイツ憲法判例研究会 編 栗城壽夫・戸波江二・根森健 編集代表
・ドイツ憲法判例研究会による、1990年頃までのドイツ憲法判例の研究成果94選を収録。ドイツの主要憲法判例の分析・解説、現代ドイツ公法学者系譜図などの参考資料を付し、ドイツ憲法を概観する。

### ◆ ドイツの憲法判例Ⅱ〔第2版〕
ドイツ憲法判例研究会 編 栗城壽夫・戸波江二・石村修 編集代表
・1985～1995年の75にのぼるドイツ憲法重要判決の解説。好評を博した『ドイツの最新憲法判例』を加筆補正し、新規判例を多数追加。

### ◆ ドイツの憲法判例Ⅲ
ドイツ憲法判例研究会 編 栗城壽夫・戸波江二・嶋崎健太郎 編集代表
・1996～2005年の重要判例86判例を取り上げ、ドイツ憲法解釈と憲法実務を学ぶ。新たに、基本用語集、連邦憲法裁判所関係文献、1～3連巻目次を掲載。

---

### ◆ フランスの憲法判例
フランス憲法判例研究会 編 辻村みよ子編集代表
・フランス憲法院（1958～2001年）の重要判例67件を、体系的に整理・配列して理論的に解説。フランス憲法研究の基本文献として最適な一冊。

### ◆ フランスの憲法判例Ⅱ
フランス憲法判例研究会 編 辻村みよ子編集代表
・政治的機関から裁判的機関へと揺れ動くフランス憲法院の代表的な判例を体系的に分類して収録。『フランスの憲法判例』刊行以降に出されたDC判決のみならず、2008年憲法改正により導入されたQPC（合憲性優先問題）判決をもあわせて掲載。

---

### ◆ ヨーロッパ人権裁判所の判例
戸波江二・北村泰三・建石真公子・小畑郁・江島晶子 編集代表
・ボーダーレスな人権保障の理論と実践。解説判例80件に加え、概説・資料も充実。来たるべき国際人権法学の最先端。

### ◆ ヨーロッパ人権裁判所の判例Ⅱ〔近刊〕
戸波江二・北村泰三・建石真公子・小畑郁・江島晶子 編集代表

---

**最新刊** **講座 政治・社会の変動と憲法** 編集代表：辻村みよ子
—フランス憲法からの展望—〔全2巻〕

◆ 第Ⅰ巻 政治変動と立憲主義の展開
編集：山元一・只野雅人・新井誠

◆ 第Ⅱ巻 社会変動と人権の現代的保障
編集：糠塚康江・建石真公子・大津浩・曽我部真裕

---

信山社

◆不戦条約　国際法先例資料集
　　　柳原正治 編著　　信山社 立法資料全集

◆変革期の国際法委員会
　　　村瀬信也・鶴岡公二 編　　山田中正大使傘寿記念

◆国際法論集　　村瀬信也 著

◆ヨーロッパ「憲法」の形成と各国憲法の変化
　　　中村民雄・山元 一 編
　　　小畑郁・菅原真・江原勝行・齊藤正彰・小森田秋夫・林知更

◆現代フランス憲法理論　　山元 一 著

◆憲法学の可能性　　棟居快行 著

プラクティスシリーズ
好評書、待望の最新版
◆プラクティス国際法講義【第2版】
　　　柳原正治・森川幸一・兼原敦子 編

『国際法講義』と同じ執筆陣による、待望の続刊・演習書。
◆《演習》プラクティス国際法
　　　柳原正治・森川幸一・兼原敦子 編
　　執筆：柳原正治・森川幸一・兼原敦子・江藤淳一・児矢野マリ
　　　　　申惠丰・髙田映・深町朋子・間宮勇・宮野洋一

◆国際法研究
　　　岩沢雄司・中谷和弘 責任編集

◆ロースクール国際法読本
　　　中谷和弘 著

◆軍縮研究
　　　日本軍縮学会 編

◆国際法原理論
　　　ハンス・ケルゼン 著／長谷川正国 訳

◆EU法研究
　　　中西優美子 責任編集

信山社

## 国際私法年報　1〜
国際私法学会 編

## 国際私法の深化と発展／21世紀国際私法の課題
山内惟介 著　　　　　　山内惟介 著

### ブラジル知的財産法概説
ヒサオ・アリタ・二宮正人 著

### 国際私法論集－国際私法の真髄を求めて
森田博志 著

### 韓国家族法
青木 清 著

### EUの国際民事訴訟法判例Ⅰ／Ⅱ
石川明・石渡哲 編／石川明・石渡哲・芳賀雅顕 編

### 最新EU民事訴訟法判例研究Ⅰ
野村秀敏・安達栄司 編著

### 国際私法及び親族法／フランス民法
田村精一 著　　　　大村敦志 著

### ある比較法学者の歩いた道－五十嵐清先生に聞く
五十嵐清 著／山田卓生・山田八千子・小川浩三・内田貴 編

## 21世紀の日韓民事法学
―高翔龍先生日韓法学交流記念―
【編集】加藤雅信／瀬川信久／能見善久／内田貴／大村敦志／尹大成／玄炳哲／李起勇

### 韓国社会と法　高翔龍 著

### 民法改正と世界の民法典
民法改正研究会（代表 加藤雅信）

### 安全保障関連法
―変わる安保体制―
読売新聞政治部 編著

信山社